U0569452

—— 考古与艺术史 ——
译 丛

丛书顾问

罗　泰（Lothar von Falkenhausen）　　李　零

丛书主编

来国龙　　缪　哲

本书审校

王一帆

考古与艺术史
译丛

Searching for
the Lost Tombs of Egypt

寻找
埃及失踪的古墓

[英] 克里斯·农顿 —— 著 　　赵海燕 —— 译

郑州大学出版社

图书在版编目（CIP）数据

寻找埃及失踪的古墓 /（英）克里斯·农顿
（Chris Naunton）著；赵海燕译 . — 郑州 : 郑州大学
出版社，2023.10
ISBN 978-7-5645-9721-4

Ⅰ . ①寻… Ⅱ . ①克… ②赵… Ⅲ . ①墓葬（考古）–
研究 – 埃及 Ⅳ . ① K884.118.8

中国国家版本馆 CIP 数据核字（2023）第 088578 号

备案号：豫著许可备字–2023–A–0086

Published by arrangement with Thames & Hudson Ltd, London,
Searching for the Lost Tombs of Egypt © 2018 Thames & Hudson Ltd, London
Text © 2018 Chris Naunton
This edition first published in China in 2023 by Beijing Han Tang Zhi Dao Book
Distribution Co., Ltd, Beijing
Chinese Edition © 2023 Beijing Han Tang Zhi Dao Book Distribution Co., Ltd,
Beijing

寻找埃及失踪的古墓
XUNZHAO AIJI SHIZONG DE GUMU

策划编辑	郜　毅	封面设计	陆红强
责任编辑	孙精精	版式制作	九章文化
责任校对	郜　毅	责任监制	李瑞卿

出版发行	郑州大学出版社（http://www.zzup.cn）
地　　址	郑州市大学路 40 号（450052）
出 版 人	孙保营
发行电话	0371-66966070
经　　销	全国新华书店
印　　刷	鸿博昊天科技有限公司
开　　本	889 mm×1 194 mm　1 / 32
印　　张	12
字　　数	271 千字
版　　次	2023 年 10 月第 1 版
印　　次	2023 年 10 月第 1 次印刷

书　　号	ISBN 978-7-5645-9721-4	定　价	88.00 元

本书如有印装质量问题，请与本社联系调换。

考古与艺术史译丛
总序

我们探究遥远的古代，从来不只是为学问而学问。其实，对古代的研究反映了我们当下的自我认识：它犹如一面镜子，把当今的"文明"社会与远古相对照，让我们有机会反思我们对当今社会本质的假设，也提醒我们别把现代的社会福祉视为理所当然。尤其是以研究物质遗存为主的考古学，它能在时间深度上比文献研究更加深入，并且通过年代精准的考古学文化序列，为世界各地的历史发展提供具体可见的物质形态。不仅考古发现的过程本身在智力上令人振奋，如果运用得当，考古学还可以在认识论上提供一套全新的、独立于历史文献的观点（尽管考古与文献也有可能是互补的）。最重要的是，考古学——无论是研究远古的史前考古，还是后来有文字记载的历史时期考古——都能设法还原"劳动群众"的主观意志，而他们的生活和经历往往为历史文献所无意或有意地忽略。

尽管考古发掘已经取得辉煌的成就，而且这些发现已经成为艺术史的经典和艺术史讨论的基础，但考古学家的任务不是挖宝。印第安纳·琼斯（Indiana Jones）不是一个好榜样。尽管有人会这么认为，但考古学不是抱残守缺的书呆子的领地。恰恰相反，考古学是一门充分利用现代技术成果的现代科学。在将现代科技应用于考古学的需要时，考古学者发挥了巨大的创造力。其中的关键是研究设计。特别是在过去 75 年里，伴随着考古发掘和分析技术的巨大改进，考古学家做出了巨大努力，创造了越来越成熟、旨在涵盖考古材料中所包含的全部历史经验的解释体系。总而言之，考古不仅是研究人类历史的一种手段，而且考古学史作为一门学科，也可以成为历史研究的对象。此外，在科学考古学正式开始之前，已经有学者对过去的历史材料进行了几个世纪的认真研究。今天，这一古老的研究传统——通常被称为古物学——正与科学考古学并肩前行，但有时也令人不安。这在中国尤其如此。科学考古学在中国的发展相对比较短暂——仅有 100 年的历史，而在欧洲部分地区则已经超过 200 年。中国古物学（金石学）的历史，至少始于公元 11 世纪，几乎是复兴时期兴起的欧洲古物学的两倍长的时间。最近的研究也显示，欧洲以外其他地区的古物传统中，在现代学术知识模式普遍开始传播之前，对古代的物质遗产的研究也是一个普遍关注的问题。

与所有学术研究一样，考古学者的观点受制于他们工作的历史环境，这反映在不断变化的学术风格、取向和兴趣上。近年来，考古学受人文和社会科学中自我反思转向的影响，让研究者更加深切地认识到，历史偶然性和偏见是如何在整个考古学史上塑造或影响了我们的研究。因此，考古学目前正在经历一个"去殖民化"的过程，旨在遏制顽固的种族主义的暗流，纠正历史上对各种弱势群体的排斥。由此产生的考古学，经过彻底的自我净化，必将对考古研究及其在社会中的地位产生持久的影响。同时，公众对考古材料本身产生了浓厚的兴趣，由于国际休闲旅游的扩展，他们有前所未有的机会直接参观和体验考古学的成果。因此，考古学者的一个任务就是提供关于考古学及其各个领域最新的、最可靠的研究状况和说明。

考古与艺术史译丛的设计旨在兼顾对考古发现本身的呈现和对考古思维方式及其时代变迁的探究，总体目标是邀请公众参与到考古学的研究中来。阿兰·施纳普（Alain Schnapp）的《征服过去：考古学的起源》是真正的学术经典。作者以无与伦比的精湛技艺，在其广泛的知识背景下追溯了欧洲现代早期从古物学到考古学的演变。扬尼斯·哈米拉基斯（Yannis Hamilakis）在《国家及其废墟：希腊的古代、考古学与民族想象》一书中，举例说明了在作者的祖国，考古学是如何为更广泛的政治目标服务的。在《定居地球》一书中，克莱夫·甘布尔（Clive Gamble）对考古学中最古老、最具争议的辩论进行了最新的总结：人类是如何（以及何时）扩展到地球上所有五个洲的。大卫·刘易斯－威廉斯（David Lewis-Williams）的《洞穴中的心智：意识和艺术的起源》同样关注人类的早期历史，探讨了人类尝试视觉表现的最早阶段——旧石器时代的洞穴艺术。米歇尔·罗尔布朗谢（Michel Lorblanchet）和保罗·巴恩（Paul Bahn）在《远古艺术家：追溯人类最原始的艺术》中，从不同的角度探讨了同一主题。文字作为一种记录语言的手段，是人类符号制作的后期发展的成果，这是莫里斯·波普（Maurice Pope）的《破译的故事：从埃及圣书文字到玛雅文字》和迈克尔·D.科（Michael D. Coe）著名的《破解玛雅密码》的主题；这两本书主要讨论了现代学者是如何努力把已被遗忘许多世纪的早期文字破译出来的。同样，克里斯·农顿（Chris Naunton）的《寻找埃及失踪的古墓》和西蒙·詹姆斯（Simon

James）的《罗马与剑：战士和武器如何塑造罗马历史》探讨了各自文化区域内历史文化考古学的重要主题。后续将会有更多的译著。在此我谨向为翻译这些重要著作而努力的译者表示敬意，希望他们的译著能得到读者的欢迎！

罗泰（Lothar von Falkenhausen）

2022 年 12 月 31 日　于伊克塞勒

（来国龙　译）

献给我的父亲，并纪念我的母亲

目录

第二章　从彰着到隐匿：阿蒙霍特普一世和国王谷

第三章　失踪的阿玛尔纳王族：永恒的谜团

第四章　赫里霍尔之墓：一座"让图坦卡蒙墓看起来像伍尔沃斯超市"的古墓？

第五章　四分五裂的王国：第三中间期的王室陵墓

第六章　在埃及被埋葬三次：亚历山大大帝的陵墓

第七章　失踪的克娄巴特拉之墓：遗失在水下的陵墓还是等待被发现的秘密墓葬？

最后的思考

导 言

生存、死亡、古墓和重新发现

陵墓、木乃伊、壮观的随葬品——这些出现自埃及沙地的东西，对大多数人而言就是埃及学（Egyptology）的含义。这是一个关于古埃及的故事，以及几千年前那片土地上人们死亡时发生的事情，关乎他们对来世的信仰，以及他们如何埋葬死去的人。众所周知，那个社会中最富有、最重要的人，特别是最顶层的法老，其葬礼的准备工作非常全面，有些时候，需要建造精心设计、装饰精美、安全巧妙的墓葬来安放死者的遗体。

与古代遗迹同样迷人的，就是重新发现这些遗迹的故事，即大批探险家、考古学家、盗贼的传奇故事，他们寻找古墓的动机各不相同，有的是为了了解古代的历史，有的是为了发掘艺术品供人们在博物馆里观赏，还有的只是为了通过发现珍稀美丽的宝藏来赚取快钱。

特别指出，这是一系列古墓的故事，墓主均为古代最著名的人物：伊姆霍特普（Imhotep）、娜芙蒂蒂（Nefertiti）、亚历山大大帝（Alexander the Great）、克娄巴特拉（Cleopatra）等。他们的名字通过文本形式幸存下来，以圣书体及其他的语言或文字，遗存于当时的神庙和墓葬的墙壁上，也遗存于莎草纸和其他文物上，被古典和现代作家撰写在历史记载之中。是否有可能重新发现这些古代名人的最后安息之地，乃至他们的遗体，激励了许多考古学家或历史学家踏上埃及废墟密布的沙漠探险之旅。本书讲述的就是这些考古学家的探索故事，以及对能否发现相关墓葬的研究。

极度注重死亡？

或许古埃及人并不应该背负极度注重死亡的名声，之所以造成误解，部分原因在于现存考古证据的类型及其阐释都偏重于强调与死亡相关的内容。

西方人对埃及古代历史的兴趣自 19 世纪开始变得浓厚，即拿破仑 1798 年入侵埃及之后。当时，许多古迹或被半埋在流沙中，或被其周围兴起的更多现代建筑超越，但它们仍然非常显眼。陪同拿破仑探险队的学者和科学家们详细记录了埃及的古迹，1809—1829 年，《埃及记述》（Description de l'Égypte）这套多卷册的巨著问世。此时这些古物已经开始走出国门，1753 年大英博物馆（British Museum）开馆时，其中就有 150 件埃及藏品。随着精英阶层和负责博物馆收藏的人对获得这些古物的兴趣越来越大，新的遗址和纪念碑被发掘出来。早期西方发掘者中最著名的是乔瓦尼·巴蒂斯塔·贝尔佐尼（Giovanni Battista Belzoni），他是意大利人，曾在马戏团担任大力士，后来为英国驻埃及总领事亨利·索尔特（Henry Salt）工作。贝尔佐尼是最早开始发掘的人之一，并在早期有一些惊人的发现，如国王谷（the Valley of the Kings）的塞蒂一世（Sety I）墓，他也是现代进入位于吉萨（Giza）的世界第二大金字塔，即法老卡夫拉（Khafre）墓的第一人。

　　从墓地和其中的陵墓所出土的古物，其种类和数量往往蔚为壮观，因此自然也最受瞩目。很明显，古埃及人坚信有来世，他们非常在意如何通过复杂的信仰和仪式确保自己能够抵达那里。对现代收藏家来说，至关重要的则是相关物质财富。古埃及人认为，死者从这个世界到下个世界的过程是一次旅行，可以配备无穷无尽的物品。对大多数人而言，物品多寡仅受他们及亲属的经济能力所限，但最基本的是要找到一个地方来埋葬遗体。对于有钱人来说，需要一座精美的墓葬。

　　埃及最早的墓葬是在前王朝时期，不过是些用沙堆覆盖的浅坑，死者的遗体包裹在羊皮或垫子里，和各种财物一起放入坑中，财物通常是陶器、象牙梳或骨梳、石板调色板，有时还有陶瓷小雕像。随着时间的推移，坟墓开始呈现出更标准的长方形，放置在尸体旁边的物品数量有所增加，最好的坟墓是用泥砖砌成的，有时还分成两室。考古学家在中埃及的阿拜多斯（Abydos）发现了第 1 王朝国王的墓葬。墓穴呈正方形，在沙漠地面上用砖砌成，其中有个木制的中央墓室，墓室三面被储藏室包围。目前还不清楚这些墓葬的上方是什么，似乎有可能是一个低矮的土丘，每座墓葬的位置都有两块石碑，上面刻着已故国王的名字。

　　随着时间的推移，地位最高者的墓葬变得更大、更精致。墓室的数量和随葬品增加了，上方的建筑演变成直的、大型的矩形结构，用泥砖建造，有些高度达到 10 米（33 英尺）。这些上方建筑被称为"马斯塔巴"（mastabas，阿拉伯语单词，本意为埃及房屋内外常见的长凳），虽然许多只是简单地填满了瓦砾，但除了地下的隔间，有时也会有一些放置葬具的小房间；并经常在外部设有小教堂，方便亲属在此为死者摆放祭品。

在第 3 王朝初期，王室墓葬建筑的发展迈出了关键的一步：第一代国王左塞尔（Djoser）的地下墓穴被一个正方形的平台覆盖，在这个平台之上，设置了一连串尺寸向上逐级递减的平台，形成了一个阶梯式结构。这就是"阶梯金字塔"（Step Pyramid），它是能够界定古埃及的三角形建筑的第一个例子，也是最好的范例。这个结构是革命性的，因为它是世界上第一座用石头建造的伟大建筑。阶梯金字塔是巨大围墙内大量建筑群的一部分，不仅是埋葬国王的场所，而且还维护其死亡之后的崇拜，使其精神在来世存续。国王左塞尔的继任者们不断地对这种类型的建筑进行创新和试验，他们的首席建筑师和建筑工匠努力创造更大的、更完美的、"真正的"金字塔。最终，在第 4 王朝国王胡夫（Khufu）统治时期，修建了最大的金字塔——吉萨大金字塔。

此时，非王室人员依旧埋葬在马斯塔巴墓中，金字塔是留给王室成员的，这些墓穴最终被排成一行，砌以石头，并以浮雕进行精心装饰。此外，在第 4 王朝时期，一些墓葬开始直接开凿在尼罗河谷（Nile Valley）边缘的山丘和悬崖上的岩石中。

在整个古王国（Old Kingdom）时期（第 4、第 5 和第 6 王朝），金字塔一直是法老的默认埋葬方式。随后的第 7 至第 11 王朝期间，似乎出现了一些停顿，但又在第 11 王朝的门图霍特普二世·尼布赫泊特尔（Mentuhotep II Nebhepetre）的领导下得以恢复，并持续到第 13 王朝。

在底比斯（Thebes），多少有一些第 16 和第 17 王朝的统治者似乎葬在上方有金字塔的墓穴中，但第 18 王朝早期的某个时刻，埋葬方式发生了重要的变化，这是新王国的一个决定性特征。最迟从哈特谢普苏特（Hatshepsut）统治时期开始，法老就被埋葬在底比斯以西的沙漠高地上的一个新墓园里，如今这个墓园被称为国王谷（Valley of the Kings）——世界上最著名的墓地。在这里，历代法老将他们的坟墓深深地凿入基岩之中，通常是多个墓室围绕着一条或多条长长的甬道而建，不少墓室表面做了奢华的装饰，描绘国王来世旅程中的神秘场景。有些墓穴在古代就已经被打开，但更多的墓穴是考古学家发现的，尤其是在 19 世纪和 20 世纪初。最后有了终极的考古发现：1922 年 11 月霍华德·卡特（Howard Carter）发现的未被破坏的图坦卡蒙（Tutankhamun）墓。

　　图坦卡蒙的陵墓和埋藏的神话般的珍宝，自他下葬以来一直完好无损，这正是埃及人希望看到的。不同于早期的丧葬仪式，

图坦卡蒙墓前厅的南端，在被发现后不久

导言　生存、死亡、古墓和重新发现　5

特别是早期最为显著的标志物——金字塔之下的王室陵墓，国王谷陵墓的设计意图在于，一旦被封闭，就不会再被发现。陵墓远离现代文明，在一个完全荒无人烟的地方。人们看不见，也很难到达；任何非官方墓园管理者如果在这样冷门的地方发现它们，都很难做出解释。但卡特的发现之所以引起如此大的轰动，部分原因在于图坦卡蒙的陵墓从未被侵犯，这是很异乎寻常的。尽管古人为保护死者陵墓所做的努力是陵墓设计演变中的一个重要因素，但在大多数情况下，这些事最终都是徒劳——近代发现的几乎所有陵墓都是被盗贼（古代或现代的）率先进入，而非考古学家。

但是，在少数情况下，如果古人成功地保住了他们的敬仰者的陵墓不被盗，那会怎样呢？这是否解释了为什么有些墓葬仍未被发现，如果是这样的话，最终会不会是考古学家而非掠夺者先得到回报？

对来世的供应

随着古墓建筑传统的出现，旨在帮助死者进入来世的丧葬仪式也逐渐形成。将尸体放进坟墓前，要先为其永生做一些准备：先将尸体净化，做防腐处理，用珠宝和护身符作装饰以抵御恶灵，再将其包裹在亚麻布绷带中，这个过程被称为木乃伊化（mummification）。作为净化过程的一部分，胃、肺、肝脏、肠等内部器官被移除并单独保存。这些器官通常储存在四个成一套的容器中，我们现在称之为"卡诺皮克罐"（canopic jars），因为早期曾误认为它们与希腊神卡诺普斯（Canopus）崇拜有关。人们将木乃伊放在单个的木制棺材，或者一套嵌套的棺椁内。最为富裕的人，其棺椁外面还要再套一层石棺。

在葬礼上，祭司会对木乃伊施行一套复杂的仪式，确保死者恢复青春和活力，并将死者与各种家具和物品一起下葬，这些物品可能是他们今生使用过、来世还会需要的，包括食物、饮料、油、调味品和香料等，都装在各色各样的罐子和容器中。死者甚至会得到一队帮手，即叫作沙布提俑（*shabti*，一个类似于"应答者"之意的埃及词）的小雕像，它们将象征性地在来世代表死者执行任务。对于买得起全套装备的人来说，一年中的每一天都会有一个沙布提俑，每十天有一个监督者，总共有四百多个。这些沙布提俑将帮助死者维护他们在阴间的家园——叫作阿鲁（Aaru）的无边无垠的芦苇地。阿鲁是一首田园牧歌，代表了他们目之所 ¹³及最美的景观。

许多这样的物品，特别是棺椁，以及不少坟墓的墙壁，都被精心装饰过。死者的姓名和头衔以铭文显示，铭文还会记载些许他们生前的成就或近亲的信息。还有些装饰是以文字和图片的形式，描述死者从今生到来世的旅程的各个阶段。埃及人似乎相信，通过雕塑家和画家创作的文字和图像来表现这些东西，它们就会变得真实。为死者提供东西的所有投资——由最熟练的工匠用最好的材料制作的物品——最终发挥了作用。在某种意义上，这涉及对死者的纪念，为在世的亲人保留他们的记忆；但更重要的是死者个人的复活，以及他们在来世的永续生存。因此，埃及人所关注的不是死亡，而是生存，特别是来世，他们认为来世或多或 ¹⁵少是这个世界的理想化形式。

现代人将古埃及与木乃伊联系在一起，认为木乃伊是腐烂的

出土自第三中间期陵墓的沙布提俑。一个提俑监督员监管十个提俑的工作

肉体和邪恶的意图，或许更加说明了现代人对尸体的迷恋，尽管这是由埃及的木乃伊激发出来的，但埃及人绝不会这样想，他们把木乃伊看作年富力强的重生者。公元前 7 世纪，有一位生活在底比斯的人，叫作哈瓦（Harwa），他的墓葬装饰中有个场景完美地说明了这一点：哈瓦身边是木乃伊制作过程的监督者、豺头人身神阿努比斯（Anubis），他牵着哈瓦的手，带领他继续前进。这里的哈瓦是一位老人，下垂的腹部和胸部象征着他漫长而成功（饮食富足）的人生。这个场景之后，墓葬下一部分的装饰是在木乃伊上进行的仪式，为死者的身体进入来世做准备，哈瓦和阿努比斯再次出现，但此时的哈瓦恢复了活力：他下垂的腹部和胸部已然消失，是一个没有赘肉的健壮青年。这就是埃及人对自己死亡后的想象——绝不是在坟墓里蹒跚着寻找并猎杀他人的可怕

怪物。的确，埃及人投入了大量的财力和精力来装备死者以迎接来世，但事情还不止如此。人们一般不会将死者埋葬在肥沃的尼罗河谷，那是所有人生活和工作的地方，而选择葬在周围的沙漠中，那里干燥、没有生命的条件非常适合保存各种材料，特别是木头等有机材料，这些材料若靠近河流和生物多样的潮湿环境，则很快会消亡。因此，怀揣着对古代遗迹的兴趣，旅行者、探险家、收藏家和考古学家们在墓地里发现了令人惊叹的奇珍异宝和美丽的艺术品。随着兴趣的增长，他们意识到只要稍作发掘，就能发现更多的东西。那时的情形一定是这样的：沙子下面似乎有 ₁₆ 无穷无尽这样的宝藏，只待被运走。

19 世纪初有那么多材料触手可及，如今想来真难以置信。首先，这种发掘实际上是完全自由的。虽然有些情况下会发放许可证，但大量的材料是由无证人士带上地面的，有些人是出于兴趣想得到材料，有些人则想通过发掘东西进行交易谋利，以此过上优渥的生活。几十年来，关于这类发掘几乎没有记录，即使有也很少。人们还没有意识到，除了物品本身，还可以从其出土的地方即考古背景中学到知识。

总之，被发现的丰富多样的新材料中，有那么多是专门为死亡和埋葬的仪式而制作的，或起码是在墓穴和墓地周围发现的，这必定使得埃及人看似非常关注死亡，乃至痴迷于此。

埃及人的聚落和真实生活证据

19 世纪下半叶，神话般的古埃及仍然在好莱坞和大众的想象中占有一席之地，考古学家们开始寻求有关过去的信息，而不仅仅是美丽的物品。随着考古工作的开展和技术的进步，除了偏远的墓地，城镇也明显地保存下来。这样，古代生活的物质证据就可能被发现，以此补充埃及人在葬礼艺术中对日常生活的描述。

但是城市遗址给早期的发掘者带来了更大的难题。家庭建筑通常由泥砖制成，但泥砖不如建造神庙和墓葬所用的石头等材料容易保存，不仅是因为它的自然耐久性较差，还因为古代的泥砖已经在 19 世纪被不了解其价值的发掘者移走。在清理古庙时，就损失了很多，例如卢克索（Luxor）神庙的中心部分。一座古老的城镇已经在神庙的石质建筑内外成长起来，但因统治者急于展示新王国（New Kingdom）的神庙，几个世纪的城市发展在一瞬间就无可挽回地消失了。当地的农民加剧了这一问题，他们在古砖上看到了完全不同的价值——一种非常有用的农作物肥料。此外，聚落通常位于尼罗河岸边，一年一度的洪水能够灌溉土地，使其肥沃，居民因此受益，但随着河流的移动，许多聚落已经消失，古代遗迹逐渐被吞噬。

对于发掘者来说，泥砖房即使是幸存下来，也比墓葬的发掘更具挑战性。它们所在的聚落通常已经用以居住几十年，甚至几个世纪，并且还会定期改造和重建。埃及的许多现代城镇都建于古代居点之上，这虽是该地生活连续性的证明，但也使我们更难获得这类古代材料。但是，即便是在容易进入的遗址中，考古学家也要面对相当大的挑战，即如何将一组墙与另一组墙，以及与两者之间积累的碎片和残余物分开。一眼望去，其中的考古材料似乎不如在贮藏丰富的墓地中出土的宝物那么好：最常发现的物品是粗陋的陶器碎片。但事实证明，这些碎片具有至关重要的价值，因为随着时间的推移，考古学家积累了大量关于其形式和材料的知识，可以用来确定原始文物的年龄，从而确定其发现地的年代。

古埃及的聚落有时看起来就像毫无特色的大片泥地，必定是不太容易立即得到回报的研究项目，尤其是在考古学的早期。但是这样的遗址以及调查工作，对于增进我们对古代普通人生活的理解至关重要。弗林德斯·皮特里爵士（Sir Flinders Petrie）是进行这种研究的典范，被称为"考古学之父"。他于1884年在埃及进行了第一次发掘，探索了位于三角洲的重要遗址塔尼斯（Tanis，我们将在第五章讲述）。该遗址因神庙和散落的纪念性雕塑而闻名，但皮特对其周围的城市更感兴趣。他不仅认识到了这种聚落的价值，还发明了新的技术来发现它们所出产的新材料，并以极大的精力和毅力来收集、记录、分析、出版大量的材料，为人们了解古埃及打开了一个全新的窗口。21世纪，研究重点再次转移：墓葬提供了古埃及的缩影，城镇揭示了更广阔的视角，如今，在地质学等其他领域专家的大力帮助下，我们开始增进对古代自然环境的了解，知晓它如何影响人们的生活。

此后，许多学者从事"聚落考古学"（settlement archaeology），但这并不是说寻找和研究墓葬及随葬品的丧葬考古学（funerary archaeology）已经停止发展了。它继续不断地产生新的发现和关于古代的有用信息，尽管有时会听到聚落考古学家抱怨："我们不需要更多的古墓了！"但许多埃及学家仍然被壮观的发现吸引，继而前往墓地遗址。当然，我们不需要更多的古墓。我可以理解为什么有些考古学家对埃及其他类型的考古学更感兴趣。但是，古墓确实从各个方面极大地帮助我们认识古代埃及：错综复杂的人类日常活动场景——狩猎、捕鱼、耕作、手工艺生产和休闲活动；埃及建筑和自然环境下生动的兽类、鸟类、鱼类和昆虫。古墓为我们提供了最令人敬畏的艺术、建筑和技术作品，以及在我们的研究领域中最灿烂夺目的关于发现的故事。

重建法老时代

法老时代的埃及是一段持续了三千年的文明，埃及学家通过将丧葬和聚落考古与古代文学资料研究相结合，充实了其年代框架。埃及王朝历史的经典观点认为，这个伟大的文明经历了一系列的高峰和低谷。建造金字塔的时代始于伟大的技术飞跃，正是技术使得阶梯金字塔的建造成为可能，阶梯金字塔的发明者是伊姆霍特普。如今我们将那个时代称为古王国时期（公元前2550—前2150年），对应第4、第5和第6王朝，之后是三个中间期（Intermediate Period）的第一个时期；埃及文明的第二次大繁荣被称为中王国（Middle Kingdom，公元前2020—前1750年），与第11和第12王朝相对应，之后是第二中间期（公元前1640—前1532年），最后一个王朝是第17王朝；从第18王朝开始是新王国（公元前1539—前1069年）。前者的结束和后者的建立并不是在一瞬间发生的，而是在一个较长的时间内以各种方式展开的。

人们认为，古王国、中王国和新王国是建立丰功伟绩的时期，当时埃及很强大，在艺术、建筑和技术方面突飞猛进，同时也在开疆拓土，而三个中间期则是所谓的衰退时期。这是一种过于简化的叙述方式，它掩盖了一个万事万物都在不断变化的微妙画面。

尽管如此，这个由历史学家在过去两个世纪创建的框架（不同于古代观念的王朝体系），在某种程度上是有用的。

"王朝"这种体系的最终形式是由曼涅托（Manetho）制定的，他是生活在托勒密（Ptolemaic）统治时期的埃及祭司和历史学家，他希望用希腊语来描述埃及的悠久历史。他对国王的分组似乎来自古人使用的早期系统，至少可以追溯到第 19 王朝。第 19 王朝第三位统治者拉美西斯二世（Ramesses II）统治时期写就的"都灵国王名单"（Turin Kinglist）或"都灵法典"（Turin Canon）是一份按历史顺序排列的王室名单，写在一张残缺的莎草纸上。这份特殊的文件于 1820 年在卢克索被意大利文物收藏家伯纳迪诺·德罗维蒂（Bernardino Drovetti）收购，并于 1824 年出售给都灵的埃及博物馆（Egyptian Museum, Turin）。名单序列中最早期的是神和神话中统治者的名字，但在第三栏中，历史上已知的国王按时间顺序被记录下来，并通过标题分成几个王朝，大致与曼涅托制定的王朝体系相符。除了国王的名字之外，名单上还给出了每个国王的在位年数。

埃及人在事发地和铭文中记录的历史事件的日期，是依据 ₂₀这些事件发生在现任法老统治时期的时间而定的。他们使用太阳历，将一年分为三个季节：阿克赫特（Akhet），洪水在土地上泛滥的时间；佩瑞特（Peret），洪水退后作物生长的时间；施姆（Shemu），作物收割的时间。每个季节包含 4 个月，每月 30 天，总共 120 天，再加上"一年中的 5 天"，使一年的总天数达到 365 天。当他们需要为某一特定事件赋予一个日期时，就要这样计算：天，用从 1 到 30 的数字；月，用从 1 到 4 的数字；季节；国王在位的"× 年"。前三个要素与太阳历有关，不受国王统治的影响，而最后一个要素需要随着法老的更替而重新设定。如果一个国王在阿克赫特1月的第1天去世，那么第2天仍然是阿克赫特1月的第2天，但是新国王的"第1年"。这样的日期记录对于埃及学家确定事件的时间顺序是非常宝贵的，同时也是我们确定每位国王在位时间的主要手段。埃及人既没有记录法老死亡的情况，也没有记录死亡日期，因此"最高在位日期"（highest regnal date）就成了法老死亡时间的最佳指南。例如，如果有一份某位法老在位期间第20年的铭文，那么他一定统治了至少20年（因为法老在位的第1天会被定为"第1年"）。当然，新的证据出现时，日期是可以改变的。如果一个可以追溯到其在位第30年的铭文被发现，那么教科书中记录的他的统治时间就必须延长10年。

这种纪年方式还有一个意义：由于曼涅托和其他的国王名单，以及考古证据的贡献，我们已经非常了解国王们的在位顺序，尽管如此，但我们通常并不清楚他们的统治何时开始，何时结束。埃及历史上最早的锚点被认为是公元前690年第25王朝的塔哈卡（Taharqa）登基的日期，27年后他的统治结束。由于亚述人的资料可以关联到我们的日历，我们知道这一年是公元前664年。但这在古埃及历史上是比较晚的，比第一批法老晚了整整25个朝代。最高在位日期是我们了解较早期国王相关日期的最佳信息来源。将塔哈卡之前所有已知国王的最高在位日期依次相加，并从公元前690年开始倒数，我们最终得出了第1王朝第一个国王那尔迈（Narmer）的登基日期，即公元前3000年左右。埃及历史上的某些时间点可以通过其他同步对照方法确定下来，比如我们可以确定塔哈卡统治结束的日期，但除此之外，事件的日期是无法确定的。为此，埃及学家通常更愿意使用埃及人自己提供的在位日期，因其必定在国王的统治期内。

让－弗朗索瓦·商博良（Jean-François Champollion）破译了圣书体文字，使人们第一次读懂了古埃及文字，他和几代考古学家、语言学家和各类学者着手收集埃及国王的实证。在无数物品和遗迹上发现的王室名字，使我们能够把曼涅托的国王和王朝名单梳理完整，形成一个合理的、由一连串法老所界定的年表。总体来说，曼涅托的名单似乎是符合主要证据的，尽管我们即将知晓，他名单上的一些名字与其他地方发现的并不一致，同时我们也找到了曼涅托不知道的国王名字。

曼涅托列出的名字是每个国王出生时所取名字的希腊语形式〔埃及学家称之为"出生名"（nomen）〕。这些都是我们最熟悉的名字，如拉美西斯、阿蒙霍特普（Amenhotep）和图坦卡蒙。除此之外，每个国王都有一系列其他名字，指的是王权的各个方面——从中世纪开始，国王的名字由出生名和其他四个名组成（"五个王名"）。这一传统一直持续到罗马时代。另外四个名字是："荷鲁斯（Horus）名"，通常出现在一个长方形的框内，代表隼神荷鲁斯顶上的宫殿；"两女士名"，遵循了两位女神的形象，即上埃及（Upper Egypt）的秃鹫女神奈赫贝特（Nekhbet）和下埃及（Lower Egypt）的蛇女神瓦吉特（Wadjet）；"金色荷鲁斯名"；最后，通常与"出生名"一起出现的是"个人名"（prenomen），也被称为"王位名"或"加冕名"，它通常出现在莎草植物和蜜蜂的圣书体文字之后，加上两个"t"符号，读作 *nesu bity*，我们把它翻译成"上下埃及之王（the King of Upper and Lower Egypt）"，即人们称呼法老时主要使用的名字。

这里的"上"和"下"两个词是对尼罗河而言，它从非洲中部到埃及南部，并向北延伸，最终到达地中海（Mediterranean）。上埃及和下埃及的分界线就在三角洲入口的南边，尼罗河在这里形成了几个不同的分支。首都孟菲斯位于两地的交界处，是下埃及最南边的行政区。上埃及是该位置（尼罗河谷）以南的领土，下埃及处于北部（首都孟菲斯和三角洲）。埃及人认为他们的国家是由这两块土地联合起来形成的，而这两块土地被固定或捆绑在一起的想法是整个埃及历史上反复出现的王权主题，最明显的就是"两地之主"（the Lord of the Two Lands）这一表达方式，这是国王头衔中最常引用的一个。现代地点的"中埃及"（Middle Egypt）一词有时指的是法尤姆绿洲（Faiyum Oasis）和阿西尤特（Assiut）省之间的尼罗河流域，但其边界并不明确，而且该地领土无论如何界定，都属于古人认为的上埃及。

"出生名"不一定是唯一的。例如，在第 18 王朝，有 4 位国王叫图特摩斯（Tuthmosis），4 位国王叫阿蒙霍特普；在第 19 和 20 王朝，有 11 位国王叫拉美西斯。每个人都可以通过他们的加冕名来区别于其他人，加冕名是独一无二的。因此，杰瑟卡雷·阿蒙霍特普一世（Djeserkare Amenhotep I）可以与阿克希普鲁尔·阿蒙霍特普二世（Aakheperure Amenhotep II）、内布马特·阿蒙霍特普三世（Nebmaatre Amenhotep III）等区分开来。在后期，命名变得更加混乱，因为出生名和加冕名都会反复出现。正因如此，重建第三中间期（Third Intermediate Period）的历史尤其困难。一般来说，法老的称呼是他们的出生名，必要时再加上序号——拉美西斯一世、拉美西斯二世等，但有时也会用到他们的加冕名，以避免混淆。虽然埃及学家倾向于尽可能使用埃及语的法老称呼，但希腊语称呼也融入了现代文学：人们可能会读到大金字塔是由基奥普斯（Cheops）或胡夫建造的，事实上两者指的是同一位法老，其名字分别以希腊语和埃及语出现。在某些情况下，希腊语更有说服力，以至于教条般地坚持使用埃及语会令人产生困惑：第 21 王朝的法老普苏森内斯（Psusennes）以这个希腊语名字广为人知，其埃及名帕塞布海尼纽特（Pasebkhaenniut）几乎无人知晓。

　　根据曼涅托的说法，每位国王都是在其前任去世后才登上王位的，但他的说法并没有考虑到数位国王同时在位的时期。其他证据表明，某些时期会有不止一位在位国王——一位统治一个地方，另一位统治其他地方；或者，数位国王作为共同统治者同时统治国家，如女王哈特谢普苏特和她的侄子图特摩斯三世。尽管如此，曼涅托的名单还是为我们寻找古墓提供了一个起点：虽然许多已知的埃及国王安息的地方已经被确认，但仍有许多地方等待被发现。

消失的名人们

　　本书描绘的并不是古埃及普通人的生活，而是著名的法老和古代名人，以及他们的成就、他们积累并随之埋葬的万贯家财；也描绘了他们被埋葬时颇具传奇色彩的情形，以及这些情形如何导致考古学家在竭力寻找他们时遇到的困难。

　　以好莱坞电影《木乃伊》（*The Mummy*）（1932 年和 1999 年）中的反面人物而闻名的伊姆霍特普，或许是人类历史上最重要的

导言　生存、死亡、古墓和重新发现　　**17**

人物之一。他是第 3 王朝国王左塞尔宫廷中地位极高的官员，我们将阶梯金字塔的设计和建造归功于他。阶梯金字塔不仅是埃及的第一座金字塔，也是世界上第一座用石头建造的纪念性建筑。这不是一件容易的事，如此规模的石头建筑——沿基座约 125 米（410 英尺），高 62 米（200 英尺）——若要保证在建造时不因其自身重量而倒塌，就需要对其施加的力和承受的压力有透彻的了解，并掌握设计原则，以均匀地分配负荷，从而形成稳定的结构。这对人类来说是一个巨大的飞跃。伊姆霍特普在其逝世后的几千年里，一直被人们铭记，甚至被当作神来崇拜。作为高级宫廷官员，他必定被埋葬在一座巨大的陵墓之中，在他逝世后的许多个世纪里，他的崇拜者们似乎已经确定北萨卡拉（North Saqqara）是他的埋葬地。但是，尽管人们在该地区进行了多年的发掘，他的陵墓却从未被找到。

阿蒙霍特普一世是第 18 王朝的第二任法老，处于新王国的初期。这是个伟大的时代，其特征包括埃及帝国的扩张，以及法老时代最精美的艺术和最辉煌的建筑。这个时代的另一特征是采用新的方式来埋葬皇室的死者，埋葬地点是一个远离文明的山谷，如今我们称之为国王谷。阿蒙霍特普的墓葬从未被发现，但官方的验墓记录表明，在他逝世后近 4 个世纪，他的陵墓仍然完好无损。然而并不可能一直如此，因为他的木乃伊最终与其他许多新王国法老的木乃伊一起，在 TT320 号"王室墓园"（royal cache）中被发现。考古学家长期以来一直在寻找这个墓穴本身，但并无收获。

阿肯那顿（Akhenaten）是古代世界的伟大人物之一。统治伊始，他便着手宗教、艺术和政治方面的改革，禁止了对传统众神的崇拜，只允许人们崇拜一位叫作阿顿（Aten）的太阳盘（sun disc）。他改编了几个世纪以来的宗教图腾，不仅展示了这一位神祇，还展示了其本人的形象，他通常与妻子娜芙蒂蒂及女儿们一起出现，突出他和他的家人们在新宗教中的位置。他打破了描绘法老的刻板惯例，以一种全新的方式展示自己，夸张的五官模糊了男性和女性的界限，让许多现代观察家认为他可能患有某种可怕的疾病（见彩色插图 vi）。最后，他在我们现在称为特尔阿玛尔纳（Tell el-Amarna）的地方建立了一个新的首都，并将整个行政部门搬迁到那里。尽管阿肯那顿做出了如此全面而广泛的改革，但他的统治也只持续了几年就结束了，彼时似乎有一些王位继承方面的问题。唯一男性继承人——一位名叫图坦卡蒙的男孩登上了王位，但仅仅几年后就逝世了，而图坦卡蒙没有孩子，王室血统从此结束。在阿肯那顿之后，甚至在他统治下的最后几年里，一些人对王位展开了争夺，其中可能包括娜芙蒂蒂。1912年，一尊惟妙惟肖、典丽俊雅的娜芙蒂蒂半身像在阿玛尔纳（Amarna）[1]被发现，其形象因此而闻名，该半身像现存于柏林。或许是由于这些人的统治时间过短，以及当权者们在恢复旧制后的做法，我们似乎丢失了许多关于他们墓葬的证据，至少包括一些他们的坟墓。这些坟墓是否仍未被发现，就如同图坦卡蒙的坟墓一样，3500 年之后才被发掘出来？

赫里霍尔（Herihor）是第 21 王朝的一名陆军将领，他在上埃及的影响力可以与北方的法老相媲美，以至于他开始使用一些王权标志，甚至将自己的名字写在王室成员专属的王名框

---

〔1〕即特尔阿玛尔纳。——编注

1912 年，德国探险队在阿玛尔纳发现的娜芙蒂蒂半身像，现藏于柏林的埃及博物馆（Ägyptisches Museum, Berlin） （cartouche）里。他在位时，之前新王国的许多法老陵墓上的装饰都被剥去了，木乃伊被重新埋葬，以防止盗贼破坏。赫里霍尔的诸位继任者和前任似乎最终也被重新埋葬了，但显而易见的是，几乎没有任何关于赫里霍尔墓葬的痕迹或其他证据留存下来，这使得许多人猜测它仍在等待发现——其间甚至可能包含与图坦卡蒙墓相媲美的珍宝。

第三中间期和晚期（Late Period）包含第 21 至第 30 王朝，与之前的新王国相比，文献记载要少得多。这一时期的大部分时间里，国家都是四分五裂的，导致出现了大量短暂在位的国王，考古学家发现很难将他们列入国王名单，如曼涅托的名单。但是在第二次世界大战爆发前，研究取得了关键性的进展，法国考古学家皮埃尔·蒙特（Pierre Montet）发现了一座第 21 和第 22 王朝国王的墓地，其中一些墓葬完好无损，保存着令人叹为观止又相对鲜为人知的古埃及珍宝（见彩色插图 ix—xi）。但是，关于这几代国王及其继任者的墓葬记录仍然存在空白，包括第 26 王朝的所有墓葬，那是一个有着巨大艺术成就的年代，一个统一而强大的埃及，必定有着大量珍贵的供给。

毫无疑问，无论从任何时期看，亚历山大大帝都是最伟大的征服者之一，他的领土之广袤使得其故事贯穿了欧洲、北非和亚洲。但在所有他去过的国家之中，他的安葬之地既不是故乡马其顿（Macedonia），也不是他逝世的城市巴比伦，而是埃及。这个国家、其人民的信仰、为神灵建立的遗迹的力量，都对亚历山大产生了强烈的影响。安葬在那里，更可能与他的一位将军托勒密（Ptolemy）在他死后的阴谋有关。但不管是什么原因，他死后，在一个非常有影响力的神话中化作神灵本身，神话在埃及传开，成为托勒密和他的继承人建立新的、希腊化（Hellenistic）的埃及王国的重要基础。尽管几个世纪以来，亚历山大的坟墓都受到了尊崇，甚至许多伟大的罗马皇帝和古典作家都曾前来拜访，但它的考古证据却很少被保存下来。

在托勒密建立的王朝末期，埃及被古代世界另一著名人物——克娄巴特拉统治。由于古典文献的记载，以及莎士比亚和后来好莱坞电影的渲染，她的生活、她与尤利乌斯·恺撒（Julius Caesar）和马克·安东尼（Mark Antony）的关系，放之四海人们皆耳熟能详。古典文献详细记载了她的死亡和埋葬情况，包括对她的陵墓的描述，然而这也是我们无法找到的陵墓之一。它在亚历山大港（Alexandria）海岸外淹没了几个世纪，遗骸会不会已经开始浮出水面？或者说克娄巴特拉实际上被秘密地埋葬在其他地方，而今天仍在寻找她最后安息之地的考古学家未来可能会发现？

这里有某种神秘感——为什么我们仍然没有发现这些墓葬？发生了什么事？在萨卡拉发现的数千件向伊姆霍特普献上的祭品会不会是他的墓穴所在地留下的？在KV35[1]中发现的未知姓名的木乃伊与未被发现的阿玛尔纳王族墓葬有什么联系？而在埃及首都孟菲斯，最后一位本土埃及法老内克塔内布二世（Nectanebo II）的石棺曾存放过亚历山大大帝的遗体的可能性有多大？

------

〔1〕古墓编号方式参见本书第26页。——编注

古代的名字和面孔

可以建立一个档案来表示每座墓葬可能存在的地点。在某些情况下，我们兴许已经拥有了部分证据。正如我们所见，任何古埃及人的葬礼，无论其地位如何，都包括三个基本部分：地点（坟墓）、葬具（帮助死者去往来世的物品）和尸身。在绝大多数情况下，如果我们有任何关于一个人埋葬的证据，都只是这三者中的一个：我们已经发现了数以千计的各种类型的坟墓，但通常都是空的，因为在古代业已遭劫；同一墓葬的其他证据可能会在别的地方，这些物品出现在次生环境（secondary context）中，如密藏室或古物市场，但来源并不明确（这些物品可能是考古学家到来之前，由掠夺者在相关坟墓或周围非法发现的）。不计其数的随葬品被找到，但无法关联到任何特定的坟墓。

在古埃及，我们认识到，古人与现代人对名人的关注是一致的。埃及人非常重视在一个人死亡时，将其名字记录下来——为了确保死者在来世继续存在，而这类相对丰富的铭文使我们能够确定成千上万的坟墓和随葬品的主人，包括像拉美西斯大帝这样的重要历史人物。埃及人通过木乃伊化保存死者遗体的智慧，也意味着人体的遗骸维持得相当好，使我们能够看到随葬铭文中那些名字所对应的面孔。

还有什么比一个人的名字和面孔更能体现出其特质呢？由于埃及人的技能和丧葬习俗注重人这些要素的保存，以及考古学家对这些要素的精心发掘和记录，我们得以通过考古学中较为罕见的方式了解古埃及的人民。

当然，丰富的考古和文字材料燃起了人们的期望。在埃及学中，我们眼花缭乱，因为圣书体文字告诉了我们古人的名字，使得我们能够将这么多东西与特定个人联系起来；任何间接证据——无论多少高科技设备、地球物理学、磁力测量学或透地雷达，都不能确凿地证明某座墓葬属于谁；只有读取到墓主的名字，才能进行准确鉴定。正如我们将看到的，一些失踪的古墓可能不是没有被发现，而是没有被识别出来。

从未被惊扰的古墓……

在寻找古墓时，最令人兴奋的期待兴许是：它有可能是完整的。霍华德·卡特在1922年发现的图坦卡蒙墓之所以如此激动人心，在很大程度上是因为这位年轻国王随葬的奇珍异宝仍然原封不动。从墓地的祭司封存陵墓，到卡特冲破封闭看到"奇宝"的那一刻，已经过去了3000多年，其间没有受到任何打扰。我想，对于有幸看到墓穴第一次被打开的人来说，这间隔的数千年时间几乎消失了。它仿佛古埃及的玛丽·塞莱斯特（Mary Celeste）[1]，看起来就像是牧师们在几分钟前刚刚离开。踏入一个数千年前的场景，每件物品都还精准地放在原位，这有种神奇的感觉——它迫使你去思考那些留下它们的人的行为，使你在某种程度上更接近埃及人本身。这样看来，即使是"死亡之屋"，似

[1] 玛丽·塞莱斯特，原名为亚马逊号，美国双桅船，于1872年12月5日发现被遗弃，地点位于距离葡萄牙亚速尔群岛400海里处。被发现时，除一艘长船不见，货物和个人物品基本未被破坏，船也处于适航状态。若无特殊说明，本书页下注均为译者注。

乎也充满了活力。

虽不曾有幸参与如此重大的发现，但我在 2006 年为意大利卢克索考古团（Italian Archaeological Mission to Luxor）工作时有过类似的经历，该团由弗朗西斯科·蒂拉德里蒂（Francesco Tiradritti）博士带领。前一年，我和田纳西州孟菲斯大学的罗蕾莱·科科伦（Lorelei Corcoran）教授一起，花了一个季度的时间记录了帕巴萨（Pabasa）墓墙壁的装饰碎片。帕巴萨是一位埋葬在阿萨西夫（al-Asasif）的高级官员，从直线距离看，他的墓地离国王谷不太远。[1] 但当时科科伦教授正忙于奥托·沙登（Otto Schaden）指导的学校任务，即当年早些时候宣布的新墓葬的发现，该墓葬是自卡特 1922 年的历史性时刻以来，在国王谷中首次发现的新墓葬，被命名为 KV63。

底比斯（Theban）墓地可能是埃及众多古墓中最为丰富的，包括数百座古墓，且随着发掘工作的不断深入，每年都会发现更多的古墓。如今这里和其他地方都使用了编号系统，以帮助识别古墓，该系统尤其适用于墓主姓名未知的情况。在底比斯，非王室成员的墓葬都有一个编号，前面有字母"TT"，代表"底比斯墓"（Theban tomb）。这些字母有时会改变，以反映墓园内更精确的位置，但这样也容易引起混淆。例如，以包含新王国许多法老的木乃伊而闻名的 TT 320，有时会被称为 DB320，因为它位于代尔巴里（Deir el-Bahri）地区。国王谷的墓葬是依据一个单独的系统进行编号的，其中前缀是"KV"，代表"国王谷"（Kings Valley）。该系统由英国埃及学家约翰·加德纳·威尔金森（John Gardner Wilkinson）于 1821 年引入，他列出了他所知道的 21 座墓葬，随后发现的墓葬都按照这个原始清单进行了编号。因此，至少从 KV22 开始，编号顺序反映出墓葬被发现的顺序。图坦卡蒙的墓是第 62 个被发现的，因此编号为 KV62。奥托·沙登在国王谷的发现是卡特之后的第一个，故而为 KV63。国王谷有一个独立分支的墓葬，有时被称为"WV"（Western Valley，西部山谷）加编号，但其编号与主谷中的墓葬相同，因此 KV23 也是 WV23。所谓的"王后谷"中的墓葬也被赋予单独的"QV"（Queens Valley）加编号，还有更多的墓葬，包括许多现在已经失踪或最近才被确认的墓葬，尚未被赋予任何主要序列编号。

沙登发现的并不是通常意义上的古墓，因为不曾有任何人埋葬在这里；确切地说，它是一个未被破坏的防腐葬具库，可能与图坦卡蒙的葬礼有关（见第三章）。对埃及人来说，用于处理遗体的材料，如装有防腐油的罐子或净化尸体的盐，本身就是神圣的，即使不与死者一起埋葬，也不能被随意丢弃。它们通常有自己的埋葬地，现在被称为"防腐室"（embalming cache）。其中最著名的当数 1907 年在国王谷的一个浅坑中发现的有图坦卡蒙名字的防腐室。它最初被误认为是图坦卡蒙墓的遗迹，并且该浅坑

还被赋予了一个墓葬编号：KV54。直到 15 年后，卡特在国王谷的另一处发现了真正的图坦卡蒙墓，才最终显示 KV54 不是一座墓，而是一间防腐室。

在 KV63 的物品被移出进行编目和保护之前，我和意大利团队的其他成员被邀请参观，这是我第一次接触到一座被封存后基本保持原样的古墓，它可能只是一间密藏室，但仍然相当壮观。里面主要是一系列大小不一的棺椁，还有一些大罐子，都很古老，但从摆放来看，所有的东西几乎都是随意堆叠的，没有我们如今倾注在如此脆弱而古老的物品上的关心和照顾。显然，它们还处

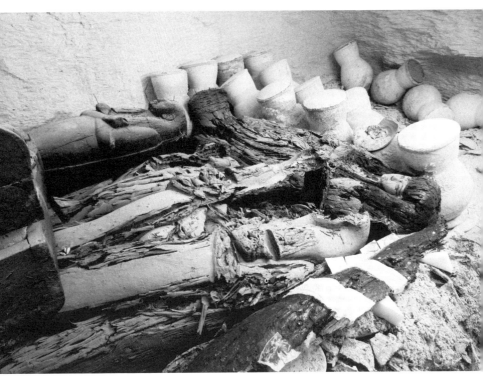

奥托·沙登在 KV63 中发现的散乱的棺椁和罐子

于当初被遗留的地方，可能在第 18 王朝后期。这是我第一次意识到，像这样的物品，绝不是没有生命的，可能恰恰相反，它们的位置诉说着最后处理它们的人做了什么。我和其他人一起站在井室，目不转睛地盯着前方几米远处的材料。最后到达的科科伦教授不禁笑了起来："你知道，你可以再走近一点。"我没有意识到自己退后了，但显然已经如此，我太紧张了，乃至敬畏，不敢再靠近。这就像我第一次见识到古老的过去，而在此之前，我只是通过书本或博物馆玻璃后面的展品了解它，我被征服了。进入墓穴时，我尚有些许淡然，认为自己感兴趣的是埃及学中的没那么有热度的方面，而非国王谷中的一个新墓穴。但当我离开时，已然有了不同的看法，我对考古学、古代历史和古代事物为什么如此令人瞩目有了新的理解。我对有过这样的经历感到非常荣幸，我希望这种兴奋，这种与古老的历史相通的愉悦，可以呈现在本书接下来的内容中。

现代的特立独行者

过去的许多发现都是在埃及考古学被现代标准视为寻宝而非严肃的学术追求时完成的。21世纪的埃及学是一门严格的科学学科，由训练有素的人才在可控条件下进行，但这并不是说就没有一些特立独行的人。本书中所讨论的伟大发现是由非凡的人们完成的，他们拥有超越大多数人的奉献精神、专注能力和专业知识，也许还有一定程度的怪癖。本书也是为了颂扬这样的精神，但愿埃及学能继续受益于此。

在写这本书时，我还想要传达关于考古学实施过程的感觉，即发现的展开。在发掘项目几乎是例行公事地发现大量遗迹的时代，人们似乎对每一个新的考古季都怀抱更大的兴奋和期待，我担心现在已经在某种程度上失去了这种感觉。考古学现在比过去揭示得更加详细，这对科学颇有裨益，但也许不利于提起非专业人士的兴趣。布赖恩·埃默里（Bryan Emery）在萨卡拉的考古季季末报告，如今看来可能考虑不周，不够科学（"虽然我们的发掘工作还只是处于早期阶段……但我认为很有可能……我们会找到伊姆霍特普的墓穴"[2]），但毫无疑问，读者会对他来年的工作感到非常兴奋。

　　本书的核心是对有可能发现这类事情的激动之情。这里收集的故事，既包括过去颇为轰动的发现，也包括仍在进行的研究任务，我希望读者为可能有这样的巨大惊喜而兴奋。

第一章

伊姆霍特普：成为神的人

　　我们选择一名非王室成员开始寻找，但肯定不能是普通人。伊姆霍特普是世界上最早的发明家之一，他被认为是左塞尔国王在萨卡拉的阶梯金字塔的建筑师，建造了世界上第一座石头制成的纪念性建筑。在他死后的几个世纪里，从新王国时期开始，伊姆霍特普以博学者的身份为人所铭记，尤其是在写作和治疗方面。最终，他比绝大多数法老都更为知名；虽然从最早期开始，人们就是通过在小教堂（chapel）或者与墓葬相关的其他崇拜建筑中放置祭品，来维持对已故法老的崇拜，但实际上，对大多数法老的崇拜行为可能最多只持续几代人。相比之下，人们对伊姆霍特普的崇拜似乎超越了时间；虽然从他死后到第 18 王朝阿蒙霍特普三世统治时期的任何文本中都没有他的名字，但在这段时间，人们向他敬酒的行为却很普遍，表明他处于一种半神的地位。到了第 26 王朝，他的这种地位明确建立起来，人们在萨卡拉建造了一个专门供奉他的小教堂。托勒密时期的历史学家曼涅托（见本书第 14—16 页）曾指出，伊姆霍特普是"凿石建筑艺术的发明者"，且与希腊医神阿斯克勒庇俄斯（Asklepius）有关，并"致力于写作"，曼涅托将他与埃及神祇普塔（Ptah）和托特（Thoth）相比肩。[1] 在现代的好莱坞电影《木乃伊》（1932）中，鲍里斯·卡洛夫（Boris Karloff）在扮演的反面角色披上了他的外衣。1999年，由布兰登·费雷泽（Brendan Fraser）和蕾切尔·薇兹（Rachel Weisz）主演的重拍版中，反角伊姆霍特普又重新出现于公众的视线。

埃及考古学新兴学科中最杰出的人物之一，英国发掘者 W.B. 埃默里（W.B. Emery），在他生命的最后几年致力于寻找伊姆霍特普的坟墓，他的发掘集中在北萨卡拉，靠近阶梯金字塔。他发现了大量在托勒密时代和罗马时代崇拜伊姆霍特普以及与他有关的神灵的证据，集中在第 3 王朝的墓群中。他距离找到这位非凡人物的墓穴似乎近在咫尺，但关键的证据却迟迟没有出现，这令他倍感痛苦。在做出毫无疑问将是他毕生最伟大的发现之前，他就去世了。

伊姆霍特普是谁？

伊姆霍特普无疑是最成功的非法老人物，他实现了所有埃及人的愿望："使名字永存"，用他们的话说，就是 *sankh renef*——永存于世。换句话说，即确保他和他的成就一起被人永远记住，维持他在来世的存在。事实上，他去世数百年之后，关于他的记忆，人们做了一次次补充。那么，我们如何区分他本人和关于他的传说呢？

我们先来了解伊姆霍特普本人。他的名字和头衔保存在一尊雕像的底座上，该雕像现存于位于萨卡拉的博物馆，只剩下双脚。[2] 雕像可能是伊姆霍特普所效力的国王：内杰里赫特（Netjerikhet），也就是人们所熟知的左塞尔，第 3 王朝的第一位统治者。在这尊雕像上，伊姆霍特普的头衔是"下埃及国王的持印人、上埃及国王的首席大臣、大庄园（即宫殿）总管、贵族、赫利奥波利斯（Heliopolis）的首席祭司"[3]，这些头衔表明了他在国王的宫廷和神庙管理中的地位和影响力。仅此一点就足以说明伊姆霍特普是该国举足轻重之人，甚至是仅次于国王本人的重要人物，但这段文字右边有一个有趣的词组，可能表明他甚至比国王的地位更高。该词组是 *bity sensen*，或作 *bity senwy*，直译为"下埃及国王，两兄弟"。这个头衔似乎是伊姆霍特普独有的，而且很难解释，但有人认为它的意思应该为：他是国王的童年伙伴、同伴、孪生兄弟，甚至"另一个自我"。[4]无论如何，这意味着伊姆霍特普在某种程度上与国王平起平坐，这种特殊情况在古埃及是绝无仅有的。

印有伊姆霍特普头衔的雕像底座是在阶梯金字塔建筑群附近发现的，这也是将伊姆霍特普与这座先锋纪念碑紧密联系起来的稀缺证据之一。[5]在金字塔地下长廊的墙壁灰泥中发现的一组印章印记，以及同样在金字塔

雕像 JE 49889，底座上有伊姆霍特普的名字和头衔

地下发现的一组石器，都保留了雕像上的一些头衔，尽管上面没有伊姆霍特普的名字。[6] 最后，他的名字出现在左塞尔的继任者塞汉赫特（Sekhemkhet）陵墓群的北面围墙上，这表明他的技能在之后的统治中也得到了应用。[7]

萨卡拉的伊姆霍特普崇拜神庙似乎不晚于第26王朝，那时他作为神的形象已经牢固树立：他一般是坐着的，穿着长围裙，戴着紧身帽，腿上展开着纸莎草卷。帽子让人想起普塔的精神，普塔是工匠和建筑师的守护神，据说是伊姆霍特普的神父。伊姆霍特普、普塔与阿庇斯（Apis），将成为首都孟菲斯地区最重要的神灵。孟菲斯位于三角洲的顶端，是尼罗河分为多个支流的地方，是上埃及和下埃及的交界处。阿庇斯是普塔的一个化身，是牛神哈托尔（Hathor）和猎鹰之首荷鲁斯的儿子。由于荷鲁斯是埃及神话中的国王，因此人们认为每位法老都是他在真实世界的化身；阿庇斯体现了法老们特有的力量和品格，通常情况下，法老在艺术中表现为有人类的身体，但有一条公牛的尾巴。阿庇斯在大地上的形象是一头黑皮公牛，身上有一套特殊的标记，可以让祭司们识别它。被认为是阿庇斯的公牛在萨卡拉受到崇拜，从新王国开始，每头阿庇斯公牛死后都会有一个复杂的葬礼，被葬在一系列专门建造的地下墓穴中，如今称之为塞拉比尤姆［Serapeum，源自希腊语中阿庇斯和奥西里斯（Osiris）的组合，被称为塞拉皮斯（Serapis）；见第222页］。

伊姆霍特普除了与普塔有家族关系，以及因此有着阿庇斯公牛的形象之外，还与希腊的药神阿斯克勒庇俄斯直接相关。到了第30王朝，萨卡拉建造了一座阿斯克勒庇俄斯神庙（Asklepieion，供奉阿斯克勒庇俄斯并颂扬其医治能力的神庙），在那里，阿斯克勒庇俄斯是伊姆霍特普的模样。该神庙是否有可能是在伊姆霍特普坟墓的基础上形成的？或者至少是建在其附近？萨卡拉的一系列可追溯到这一时期的碑文显示，人们从各地——"从城镇和省"前来朝圣，向神灵祈祷并献上祭品，祈祷他能治愈他们的疾病。[8]

对伊姆霍特普的崇拜一直持续到罗马时代，他的名字甚至延续到公元 10 世纪的阿拉伯文献中。[9]

虽然伊姆霍特普今天的名声主要源于他死后很长一段时间的传说，但考虑到他在王室的地位和国王的恩宠，他兴许会被安葬

左塞尔国王在萨卡拉的阶梯金字塔

在一座非常大的陵墓中。这座墓很可能位于萨卡拉的阶梯金字塔，也就是他的国王左塞尔的墓附近；即使在法老时代的早期，埃及贵族也经常选择葬在靠近法老的地方。然而，尽管考古学家在萨卡拉进行了近两个世纪的广泛调查，并发现了许多类型和时期都与推测中的伊姆霍特普墓相符的古墓，但他真正的坟墓仍未被发现，或者说，也许尚未得到确认。

最早的纪念性墓葬

阶梯金字塔是建筑和建设方面的一次革命性的飞跃，在当时独树一帜。它似乎开启了一系列令人惊叹的相似的飞跃和创新，最终，第一批真正的金字塔出现了，其中登峰造极者当属吉萨的胡夫大金字塔，它建于左塞尔的先锋纪念碑之后约半个世纪。

在伊姆霍特普的时代，私人墓葬的建造已经相当成熟，而且我们已经调查过诸多私人墓葬，因此可以对伊姆霍特普为自己建造的那种纪念碑做出合理的描述。在第 1 王朝时期，最大的私人墓葬以地面上用泥砖砌成的马斯塔巴为标识，其内部包裹着碎石，并覆盖着地下的墓室。一位名叫梅尔卡（Merka）的人曾在第 1 王朝最后一位国王——法老卡（Qa'a）手下任职，他被埋葬在一个特别精致、具备系列特征的纪念碑[10]中，这些特征将成为后来高级私人墓葬的典型。他的形象、名字和头衔刻在一块石碑上，该石碑嵌在墓穴东侧南端的一个壁龛中；在纪念碑北端的一个大型建筑中发现了一对脚，这是埃及私人墓穴中最早的崇拜形象的证据。这种在墓室南北两端设置的祭祀场所，即组合壁龛，成为第 2 王朝私人墓葬的标准。到这一时期，这些墓葬的地下部分也变得相当复杂，通常需要通过在马斯塔巴顶部开凿的台阶进入。

到了第 3 王朝，私人墓穴已经开始大规模兴建，最大、最精致的萨卡拉纪念碑也彰显了墓葬仪式部分的创新。国王的亲信、文士首领赫希拉（Hesyra）的墓[11]就是最好的例证。它有了一些新的特征，这些特征将成为埃及墓葬设计的标准部分，体现了当时的设计师和建筑师的工作特点——实验意识和创造力。创新设计包括第一个被证实的假门，这扇门是装饰性的，目的是让死者在尘世和灵界之间能有一条通道；还有一个完整的祭品清单，增加了对死者在来世的象征性供给；此外，在马斯塔巴中心的一条狭窄的甬道里，有一边是壁龛，里面有木板，上面是死者的浮雕图像，包括圣书体文字铭文，据此我们能够识别出他的名字。许多这样的墓葬都没有类似的铭文，因此仍然不知道墓主是谁。

伊姆霍特普墓的位置：萨卡拉

萨卡拉显然是伊姆霍特普墓的首选位置。自第 1 王朝初期两块国土统一以来，它和阿拜多斯一直是该国最重要的墓地，当然，伊姆霍特普的国王左塞尔也选择了这里作为他的安息之地。阿拜多斯是第 1 王朝和第 2 王朝一些法老的墓地，在埃及历史上一直是一个重要的地点，而萨卡拉则是附属于首都孟菲斯的墓地。当时朝臣们的葬礼纪念碑从城市中看非常明显，它位于尼罗河谷的沙漠高原之下，阶梯金字塔就是最宏伟的声明，向法老的臣民和所有来到首都的参观者昭示国王的力量。萨卡拉也是伊姆霍特普时代许多巨大的马斯塔巴墓的所在地，其中相当多的墓主还没有被确认。

布赖恩·埃默里在北萨卡拉的发掘。视角为西北方向，对着阿布西尔（Abusir）的金字塔

　　萨卡拉是一个非常大、非常丰富的考古遗址，贯穿了整个埃及历史，而不仅仅是在法老时代的早期。阶梯金字塔本身位于墓园的中心，前三个王朝的大型马斯塔巴建筑位于北部。人们对北萨卡拉的探索和发现已经有较长的历史，当然目前还没有结束。自从该地区被认为是颇具意义的遗址以来，几十年间，许多不同的考古学家和机构在该地区开展了不同的活动，因此，重建墓地的平面图并不容易。在没有标准化的地图或编号系统的情况下，即使只在萨卡拉这一部分绘制一份全面的纪念碑地图，也是一项相当大的工程：第一，该地区规模宏大，地下的考古学证据丰富；第二，更为棘手的是考古材料的多样性，它并不局限于单一的历史时期，相反古墓为其他遗迹所覆盖和切割；第三，尽管一个世纪以来，诸多专家对这个重要的考古空间进行了大量调查，但它

40

仍然没有得到全面的探索。

W.B. 埃默里和其"对伊姆霍特普墓的探寻"

有一个人，也许比任何人都愿意将发现伊姆霍特普的陵墓作为毕生的追求。1935 年，应埃及文物局的邀请，埃默里来到萨卡拉，他的探索天资为他带来了直接的回报：第一个考古季，他决定调查一个之前被认为是实心的马斯塔巴的填充物。[12] 结果发现它隐藏着不少于 45 个完整的墓室，里面有死者带去来世的陪葬品，正是它们被留下时的样子。第二次世界大战之前的几年里，埃默里发掘了许多第 1、第 2 和第 3 王朝的马斯塔巴，基本都取得了惊人的成果，其中包括独一无二的第 1 王朝贵族的完整骨架[13]，以及一个被标记为 3038 的马斯塔巴，其墓室上方有一个阶梯状的泥砖结构，他将其解释为可能是阶梯金字塔的前身。

埃默里在萨卡拉的工作因战争而中断，他因此参与了外交工作。1945—1946 年，他进行了一个考古季的发掘，其间发现了一个墓穴，但出于经济原因不得不暂停工作，转而在开罗的英国大使馆任职。直到 1951 年，当他被任命为伦敦大学学院

布赖恩·埃默里在北萨卡拉的最后几年

爱德华兹埃及学教授[1]时，他才再次恢复在萨卡拉的工作，这次他是作为埃及考察协会（Egypt Exploration Society, EES）的领队，在该协会的主持下进行发掘。四个考古季过去了，他完成了第1王朝遗迹的系列发掘，但工作再次中断了，这次是由于苏伊士运河危机（Suez Crisis），迫切需要将所有考古工作转移到埃及最南部的努比亚（Nubia）和苏丹（Sudan），那里的大量考古遗址即将被阿斯旺大坝（High Dam at Aswan）造成的湖泊淹没。埃默里可能是参与联合国教科文组织相关救援活动的唯一最有影响力的考古学家。

　　1964年10月，埃默里回到萨卡拉参加他生命中的最后六次活动，就在那时，他开始全心全意寻找伊姆霍特普墓。他的发掘工作集中在北萨卡拉古墓群最西边的地区，20世纪初萨卡拉文物检查员塞西尔·弗思（Cecil Firth）曾在此处进行过发掘。埃默里对所观察到的覆盖在邻近地区的托勒密时代和罗马时期的陶器很感兴趣，认为这些后来的存放物表明这里已经成为一个朝圣的地方。在1956年考古季末，埃默里决定进一步调查，他在弗思发现的几座墓葬北面的平坦区域开了两条测试沟。埃默里的敏锐嗅觉再次带来了成功：这些发掘发现了第3王朝的砖雕、两座祭祀用的公牛墓葬（bull burials）、装有朱鹮木乃伊的带盖罐子和大量托勒密时代的陶器，供奉陶器是祭祀仪式的一部分。埃默里对这可能意味着什么毫不怀疑：

　　　　这两个时期的遗迹并列在一起确实很有意义，一下子让

―――――――――

〔1〕英国首个埃及学教授职位，由著名的埃及学家、埃及考察基金会创始人阿梅莉亚·爱德华兹（Amelia Edwards，1831—1892）设立。——编注

人想到，在这个离阶梯金字塔围墙只有约 700 米（2300 英尺）的地方，我们可能会发现阿斯克勒庇俄斯神庙和伊姆霍特普的墓，他是左塞尔国王的伟大建筑师和首席大臣，后来成为受人敬仰的医神。多年来，考古学家从理论和实践上寻找萨卡拉失踪已久的阿斯克勒庇俄斯神庙和伊姆霍特普墓。它曾被认为位于大墓地的不同区域，如紧邻阶梯金字塔，在泰蒂（Teti）金字塔附近的耕地边缘，以及塞拉比尤姆的南部。但赖斯纳（Reisner）、奎贝尔（Quibell）和弗思都认为，无论如何，该墓应该在萨卡拉北端的古墓群中……[14]

3508 号马斯塔巴：首个疑似墓葬

埃默里的首次发掘是在 1956 年的试验坑现场，他很快发现了一个巨大的第 3 王朝的马斯塔巴，并将其编号为 3508。该马斯塔巴的上层建筑存留 3.8 米（12 英尺），比该地区的任何其他建筑都要高得多。马斯塔巴墙底部散落的陶器和破碎的供桌出自第 3 王朝时期，但令人沮丧的是，和以往情况类似，仍没有找到墓主姓名的相关证据。现场有一些石灰岩石棺的碎片，该石棺是从第二个墓穴中取出来的，被打碎后沿着

北萨卡拉 3508 号马斯塔巴的上层建筑，摄于 EES 发掘过程中

墓穴的西面扔在地上，除此之外，再难寻找墓主人的痕迹。最吸引人的是后来活动的证据。在托勒密时代或罗马时代，墓穴的表面被切开，深度为1.3米（4英尺），墓穴东面切开而成的南、北礼拜堂区，躺着祭祀用的公牛，这些地方曾经是向死者供奉祭品的仪式场所。埃默里和他的团队将注意力转移到马斯塔巴南端的墓穴中，他们在一张干净的沙床上发现了另一头公牛的墓葬，然后在其下方发现了自晚期开始，这部分遗址的真实活动痕迹。在公牛下方6米（20英尺）的深度，墓穴中充满了干净的沙子，但在这之下，他们发现了数以百计的朱鹭木乃伊，其中许多都有刺绣和贴花的设计（见彩色插图 i），装在带盖的罐子里，总数超过500个。这些设计很耐人寻味，不仅包含神圣的狒狒和朱鹭的形象，还有伊姆霍特普本人。狒狒和朱鹭表现的是智慧和学习之神托特，当时伊姆霍特普已经与之有所关联。此外，马斯塔巴的墙壁表面被凿出了凹槽，这与人们在埃及神庙墙壁上经常看到的现象一致。这些凹槽是成千上万的信徒刮去神圣建筑上的物料留下的痕迹，信徒认为这些物料能够带来神奇的功效。显然，在墓主人死后的几个世纪里，他可能被神化了，使得该墓重新具有了宗教意义。

由于墓道中还剩下数百个朱鹭木乃伊，埃默里将注意力转移到了另一座古墓上，这座墓由石头建成，编号为3509。墓中精美的彩绘浮雕表明墓主人是生活在第5王朝的赫特普卡（Hetepka）。从这里开始，埃默里发现了一条墓葬小道和另一个第3王朝的大型马斯塔巴。[15] 从这点看，后来狂热的崇拜活动显然不仅仅发生在3508号墓。这个地区的壁垒都被刻意削平，高出原地面约4.5米（15英尺），墓葬之间的空间——"街道"——被填满了碎石，形成了一个横跨几座古迹的巨大平台。虽然后来的活动显示部分原始结构已经被拆除，但这也确保了它们能够更大程度地保存下来，同时代其他马斯塔巴的泥砖均已遭到劫掠，或在风的作用下被侵蚀无遗。

一个地下迷宫出现了

事实证明，这个平台上还有大量的祭祀用品，包括朱鹮木乃伊、香炉、火把架、彩陶护身符，以及奥西里斯、伊西斯（Isis）和哈托尔等神祇的木雕像。下一步是发掘 3510 号墓的墓道，在这里，埃默里有了一个轰动性的发现：墓道开启了一个巨大的、以岩石刻出通道的迷宫。尽管埃默里季末报告的语气很克制，但毫无疑问，这个发现过于复杂，他根本无法立即处理：

> 迷宫的范围仍不清楚，我们对这个巨大的地下结构来自何处、去向何方均未能知晓，尽管我们已经艰难地探索了数百码的甬道。其中有些地方完全没有碎石，但其他地方则充满了沙子和瓦砾，以至于我们只能在其天花板下爬行。[16]
>
> 许多高 4 米（13 英尺）、宽 2.5 米（8 英尺）的甬道里堆满了朱鹮木乃伊，它们保存在陶罐里，尚未被破坏，数量有成千上万。在托勒密时代的孟菲斯，这种鸟是伊姆霍特普的圣物。[17]

这是真正的印第安纳·琼斯（Indiana Jones）[1]式的场景。这

---

〔1〕电影《夺宝奇兵》（*Raiders of the Lost Ark*）中的主角，一位考古学教授。

些水平的甬道位于几十座古埃及和古王国时期的墓葬之下，由于岩石脆弱易损，探索甬道非常危险，特别是在那些穿过较早期的墓葬井室和墓穴的隧道区域。埃默里通过这样一个新旧建筑意外相接的地方进入地下墓穴，但他没有找到最初的入口。这些甬道提供的证据表明，后来的活动可以追溯到第26王朝，但托勒密王朝的建造者在建造过程中显然遇到并有意保留了非常古老的物件特征：其中一条长廊实际上是古王国时期的，并包含一个石刻雕像的楣。19世纪的一些伟大的探险家，包括拿破仑探险队和普鲁士人卡尔·理查德·累普济乌斯（Karl Richard Lepsius），似乎都知道这些地下墓穴。然而，对埃默里来说，很明显，他看到了他们没有看到的东西，反之，他也没有找到他们所曾看到的东西。他的工作才刚刚开始。

埃默里在重新发掘的第一个考古季结束时的报告中提出了一个

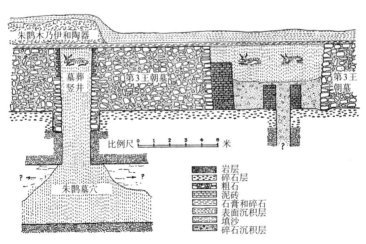

剖面图显示了包括3508号在内的第3王朝墓室及其周围的地层，以及突兀的公牛墓葬和下面的朱鹮墓穴

非同寻常的论断，在 21 世纪的人看来，这个论断在一份考古报告中显得格格不入，特别是与他早先对该季的冷静描述放在一起时。

45 　　虽然我们的发掘工作还处于早期阶段，因此不可能做出武断的结论，但我认为我们很可能已经找到了失踪已久的阿斯克勒庇俄斯神庙的一部分，并且我们将找到与之相关的伊姆霍特普墓。[18]

　　埃默里提出了几个理由来支持他的论断：首先，伊姆霍特普很可能被埋葬在北萨卡拉的一个类似于赫希拉墓的大型墓穴中；其次，伊姆霍特普地下墓穴的建造者一定认为该处是一个神圣的地方，因为这么多已有的墓穴使得在此建造一个隧道网络非常不方便；再次，公元 2 世纪的埃及－希腊智慧书籍《赫尔墨斯秘籍》（Hermetica）中的描述表明，伊姆霍特普的神庙位于利比亚（Libya）山区，靠近"鳄鱼之滨"，西边的山丘确实靠近北萨卡拉，而"滨"可能是指也在附近的阿布西尔湖；最后，伊姆霍特普与朱鹮和狒狒密切相关，这两种动物在该遗址出土的祭祀活动的图像中都很常见。

　　埃默里认为他现在已经非常接近目标。

46 　　1966—1967 年的第二季发掘工作有了更多发现。由于缺乏设备和资源来探查结构不稳定的朱鹮地下墓穴，埃默里将他的活动转移到了北部的一个地区，在那里可以看到大量的塞伊斯（Saite）－托勒密时期的陶器，航拍图中可以看到一个大型的长方形围墙，而且最长的、但没有完全探索过的朱鹮走廊似乎就通向那里。埃默里想要寻找一个安全的区域，用以倾倒挖掘出来的垃圾，在此过程中，他在一个容易发生水灾的地方又发现了一座大型的第3王朝马斯塔巴，这表明所有安全的建筑区域都被占用了，因此该地区在当时已经变得非常拥挤。本次发掘发现了一座神庙的围墙和平台，神庙建在更多的马斯塔巴之上，但曾被拆除。在该地区为期几周的发掘过程中，埃默里发现了大量各类珍宝，包括雕像、神庙家具、许多莎草纸，以及提供了大量文字材料的陶器（Ostraca）[1]，其内容包括信件、行政文件、账目、清单、罐子标签、神灵献辞和梦境记录，用到数种语言和文字，包括世俗体（Demotic）、祭司体（Hieratic）、希腊语和阿拉姆语。在这个神庙围墙的南部，埃默里发现了一座大院子；在院子后面，他发现了第二堵围墙，他认为这堵围墙曾经是一座大型建筑，后来被毁，这是否标志着某种地下结构的入口，抑或更多的地下墓穴？埃默里在这一季还发现了大量的牛骨和许多提到阿庇斯之母伊西斯的铭文。

阿庇斯公牛是孟菲斯守护神普塔的化身，自新王国以来，阿庇斯公牛崇拜就成为孟菲斯地区最重要的崇拜之一。塞拉比尤姆是一系列埋葬这些公牛的雄伟墓穴，这是一个迷宫般的隧道网络，由埃及文物局的创始人奥古斯特·马里耶特（Auguste Mariette），而非埃默里，在19世纪中期发现。与朱鹮地下墓穴一样，塞拉比尤姆的地下通道也不稳定，调查起来不安全；今天，经过多年的广泛加固，其中的一小部分对公众开放，但有些部分仍是禁区，没有被探索过，隧道网络的全部范围仍然未知。

埃默里知道阿庇斯公牛之母也曾被崇拜过，他预计也会发现 ⁴⁷

---

〔1〕特指古代用来刻字的陶器。这种陶器是古代常见的书写材料，主要用于书写收据、临时记录、姓名清单等，偶尔也有信件。

专门埋葬这些圣牛的地下墓穴。他在第二季发掘报告的最后一句话中进一步指出，阿庇斯公牛的崇拜与伊姆霍特普的崇拜密切相关，因为当公牛死亡时，它的继任者会被带到伊姆霍特普的神庙，以便被神触碰，从而被献祭。[19] 这是进一步的线索，但仍然没有确凿的证据。

1968 年 2 月 3 日，第三个考古季开始，埃默里在祭祀围墙区域继续开展发掘工作。他希望能发现朱鹮墓穴的入口，但又一次失败了，却发现了另一个第 3 王朝的马斯塔巴和更多的祭祀品，这些祭祀品用过之后便被小心放置在此处，因为这些圣物过于强大或重要，不能随意丢弃。

有趣的是，尽管持续出现了一连串非常重要的纪念物或遗迹，代表着几个世纪的崇拜和其他活动，但埃默里在 1968 年的报告中却没有提到伊姆霍特普或阿斯克勒庇俄斯神庙，他似乎对先前的论断失去了信心。

下一季，埃默里在第三区发现了一套小神龛，在其中一个神龛 D 的路面下方，发现了大量的祭祀物品。其中包括一尊奥西里斯的木制雕像、几尊青铜雕像和三个装有更多青铜器的木制神龛，其中一些雕像用亚麻布包裹，"完好无损"[20]。同样引人入胜的是，埃默里发现了一个石砌的门洞，通向另一套神龛的甬道，里面有黄狒狒的木乃伊遗体。[21]

更有趣的是，埃默里在"上狒狒廊"（Upper Baboon Gallery）的残垣断壁中发现了一系列人体各部位的石膏模型。他认为这些石膏模型与罗马阿斯克勒庇俄斯神庙中的多纳里亚（donaria，献祭物品）类似，都是为了感谢或希望 / 期待治愈相关身体部位的特定疾病。

更多的神圣动物和第二个疑似墓穴

朱鹮、狒狒、治疗术和阿斯克勒庇俄斯的出现，都与伊姆霍特普有关，这一定让埃默里备受煎熬，他对关于伊姆霍特普的暗示感到不知所措，却没有找到能确定他身份的关键证据——他的名字。然后，埃默里发现狒狒甬道穿过了第 3 王朝，即伊姆霍特普时代的另一个巨大的马斯塔巴。埃默里决定返回地表，试图找到墓穴的入口，因为从地下通道进一步调查会太危险。2 月 5 日，他们找到了入口，并证明了它是"双胞胎"马斯塔巴之一，编号为 3518，其设计非常特别，规模也很大——52 米 × 19 米（170英尺 × 63 英尺），是墓园中最大的墓穴之一。在南边供奉祭堂旁边的一个储藏室里，有一个印有伊姆霍特普的法老内杰里赫特·左塞尔名字的黏土封条；在主入口前，有一些更晚期的物品，包括几个身体部分的多纳里亚；而且，也许最耐人寻味的是，这个马斯塔巴的方向与阶梯金字塔的方向完全相同。

关于多纳里亚，埃默里指出，"至少可以说，它们在这个大型第 3 王朝马斯塔巴入口外的位置很重要"[22]。他没有说出来，但他一定认为这个墓穴有可能是伊姆霍特普墓。

会是这样吗？尽管在北面的井室和墓室中，发现了大量破碎的石质器皿和上层建筑中的陶器，但此处已经被洗劫一空，且与下面的狒狒甬道并不相连。埃默里也许意识到这个墓穴不会有主人的名字；虽然无法证明它是伊姆霍特普墓，但此时的埃默里甚至不希望对其进行推测。

从 1969—1970 年的下一考古季开始，埃默里继续进行这个

埃默里发现的3518号马斯塔巴的遗迹，从北萨卡拉的沙漠中显现

马斯塔巴的工作，也许他还抱有一丝希望。被狒狒甬道分开的南侧墓室又出土了一些石器，但"没有发现关于墓主身份的证据"[23]。这无疑让埃默里感到沮丧，他评论说："这仍然是个谜：为什么晚期的建筑者会选择一个他们知道到处都是早期墓穴的地区，而附近还有休耕地。"[24]

回到第三区，埃默里的一个小组开始调查下狒狒甬道南墙的突破口，并在此过程中发现了另一组甬道，这次是神圣猎鹰的埋葬地。在这些甬道中，他们发现了一个小型的圆顶石碑，上面有一段黑墨水的铭文。上书：

　　　　愿伟大的伊姆霍特普，神灵普塔之子，以及在此安息的

49

众神，赐予德杰霍（Djeho）之子佩特内费特姆（Petenefertem），以及德杰霍和塔姆尼夫（Tamneve）之子帕普塔（Paptah）生命。愿他们的家和他们的孩子永在。

这类文字中，供奉者邀请众神赐福，并不罕见。这块特殊的石碑是公元前89年托勒密十世"第26年"，也就是一位未命名的法老的"第29年"献上的[25]，它对埃默里来说意义重大，因为它提供了第一个明确将朱鹮、猎鹰与伊姆霍特普崇拜联系起来的证据。此外，在这个壁龛的对面是一扇石砌的大门，埃默里在上面发现了一幅关于托特和伊姆霍特普的狒狒造型的墨画。

在这一季，大量的雕像和其他仪式物品被发现。埃默里的原

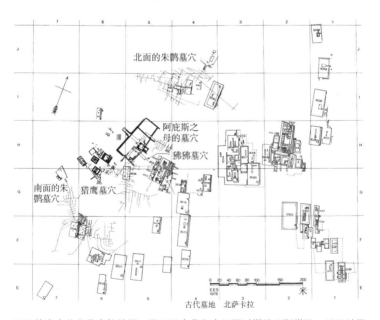

EES 档案中的北萨卡拉地图，显示了古代和古王国时期的马斯塔巴，以及神圣动物墓地（Sacred Animal Necropolis）的主要结构

意是将数以千计的木乃伊猎鹰留在原地。然而，为了能够准确地记录建筑中甬道的结构，有些东西必须被移走，正是在清理其中一侧壁龛的过程中，发现了这批最新的物品。第三区东北角的发掘工作最终揭开了阿庇斯之母的埋葬地——另一组地下墓穴，前几年的各种发现都暗示着它的存在。

似乎每一次转折，埃默里都会有惊人的发现。每一批新的材料都会给专家们带来多年的记录、保存、研究和发表工作，其中一些材料至今仍未被研究。然而谜团仍然存在，不仅仅是伊姆霍特普墓的位置。人们不禁要问，此时的埃默里是否已经开始担心被自己的成功淹没？他的发现固然令人瞩目，却也要求他在对其研究和发表方面有巨大的投入，致使他没有多少时间留给最初的目标。

遗憾的是，这是埃默里完成的最后一次行动。人们在阅读他的初步报告时，完全不会意识到他从 20 世纪 60 年代中期开始就一直遭受慢性疾病的困扰。他在 1967 年动了一次大手术，几周后就回到了萨卡拉进行指导。在接下来的几个考古季，他一直处于痛苦之中，但还是默默地坚持着。事实上，到 1970 年夏天，他似乎已经康复了。然而，长期处于高温下的考察使他付出了健康的代价，1971 年 3 月 7 日，他因中风倒在发掘所的办公室外。他在开罗的英美医院的治疗看起来很顺利，但两天后又发生了第二次中风，3 月 11 日，他平静地去世了。[26]

无论埃默里的个人计划和抱负是什么，他在晚年给继任者们留下了数十年的工作，如今最资深的几位埃及学家的研究生涯，至少有一部分是建立在对埃默里发现的大量材料的研究和发表上。这些材料中很多都与伊姆霍特普相关，但对于他墓葬的探索却随着埃默里的去世而消失了。

最近的发掘，进一步的可能性

在埃默里发掘的第 3 王朝的诸多马斯塔巴中，大部分在古代已经被大范围掠夺，因此没有发现带有墓主姓名的证据。伊姆霍特普的墓很有可能就在其中。但是，在第 26 王朝，确认伊姆霍特普墓所需的证据是否在该遗址被崇拜之前就已经丢失？换句话说，晚期的埃及人留下了这么多与伊姆霍特普有关的材料，可能因为他们认为该地区是伊姆霍特普的陵墓所在地，他们会不会搞错了呢？在北萨卡拉，从未被埃默里调查过的地区，也可能隐藏着左塞尔这位伟大智者的墓。21 世纪有三支独立的探险队在萨卡拉工作，他们在埃默里晚年关注的地区附近，发现了更多可能与伊姆霍特普有关的第 3 王朝纪念碑建筑的证据。

2002 年，早稻田大学埃及学研究所的一个考古小组在吉村作治（Sakuji Yoshimura）和河合望（Nozomu Kawai）教授的带领下，在发掘拉美西斯二世的儿子凯姆瓦塞特（Khaemwaset）的纪念碑时，发现了一座巨大的石头建筑，它建在远离凯姆瓦塞特纪念碑东南方向的一条瓦迪（wadi，干涸的水路）中。他们调查的地点位于神圣动物墓地以西约 1.5 千米（1 英里）处，位于沙漠中一个未开发的区域。新发现的纪念碑的正面长度为 34.3 米（112 英尺），15 道保存下来的石阶高度为 4.1 米（13 英尺）。这些墙壁是向内倾斜的，让人不禁联想到阶梯金字塔和其他第 3 王朝建筑的设计。在阶梯后面，有两个墓室直接开凿在斜坡上，里面发现了早期王朝时期、早期古王国和中王国的各种祭品。发掘者认为他们发现了某种崇拜中心，该中心自伊姆霍特普时代就开始使用，并在中王国得到恢复。[27]

然后，在 2005 年，由卡罗尔·梅希利维茨（Karol Myśliwiec）博士领导的波兰—埃及考古团发现了另一个与伊姆霍特普生卒年代相近的重要纪念碑。在埃及政府的授权下，考古队决定拆除从左塞尔阶梯金字塔围墙向西延伸的一个大型泥砖平台的一部分，以调查据信位于其下的一系列古王国建筑。发掘者在最古老的一层发现了一个岩石分割的建筑，认为它可以追溯至第 2 王朝晚期或第 3 王朝初期，因为它的纵向形状、大小和南北方向，让人联想到第 2 王朝的王室陵墓和萨卡拉高原上发现的第 3 王朝早期的私人陵墓。[28] 该建筑被后来的古王国井室部分破坏，但保留了一条向南倾斜的岩石分割的陡峭甬道。这条甬道通往一个地下室，里面有用于仪式的陶器，这表明它曾被用作祭祀场所，但本身可能不是坟墓。尽管发掘者预计在附近会发现一座早期王朝或早期第 3 王朝的墓葬，可能在南边[29]，但随后的发掘工作发现的主要是后来的一些墓葬，年代从古王国到托勒密时期不等。

也许最有趣的是，几乎就在同一时间，另一支考察队在萨卡拉墓地的一片辽阔区域内发现了该遗址中最大的两座墓葬建筑的证据，它们似乎是第 3 王朝的设计。

1991 年，名叫伊恩·马西森（Ian Mathieson）的苏格兰测量师开始了一个不同寻常的长期项目，为萨卡拉墓地的大部分地区绘制地形图和次表面图，为统一多年来各考察团收集的所有考古资料提供基础，并在不需要发掘的情况下确定新的特征。2000—2007年，马西森和他的同事们调查了一片巨大的区域，即从南部的阶梯金字塔围墙到北部的阿布西尔村，从东部的悬崖边缘到西部的

塞拉比尤姆周围地区。[30] 马
西森的目的是证明地球物
理和其他非侵入性技术的
潜力，而不是发现新的东
西，但他的项目在这两方
面都取得了巨大的成功：在
展示无须发掘就能取得的
成果方面，他开创了使用
新设备的先河，大大扩展
了我们对该遗址的认识。

由伊恩·马西森制作的磁力图，展示了两个
非常大的矩形物体，即两座马斯塔巴。马西
森认为其中一座可能是伊姆霍特普的墓

　　马西森 2007 年发表在
《埃及考古学杂志》（*Journal
of Egyptian Archaeology*）上的报告介绍了他的工作所揭示的大量
"新"建筑的信息，其中大部分建筑至今仍未被发掘。在他的开
创性技术所揭示的散布在巨大遗址中的众多马斯塔巴、神庙平台
和其他纪念碑中，有两处与我们的搜索尤其相关。在塞拉比尤姆
路（Serapeum Way）的北面，从遗址的东部向西穿过沙漠，通往
神圣的阿庇斯公牛的埋葬地，以及埃默里本人在工作中所居住的
房屋西面约 400 米（1300 英尺）处，马西森发现了两座迄今为止
最大的马斯塔巴。

54

　　至此，毫无疑问，马西森已经成功地实现了他的目标：证明
他的方法是有效的，且推断出萨卡拉古墓群有可能会产生更多惊
人的发现。他的报告结论简短而直接，但没有人会在阅读报告时
质疑他的非凡成就："显然，我们现在已经能够通过磁力梯度仪
的方法，提供北萨卡拉古墓群地区建筑的完整记录……这也意味

着，在不进行发掘的情况下，最高文物委员会（Supreme Council of Antiquities，简称 SCA）现在拥有了一张地理信息系统平面图，可以对隐藏在地下的建筑物进行定位。"[31]

但这些建筑是怎样的呢？马西森不是埃及学家，多数情况下，他更乐于将发掘的细节和相关阐释留给他人。然而，在 2006 年发表的一篇短文中，他自己做了一些猜测，表示他也对当初激励布赖恩·埃默里的事情进行了一些思考。这篇文章的题目是《寻找伊姆霍特普》。[32] 在文章中，马西森和之前的埃默里一样，解释说伊姆霍特普希望葬在他的国王附近，而神圣动物墓地的仪式活动兴起的原因可能与伊姆霍特普有关。他推测，伊姆霍特普会在阶梯金字塔的视线范围内为自己建造一座大型陵墓，并且至少具备一些和阶梯金字塔相同的特征，比如东南角的入口。在他 2005 年和 2006 年发现的两座墓穴中，最大的一座尺寸为 90 米 × 40 米（295 英尺 × 130 英尺），墙厚 5 米（16 英尺），在东墙的东南角有一个入口，这一特征让人强烈地联想到阶梯金字塔。虽然有零星证据表明，后来可能有人试图对它进行调查，但它基本上没有被触碰过。第二座建筑位于它东边 20 米（65 英尺）处，大小为 70 米 × 50 米（230 英尺 × 165 英尺），墙壁很厚，内部结构完整，像是一座有多个房间的神庙或房屋。

马西森在文章的最后说，现在是进一步调查这些建筑的时候了。但并不清楚他自己是否有此打算。马西森于 2010 年 7 月去世，享年 83 岁。他的萨卡拉地理调查项目近年来一直由同事们继续执行，但引起马西森注意的两座巨大的建筑尚未得到进一步调查。

结 论

因此，在寻找伊姆霍特普墓的过程中，留给我们的只剩几种诱人的可能性。编号为 3508 的无名墓穴使埃默里第一次进入动物墓穴，它仍然是一座令人信服的伊姆霍特普疑似墓。其中的公牛墓葬，大量与托特、伊姆霍特普有关的祭品，以及希望带走神奇力量的游客对其泥砖墙壁的好奇刮擦，都清楚地表明该墓地位特殊。然而，埃默里本人显然不相信这就是他要找的墓，他在后来的几个考古季改变了寻找方向，而且从伊姆霍特普生活的年代，直至这座坟墓被托勒密王朝时期的游客普遍崇拜之间的几千年之中，他真正的埋葬地点完全有可能被遗忘。在埃默里发现的其他墓葬中，也许 3518 号墓是最具可能性的一座，该墓与阶梯金字塔精确对齐，并有一枚命名为左塞尔本人的印章。日本和波兰的探险队所发现的建筑中，并没有这样好的案例。然而，它们的意义在于揭示了大规模的建筑活动和随后的仪式活动的新证据——这正是吸引埃默里在 20 世纪 60 年代和 70 年代来到北萨卡拉地区的原因。人们不禁要问，这些遗迹的发现如何影响了埃默里的调查？以及它们如何影响了该遗址未来的研究方向？也许最令人56信服的是伊恩·马西森最近发现的大规模建筑。很明显，北萨卡拉还有很多东西需要调查，伊姆霍特普的坟墓可能还静静地躺在沙子下面，正等待着下一代考古学家做出轰动性发现。

第二章

从彰着到隐匿：阿蒙霍特普一世和国王谷

在新王国时期，之前那些以神庙和金字塔为标志的、显眼的法老墓葬纪念碑不再出现，这一时期的王室成员几乎都偏好隐蔽的地下墓穴，藏匿于我们如今所知的沙漠墓地中，即国王谷。

如今，国王谷是世界上最著名的考古遗址之一，但这并非它的初衷。它代表埃及王室埋葬方式演变的重要一步——从浮夸的展示转向隐秘。虽然早期法老的墓葬一般都建在沙漠中，离尼罗河谷的居民区有一段距离，但它们往往建得非常显眼，是彰显法老力量的永恒纪念碑。相反，国王谷的陵墓则建在一处更加偏远的地方，位于高处的沙漠干河谷网络，完全隐藏起来，步行或骑驴从最近的村庄到达山区至少需要一两个小时。它们被刻意隐藏起来，不让那些不择手段的掠夺者看到，除了与陵墓建造和王室埋葬仪式有密切关系的人之外，其他人都不知道它们的位置。

在400多年的时间里，山谷一直被用作埃及的王室墓地（除了阿玛尔纳时期的短暂中断，我们将在下一章继续讨论这个问题）。虽然每座墓各不相同，但是可以从它们的位置、建造方式和装饰上看出演变的过程，而且所有的墓葬都有着高度一致的基本特征。

最早的王室陵墓有一点与新陵墓的规则相冲突：早期陵墓建筑中含有一个可以对已故国王施行祭祀的地方，该处可放置祭品，并容纳一位祭司的随从主持仪式。由于新的陵墓是完全无法进入的，所以必须找到一个可以维持祭祀崇拜的替代方案。为此，祭祀场所从墓中分离出来；每位法老都会在沙漠边缘的居民区旁为自己建造一座纪念庙（mortuary temple），与底比斯墓园的主要部分相邻。随着时间的推移，这样的神庙从北到南排成了一条线。阿蒙霍特普三世、拉美西斯二世［其神庙现称"拉美西姆"（the Ramesseum）］和拉美西斯三世等人的神庙位于有史以来单一建筑中最庞大的神庙之列。建造这些神庙的目的是让受雇于神庙服务、维护已故国王崇拜的祭司和城镇居民能够进入，并且让周围数英里的人都能看到。

但是，王室墓葬传统中的这一分水岭究竟是什么时候发生的？又是在谁的倡议下发生的呢？我们在本章中将要寻找的古墓主人似乎是一个候选者，如果他的墓被发现，就会对这个问题有所启示。杰瑟卡雷·阿蒙霍特普一世是阿摩斯一世（Ahmose I）和他的大王后阿摩斯－奈菲尔塔利（Ahmose-Nefertari）的儿子，是第18王朝的第2位国王，也是新王国法老的第一代。根据曼涅托的说法，他统治了20年，虽然文献资料不全，但阿蒙霍特普似乎是一位成功的统治者，在埃及内外留下了重要的印迹。埃巴纳（Ebana）之子、卡布（el–Kab）的官员阿摩斯（Ahmose）墓中的一段文字，详细介绍了他在位期间对努比亚的一次战役；他还在第二和第三尼罗河瀑布之间的赛岛（Sai）上建造了自己的神庙，表明他对南部领土的统治无虞；他在上埃及的象岛（Elephantine）、康翁波（Kom Ombo）、阿拜多斯和卡纳克

（Karnak）也都建立了几座祭祀建筑，然而，他在位期间最重要的贡献就是改变了王室死者的埋葬方式。

他的墓穴位置仍然未知，在一系列无法确定墓主的墓葬遗迹中，其中一座墓是否就能代表全部？或者事实上它仍在等待发现？学者对这些问题持有不同的意见。无论如何，阿蒙霍特普的统治似乎处于一个过渡时期。虽然他的前任们可能都被埋葬在德拉阿布纳加（Dra Abu el-Naga），位于底比斯墓园的北端，但他的继任者们则被埋葬在新建立的国王谷。国王谷可能从他的继任者图特摩斯一世时期开始使用，但肯定不会晚于哈特谢普苏特统治时期。有些人认为他的墓应该在早期国王的陵墓中找到，还有一些人则认为他的墓在著名的国王谷中。

阿蒙霍特普和他的母亲阿摩斯－奈菲尔塔利，共同成为开凿国王谷陵墓的工匠村——代尔梅迪那（Deir el-Medina）村的守护神，说明可能是他建立了这个村子。因此，至少代尔梅迪那村的人们对他的崇拜比对新王国的其他法老更甚，鉴于新王国有诸多伟大的法老，阿蒙霍特普收获了最高的崇拜实属不凡。对于比普通人更了解王室墓葬的工匠们来说，阿蒙霍特普和当时的其他法老一样重要。

自第 11 王朝的门图霍特普二世在代尔巴里建造了自己的神庙和陵墓，那里就一直用作王室墓葬地，那儿出现了一座阿蒙霍特普的砂岩雕像，呈现的是奥西里斯的形象，这表明阿蒙霍特普的葬礼仪式可能是在离陵墓一定距离之外举行的。阿蒙霍特普是否开创了新王国的这一决定性特征？陵墓的位置可能提供了答案。

葬仪的演变，尤其是从将法老埋葬在地面最显眼的纪念碑内，到最后的安息之地被刻意制造成尽可能地不可接近和隐匿

（invisible），其演变过程与事件本身一样难以捉摸。然而，近年来，一些意外而壮观的发现极大地加深了我们对情况的了解，并将改写历史书本。

埃及金字塔的演变

伊姆霍特普在设计建造阶梯金字塔方面取得了相当大的成就，但这只是埃及金字塔设计的第一步。在左塞尔的伟大纪念碑的启发下，历代法老都试图以各种方式改进原作。除了一两个例外，金字塔仍然是国王陵墓的标准形式，直到近五个世纪后古王国的结束。

左塞尔的金字塔本身就显示出不断试验的迹象，因为它的建筑师正意图创造一个完美的纪念碑。最初的设计是一个正方形的平台，类似于马斯塔巴（尽管这些平台一般都是矩形的），但由水平层和石块而不是泥砖建造。这个单一平台首先被扩展成一个四层结构，然后再次扩展成六层。在这最后的跃进中，原来的方形基座向北部和西部扩展，形成一个长方形平面。六个层次的尺寸依次递减，形成了金字塔形状。用来建造每一层的石块被放置在"吸积层"（accretion layers）内，石块向里倾斜，朝向中心的碎石。

金字塔和与之相关的建筑有几个功能：首先自然是用来埋葬国王，并为君主的死亡和来世之旅举行精心的仪式；其次也是为了彰显法老个人和王权制度的权力和力量。金字塔设计的演变，特别是在第3王朝，似乎是受埃及人希望以最宏伟的方式标记法老埋葬地的愿望所驱动。

代赫舒尔的斯尼夫鲁曲折金字塔。结构上的不稳定迫使建造者对纪念碑的上半部分使用了较小的倾斜角度

在这方面，第 4 王朝的开始似乎标志着一个重要的转折。该王朝的第一位国王斯尼夫鲁（Sneferu）虽然没有建造出最伟大的金字塔（这一荣誉属于他的直接继承人胡夫），但却称得上最伟大的建造者。至少有三座金字塔归功于他，一座在美杜姆（Meidum），两座在代赫舒尔（Dahshur），这两个地方都属于孟菲斯的庞大墓地。另有七座斯尼夫鲁设计的较小的阶梯金字塔散布在尼罗河谷，向南远至象岛，修建的目的可能是纪念某种王室巡游，颂扬在世的法老。[1] 但是，主要的三座金字塔可能都是出于安置国王的墓葬这一特定目的而设计的。斯尼夫鲁的建筑师们的建造规模前所未有：三座金字塔的高度都约为 100 米（330 英尺），远远高于左塞尔的阶梯金字塔，后者仅有 60 多米（200 英尺）。

美杜姆的金字塔似乎是最早的，这是首次将一部分内部隔间建在纪念碑主体之内。建造过程中还修改了两次设计：最初的设想是一座七层级纪念碑，但后来被扩大成八层；最后，也是最重要的，它再次被扩大，成为一座"真正的"或曰直面型金字塔，这是这种形式的首次出现。斯尼夫鲁的第二座纪念碑在代赫舒尔，从一开始就被设想为一座真正的金字塔，但由于建筑物上部的重量，导致下部结构遇到了问题，于是建造者通过减小侧面向顶部的倾斜角度来减轻重量，从而形成了奇怪的形式，在现代被称为"曲折金字塔"（Bent Pyramid）。尽管在建造过程中出现了问题，但纪念碑的主体还是用图拉（Tura）石灰岩——埃及最优质、最洁白的石灰岩完成并包裹起来，其中很多都保存了下来，比任何其他金字塔上的都要多。然而，斯尼夫鲁显然对图拉石灰岩或金字塔的整体效果不满意，于是在曲折金字塔的北部尝试建造第三座纪念碑。这一次，建筑师们成功地创造了第一座真正的锥形金字塔，它被称为红色金字塔（Red Pyramid），因为白色的图拉外壳现在不见了，只留下了内部的红色石灰岩。

　　建筑师在金字塔的核心部分建造密室时，面临着密室可能因上方和周围石头的重压而坍塌的风险。他们通过使用支撑结构巧妙地解决了这个问题：每一道水平的石头层都比下面的石头层更深入内部，形成一个拱形的天花板，将上面石头的重量分散到内部空隙的两侧。这种技术被成功地用于斯尼夫鲁的三座金字塔，也为他的继任者胡夫所使用。

　　胡夫因其建造的吉萨大金字塔（the Great Pyramid of Giza）而在世界历史上留名。这是世界上现存的最后一个古代奇迹。这座金字塔于公元前 2540 年完工时，高度为 146 米（480 英尺），是世界上最高的人造建筑，并在将近 4000 年的时间里一直保持着这一地位，直到公元 1311 年林肯大教堂（Lincoln Cathedral）的中央尖顶建成，该尖顶高达 160 米（525 英尺）。（然而，该尖顶仅在几个世纪后的 1549 年就倒塌了，因此埃及建筑师在维持建筑寿命方面更有优势。）大金字塔是人类历史上最伟大的工程和建筑壮举之一，不仅因为它具备巨大的规模和强大的抗毁坏能力，还有将海量的巨大石块以惊人的精准度操纵到位的物流运输成就。大金字塔里面的墓室也同样令人称奇，从 8 米（26 英尺）高的拱形大甬道（Grand Gallery）上升到 46 米（15 英尺）的埋葬室。

在法老时代，没有一座金字塔的建造规模能与此相比；没有一座金字塔的内部如此壮观，也没有一座金字塔能如此经受时间的考验。唯一接近的是胡夫的儿子卡夫拉的金字塔，它是吉萨三座主要金字塔中的第二座。卡夫拉的纪念碑较小（虽然并不小很多），但似乎占据了中心位置，是三座金字塔的中间部分，从某些角度看是最高的，因为它所在的地平面稍高。另一方面，它的内部隔间明显不如大金字塔的隔间令人印象深刻，而第 5 王朝的金字塔甚至更小，内部也不那么复杂。重点似乎放在了周围的祭祀建筑上，特别是位于金字塔东面的纪念庙，祭司们会定期参加维护国王来世的祭祀活动。到第 5 王朝最后一位国王乌纳斯（Unas）时，金字塔的建造发生了进一步重大变化：他的墓室、前厅和部分入口甬道都装饰着一系列圣书体文字，与国王死亡时对身体的保护和来世的旅程相关。我们现在知道这些内容被称为金字塔铭文（Pyramid Texts），它们出现在法老墓的内墙上，在第 6 王朝形成了标准，不过在中王国时期并未恢复。

古王国的最后一位国王佩皮二世（Pepy II）的墓是两个世纪以来最后一座大型金字塔。在孟菲斯地区发现的少数此类纪念碑属于第一个中间期，即第7至第10王朝的法老，在这一时期，国家的统治被敌对势力分割。当中央控制权恢复时，国家是由一个源自底比斯的组织建立的，我们现在承认它是第11王朝。这个王朝的国王选择故乡底比斯为埋身之所，他们葬于尼罗河西侧山麓的岩窟墓中，而非金字塔里。

第12王朝的崛起，即自阿蒙涅姆赫特一世（Amenemhat I）开始的新法老们的掌权，代表着一个新的时代：他们在法尤姆绿洲地区建立了一个新的首都伊特耶－塔维（Itj-tawy），王室墓地也随之转移。阿蒙涅姆赫特还恢复了建造金字塔的做法，他和他的继任者辛努塞尔特一世（Senusret I）都在利什特（Lisht）遗址建造了各自的金字塔，其设计大致遵循古王国的类型。然而，他们家族的第三位国王阿蒙涅姆赫特二世的纪念碑似乎开启了一个新的创新过程，特别是内部隔间的设计。这次创新所受的驱使并非建立一个不会自行坍塌的巨型纪念碑，而是迫切地想要找到一种方法保护国王的墓葬免遭劫掠。

64

阿蒙涅姆赫特二世的纪念碑被称为白色金字塔（White Pyramid），因为它的废墟上只剩下散落的石灰石碎屑。虽然金字塔的核心部分采用了与他的前任们相同的技术，但内部的隔间却呈现出明显的新特征，体现了安全意识的增强。国王的石棺由一系列石英石板制成，隐藏在墓室地板下的一层平铺石板和碎石之下。此外，在墓室主入口下的一条很短的通道尽头，有一个壁龛，用于放置装有木乃伊内脏的卡诺皮克箱，位于石棺的北面，而不是像传统那样位于南面或东南面，似乎是为了让怀抱希望的盗贼无法嗅到味道。[2]

阿蒙涅姆赫特二世的继任者辛努塞尔特二世继续在这一领域进行创新。他在拉罕（Lahun）的金字塔是第一座以泥砖为核心建造的金字塔，尽管它的外墙仍然是石头，外表看起来与早期的纪念碑没有区别，但是内部同样呈现出似乎是为了保护墓葬的新特征。这座金字塔摒弃了自左塞尔纪念碑以来金字塔从北面进入的惯例，改为从南面进入，而且不是通过下行通道，而是先通过一个通风井，然后经由一个深"井室"进入。地下部分是通过隧道进入基岩的，而非在地面上开凿后用砖石覆盖，金字塔内部还包括一条环绕墓室三面的甬道——这是向迷宫式设计迈进的特征，即将成为一种典范。[3]

辛努塞尔特三世在代赫舒尔建造了一座金字塔，并再次迁移了入口，但有趣的是，他还将在阿拜多斯建造第二座陵墓，这次用了一种全新的岩石，更符合后来国王谷的新王国陵墓样式。尽管如此，辛努塞尔特的继任者阿蒙涅姆赫特三世仍将建造两座金字塔。第一座金字塔位于代赫舒尔，现在被称为黑色金字塔（Black Pyramid，与同一地点的红色金字塔和白色金字塔形成对比），这是因为泥砖核心的颜色很深，而核心部分是该纪念碑仅存的遗迹。地下元素变得更为复杂，包括两个王后的墓葬也是如此。阿蒙涅姆赫特位于哈瓦拉（Hawara）的第二座金字塔呈现得最为明显，表明迷宫般的地下设计是为了抵御潜在的盗贼：它是通过南侧的一个下行通道进入的，通道在中心偏西一点的地方，不远处被一个吊门挡住。除此之外，一条出口不明的假通道上布满了阻挡的石头，这是有意为之的烟幕弹。通往墓室的路先向右转，沿着通道向左转，然后再向左转，每个转弯处都有一个吊门。

墓室本身也许是这座金字塔最新颖之处：它是由一块石英石沉入前厅前面的沟渠中形成的，而前厅则被几块大的石英石覆盖和密封。

这种巨大的重石块几乎无法移动，而且比石灰石更坚硬，因此很难切割，非常适合阻止盗贼进入（古代建筑师一定希望如此）。最后一块砖是用一种被称为"沙子水力"（sand hydraulics）或者"沙子力学"（sandraulics）的系统下放到位的。在这种巧妙的设计中，最后一块封住墓室的巨大石头被暂时悬挂在墓室上方，立在木制的支撑物上，就像桌面立在桌腿之上，这些支撑物本身位于下面墓室墙壁上开出的垂直空腔（"烟囱"）之上，里面装满沙子。沙子凭借空腔底部的可移动塞子保持在原位。这样，葬具便可被放置进墓室中，然后在需要密封时，将塞子移除。当沙子流入墓室两侧的沟渠，木制支撑物就会下降到空腔中，将之前悬挂的石块整齐地放进预设位置。这种设计不需要用绳索或把手绕着石块，所以没有任何缝隙可供潜在的盗贼利用，他们很难逆转这一过程。可尽管有这个精心设计的系统来阻止盗贼，阿蒙涅姆赫特的墓室还是被抢劫了，他的尸体也被烧毁。

这种创新在阿蒙涅姆赫特三世的统治之后一直持续用到第二中间期，这一时期包含曼涅托的 5 个王朝，涉及近百位国王。这一时期结束时，我们知道第 17 王朝的底比斯统治者被埋葬在底比斯山中，即后来成为国王谷的高原下的低矮沙漠中。我们仍不清楚这其中绝大多数国王的埋葬情况，但那些已知的墓葬始终表现出类似的特征，注重预防对陵墓的侵犯：蜿蜒曲折的走廊、门闩的阻挡、用单独一块硬石建造的墓室，以及石棺和卡诺皮克罐放置的特点等。然而，无一例外，这个时代的金字塔都被成功劫掠了。尽管设计者开创了最好的工程和最新颖的安全措施，并使用了他们能采到的最坚硬的石头，但盗贼的执着总是胜过建筑师的努力。

我们很难不佩服这些巧夺天工的王室陵墓设计者，同时也为他们感到遗憾，因为盗贼们自己也有令人钦佩的创造力和毅力，继续挫败着建筑师的计划。我们知道自己支持建筑师，希望他们有朝一日能够成功，但我们也知道，他们最后的决定是完全放弃将国王埋葬在既能彰显其权力又能安全保护其遗体的纪念碑中的想法，转而选择了国王谷的隐蔽墓穴。阿蒙霍特普一世可能是做出这一决定的人吗？

塞内布凯和之前未知的阿拜多斯王朝

2014 年，在阿拜多斯有了一个轰动性的发现，这里是最早的王室陵墓所在地，也是几十年来研究和发掘的重点，这表明埃及的沙地仍然能够产生惊喜。宾夕法尼亚大学和其考古与人类学博物馆（Penn Museum of Archaeology and Anthropology）的约瑟夫·韦格纳（Josef Wegner）博士多年来一直在研究第 12 王朝法老辛努塞尔特三世在这一地区的遗迹：专门用于纪念国王的神庙、围绕它发展起来的城市沃苏特（Wah-Sut），以及陵墓本身——该墓位于遗址西部"阿努比斯山"（Anubis mountain）的悬崖。

由于辛努塞尔特还在代赫舒尔建造了一座金字塔，目前还不清楚阿拜多斯这座陵墓是否用于埋葬他。令人震惊的是，辛努塞尔特的阿拜多斯墓打破了先前的金字塔建筑传统，在许多方面更接近于新王国王室墓葬的做法。该墓穴直接开凿在山坡上，深入山体，与后来国王谷中的第 18、19 和 20 王朝法老的墓穴一样。然而，也许同样有趣的是，在辛努塞尔特墓前的山坡上，散布着一些较小的墓葬，20世纪最初，英国埃及学家阿瑟·韦戈尔（Arthur Weigall）曾代表埃及考察基金会（Egypt Exploration Fund）对该地区进行了发掘。韦戈尔发现了两座墓葬，他称之为S9和S10，这两座墓葬复杂的内部设计都与在更北边发现的第12和第13王朝的王室纪念碑相同，包括代赫舒尔的金字塔。此外，S9墓室的主要部分是由一块巨大的石头制成的，这与北方的纪念碑是一致的。然而，韦戈尔无法找到S10的墓室。

2013年，约瑟夫·韦格纳的团队找到了原因。韦格纳已经提出，S9和S10是第13王朝两位统治者的最后安息地，但第13王朝统治者众多，尚不明确究竟是哪两位。他的团队开始重新发掘韦戈尔的调查区域，在2002年通过磁力仪调查之后，他们知道现存的墓葬比韦戈尔发现的要多。他们调查了几种类型的墓，这些墓由一连串的拱形砖室组成，沿着一条轴线排列，并通向一个石砌墓室，但所有的墓均已被盗，很少有材料可以证明它们的年代或主人的身份。随后，该小组有了一个惊人的发现：其中一座墓包含另一个巨大的单体墓室，但它似乎并不在原本的位置。这就是韦戈尔想要在S10号墓中寻找的墓室，尽管它体积庞大，却被这个明显较晚的墓室的建造者移到了75米（250英尺）之外。

韦格纳的团队现在有两个很好的证据。首先，根据其设计，S9和S10都可能是第13王朝国王的陵墓，而且考虑到与代赫舒尔的阿梅尼·克莫（Ameny Qemau）金字塔的相似性，可能是该时期早期的陵墓；其次，至少有一座墓的部分结构被掠夺，用于建造后来的纪念碑。

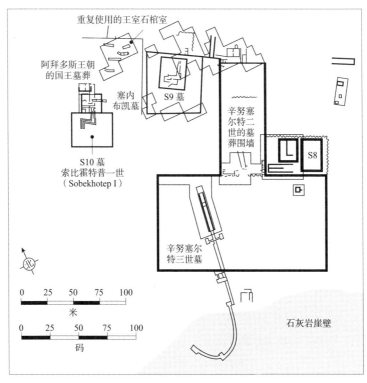

辛努塞尔特三世的坟墓，以及其周围的坟墓遗址：S9、S10和塞内布凯
（Senebkay）墓

　　他们随后将注意力转回到S10，希望能找到更多的证据来确
定这些墓葬的主人。在与该墓相连的一个小教堂的废墟中，他们
发现了许多提到索比霍特普国王名字的石碑碎片，以及一些更重
要的东西：躺在废墟堆下面很深的地方，没有被磁力仪探测到的
另一座墓，由一系列拱形的砖室建成。在这一点上，它与他们调
查过的其他陵墓很相似，但它又与其他陵墓有很大不同。该墓长
16米（52英尺），不是特别大，由三个墓室组成：第一个墓室用
木梁做顶；第二个墓室用砖做拱顶；第三个墓室用石灰石块衬垫。

约瑟夫·韦格纳发掘的南阿拜多斯的 S9 号墓。请注意用于密封石棺和墓室的巨大石英石块，这是那个时期王室墓葬的特点之一

韦格纳在南阿拜多斯发掘的塞内布凯墓的外观

虽然第三室的顶现在不见了，但墙壁仍然完好无损，关键是带有装饰。

在女神和带翅膀的太阳盘图像中，团队找到了他们想要的简单的圣书体铭文，上书墓主的名字："两地之主，上下埃及的国王，乌瑟里布拉（Useribra），拉（Ra）的儿子，塞内布凯"。[4]韦格纳现在毫不怀疑，他发现了一位法老的陵墓，而附近的同类型的无主墓葬可能属于更多的国王。问题是，几乎没有任何记录表明曾有一位国王叫这个名字。韦格纳的发现并没有填补我们对中王国和第二中间期的知识空白，未能从许多墓葬不详的国王名单中勾选一个名字，而是为这份名单增加了一个新名字。

关键可能不在于国王的出生名（nomen）塞内布凯，而在于他的王位名（prenomen）乌瑟里布拉。《都灵王表》（Turin Canon）虽然已经严重破碎，但其最吸引人的便是一份名单，内含 16

塞内布凯墓的内部装饰

位身份不明的法老，该名单紧跟在第 16 王朝国王的名字后面，但是名单上的人显然不属于第 17 王朝，其身份尚不清楚。此前

左上角有"拉之子"的字样，后面王名框里是塞内布凯的名字，位于国王的陵墓内部

曾有人提出，应该是与第 16 王朝差不多同时统治的一系列国王，其权力仅限于阿拜多斯地区。这个名单中前两位国王的名字都以"乌瑟"（User-）开头，以"拉"（-ra）结尾，与乌瑟里布拉·塞内布凯（Useribra Senebkay）完全一样。这位国王的陵墓以及其他可能为其前任和 / 或继任者建造

的墓的发现似乎支持了这一理论，而韦格纳的发掘工作将为这一假设提供进一步的证据。

在墓穴内，发掘人员开始探寻葬具的遗迹，发现了国王本人被拆散的身体、木乃伊面具的痕迹，以及一个保存得相当好的卡诺皮克盒。这个盒子似乎曾经镀过金，如今金箔已经剥落，露出里面的木材，而这些木材之前有其他用途：上面的名字"索比霍特普"和铭文本身表明，木材最初应该是国王木棺的一部分。这一发现强化了某种观点，即该组陵墓的建造者掠夺了较早的墓S10，用以建造他们自己的墓，因此包括塞内布凯在内的这组陵墓一定属于后来的国王。

S9、S10与阿梅尼·克莫金字塔内部结构非常相似，表示它们的年代相近，都是在第13王朝早期，而且它们的距离也很近，说明埋葬在这两座墓穴中的人可能有密切的关系。韦格纳和他的团队最初认为它们可能属于索比霍特普一世和森贝夫（Senbef）兄弟，他们是这一家族的前两位国王。[5] 然而，仔细检查塞内布凯从索比霍特普的棺椁中掠夺的木材后发现，木材上有棺木文（Coffin Texts）的独有词汇[6]，棺木文是一组出现在中王国时期的葬具（通常在棺椁上，因此被称为棺木文）上的咒语，是该时期丧葬文化的一个决定性特征，尽管有些咒语早在第一中间期就出现了，但还有些出现的时间则迟一些。因为据我们所知，塞内布凯掠夺的木材上的那些是在第13王朝开始后的一段时间才出现的，所以韦格纳和他的团队修改了他们的结论，认为前面讨论的索比霍特普不是第一位，而是使用这个名字的第四位国王。[7]第13王朝的索比霍特普四世继承了他的兄弟奈费尔霍特普一世（Neferhotep I）的王位，两人都曾在阿拜多斯进行统治。当然，

这一结论也将塞内布凯和围绕着 S9 和 S10 墓群的阿拜多斯王朝
推迟到了第二中间期的后期。

底比斯王室墓葬的古代检查

我们不知道这一族的阿拜多斯国王们最终如何，但是在希克索斯人（Hyksos）和底比斯统治者之间发生巨大冲突时，他们的主权就丧失了。

我们对希克索斯系或第 17 王朝国王陵墓的位置几乎是一无所知的，仅仅知晓他们中的一些人被埋葬在底比斯，这要归功于一份信息丰富的记录，阅读上面的文字就像打开了一扇通往过去的窗户。这是一份第 20 王朝的莎草纸，具体来说，是拉美西斯九世统治的第 16 年，它于 1857 年被大英博物馆购买并保存至今。卖家是一名医生，亨利·威廉·查尔斯·阿博特（Henry William Charles Abbott），他收藏了大量的埃及文物，因此这份记录被称为"阿博特莎草纸"（Abbott Papyrus）。[8] 该卷长 2 米（6 英尺），正面有 7 页文字，背面有两张清单。它记录了对一系列"王室祖先"陵墓的检查，发现一些墓被侵扰，以及两个敌对派别之间关于谁该为犯罪行为负责的司法纠纷。除了围绕犯罪事件的调查外，莎草纸还记录了当时调查委员会所知道的陵墓，包括它们的位置和状况等细节，具有重要的历史意义。

莎草纸记录了 9 座皇室陵墓[9]，包括阿蒙霍特普一世、伊里奥特弗二世（Inyotef II）、英特夫六世（Intef VI）、英特夫五世（Intef V）、叟伯克沙夫一世（Sobekemsaf I）、塞克奈里·陶（Seqenenre Tao）、卡摩斯（Kamose）、阿摩斯·萨佩尔（Ahmose

Sapair）和门图霍特普二世，显然是按照检查的顺序排列的。在这些人中，第二位——伊里奥特弗二世和最后一位——门图霍特普二世是第 11 王朝的国王，另外除了第 18 王朝的第二个统治者阿门霍特普一世，其余都是第 17 王朝的国王。

在这些王室陵墓中，有两座已经被考古学家找到。一座是伊里奥特弗二世的陵墓，它被称为萨夫基萨伊亚（Saff el-Kisasiya，*Saff* 是一个阿拉伯语单词，意思是"排"，指的是这一时期陵墓地下部分入口处的一排岩石刻成的方形柱子），它于 19 世纪下半叶在底比斯古墓群的塔里夫（el-Tarif）地区被发掘出来。据阿博特莎草纸记录，陵墓前放置了一块石碑，上面描绘着国王与他双脚间的宠物狗贝凯（Behkay）。值得注意的是，在发掘陵墓时发现了这块石碑的碎片。[10] 第二座是门图霍特普二世的陵墓，他似乎被葬于他在代尔巴里的大神庙后面的一条深入岩石的通道尽头（见彩色插图 ii—iii）。

莎草纸上有两位名叫英特弗的国王，其身份有一些争议[11]，他们似乎是三位英特弗中的两位，三位英特弗的棺椁我们是知道

阿博特莎草纸

的：塞赫姆雷 – 韦普马特・英特夫（Sekhemra–Wepmaat Intef）[12]、塞赫姆雷 – 埃鲁希尔马特・英特夫（Sekhemre–Heruhirmaat Intef）[13] 和努布赫佩尔・英特夫（Nubkheperre Intef）[14]。第三位的陵墓是由德国考古研究所的丹尼尔・波尔茨（Daniel Polz）博士于 2001 年在德拉阿布纳加发现的。底比斯墓地的这一区域似乎是为第 17 王朝的统治者而建。这些国王的随葬品中必定有一些来自阿博特莎草纸中提到的陵墓，它们于 19 世纪被发现，并最终成为一些最伟大的博物馆的藏品。

在古代检查的过程中，只发现其中一座墓，即曳伯克沙夫一世的墓穴被掠夺；其他的墓当时仍完好无损，而考古学家在 19 世纪找到属于英特夫五世、英特夫六世和卡摩斯的棺椁，以及其他葬具，表明他们的墓确实至少有一部分没有被侵扰过。⁷⁵ 不过，阿蒙霍特普一世和塞克奈里・陶的遗体不可能在第 21 王朝之后还留在墓中，两人都是 1881 年在 TT320 号 "王室墓园" 中被发现的（见第 149—154 页）。阿博特莎草纸中描述的墓葬检查，体现了王室墓葬在面对盗贼的威胁时，为确保不被侵扰所做的一些努力。当发现 TT320 有 40 多具地位很高的人的木乃伊，包括第 17 至 20 王朝的 10 位法老的木乃伊时，很明显，统治者们最终认为，保证王室死者遗体安全的唯一方法是将他们重新埋入一个隐秘的地方。最初，大多数遗体被安葬在国王谷的陵墓中，这些陵墓的位置我们现在已经很清楚了，但有时也会被从墓中移出，并以失踪告终，如塞克奈里・陶和阿蒙霍特普。

阿博特莎草纸中的阿蒙霍特普一世

在 19 世纪末和 20 世纪初，对新王国法老墓葬（恰恰是那些神职人员无法保证安全的墓葬）的发掘，在国王谷达到了顶峰。法国人维克托·洛雷特（Victor Loret）和美国人西奥多·戴维斯（Theodore Davis）等发掘者，在英国人爱德华·艾尔顿（Edward Ayrton）、霍华德·卡特（Howard Carter）和詹姆斯·奎贝尔（James Quibell）等发掘者的协助下，取得了一系列发现，迅速将第 18、19 和 20 王朝的法老名字从名单上勾去。到 1900 年，这一时期的法老墓葬只剩下少数几座尚未发现，而到那时为止，发现墓葬的速度一定让他们充满希望，认为找到所有的墓葬只是时间问题。

到 TT320 中的王室墓园被发现时，那里的许多法老墓已经在国王谷中得到确认。阿蒙霍特普一世并不在其中，在接下来的 30 年里，虽然这个问题并未解决，但还是发现了两座疑似墓，导致不同的学者针对每座墓都提出了自己的主张。最近几年，人们试图验证这些说法，同时第三座疑似墓也被发现。而现在，就是最近，有一个新的项目正试图在一个完全不同的地点寻找该墓。

76 　　在没有确凿的考古证据时，仅根据阿博特莎草纸的记录从该地区的各种墓中寻找阿蒙霍特普一世的墓，这种诱惑是难免的。阿蒙霍特普一世的墓是阿博特莎草纸中最晚描述的坟墓，其他墓都属于第 17 王朝或更早的法老。检查报告声明该墓完好无损："在这一天进行了检查，石匠们发现它的状态良好。"[15] 该莎草纸甚至可以提供一些关于陵墓位置的线索，描述如下：

杰瑟卡雷国王、拉之子、阿蒙霍特普的永恒地平线，从其名为帕阿卡（Pa'aka）的石碑开始，深度为 120 肘尺，位于花园的阿蒙霍特普之家北面。

乍一看，这似乎很有帮助，尤其是"120 肘尺"的测量值，如果是正确的，就表明有可能对坟墓进行精确定位，我们知道，一个埃及肘尺大约相当于 52 厘米（20 英寸），那就是将坟墓定位于给定地标大约 63 米（207 英尺）的地方。然而，问题是我们无法确定"石碑"的确切含义，尽管"阿蒙霍特普之家"很可能是一座神庙或崇拜建筑，而且我们知道该地区有几座符合这一描述的建筑，但可能还有其他符合的建筑，只是已经在过去消失了。

阿瑟·韦戈尔和 KV39

最疑似阿蒙霍特普一世墓的三座墓中，第一座是 KV39。实际上，这座墓离山谷主要部分还有一段距离，位于南部，靠近工匠居住的棚屋群，棚屋群有时被称为"驿站"或"工匠村"，凡步行经过代尔巴里神庙后面的悬崖并进入国王谷的人都会知道（遗憾的是，在撰写本书时，这条路线由于安全原因禁止通行）。KV39 是在 19 世纪末，被两个当地人马卡里乌斯（Macarious）和安德烈斯（Andraos）发现的，他们得知了陵墓的位置，并得到了文物局的发掘许可。然而，他们更感兴趣的显然是找到可以出售的物品（并没有成功），而不是对古迹进行科学记录，并留下了几个第 18 王朝墓葬的相关材料。后来，阿瑟·韦戈尔于 1908 年进入该墓，当时他是文物局的上埃及总督察，在 1911 年发表的

KV39 的入口

一篇文章中，韦戈尔宣布他相信 KV39 是阿蒙霍特普一世的墓。[16] 韦戈尔是一位严肃的考古学家，曾在阿拜多斯与人称"考古学之父"的弗林德斯·皮特里共事，但尽管他发现马卡里乌斯和安德烈斯的工作并不彻底，他也没有尝试进一步清理。事实上，直到 70 多年后，退休的英国工程师、埃及学家约翰·罗斯（John Rose）博士申请重访古墓，看看是否能彻底解决墓主人的身份问题，后续工作才得以开展。罗斯和他的团队在 1989—1994 年对墓葬进行了五季的清理工作，结果表明之前对该墓葬的规划设想是有缺陷的，他们还发现了大量的新材料，这是该墓葬第一次在科学条件下发现的材料。

通过一段较短的下行台阶进入陵墓，台阶朝西，通向一个简单的"L"形入口墓室。它有一个长方形的前厅，称为"上厅"，在正前方向右开放。这间墓室的地面有个下行台阶的起点，台阶向西延伸进入基岩。然而，这段台阶已经被洪水带入墓室的碎片堵塞并破坏了，到目前为止，我们还无法确定它是否能继续延伸，或者只是未完成。[17] 上厅还有通往另外两条下行墓道的甬道，它们的入口在上厅的左边，将参观者带入更深的岩石中。

第一条墓道向南行进，与前厅呈直角，通过一段从地面开凿的台阶进入。在台阶的底部，墓道向下倾斜，在到达第二段台阶之前，又下降了三级，台阶的尽头是一间长方形墓室。第二条较长的墓道从一条缓缓向下倾斜的墓道开始，向东延伸到一系列的台阶、门洞和甬道，最终在总距离近 40 米（130 英尺）后，到达埋葬的墓室。

在入口处、东侧甬道和墓室中，建筑和砌筑技术的某些特征表明，该墓的年代为第 18 王朝早期。[18] 它没有保护性的"井室"，"井室"指的是墓道的地面段突然出现的一个深而窄的落差，目的是防止盗贼沿着墓道继续前进，同时也把可能因山洪暴发冲进墓室的碎片纳入其中。从第 18 王朝第五位国王图特摩斯三世统治时期开始，"井室"就成了皇室墓葬的常规特征。[19] 此外，该墓南面甬道尽头的墓室地面上有一个凹槽，可能是放置棺材的地方，这在新王国以前的墓葬中很常见。[20]

罗斯和巴克利（Buckley）还认为，该墓位于山谷的"头部"，正是你可能认为开始建造墓地的地方。KV39 号墓确实位于麦里特塞盖尔（Meretseger）山的山脚下，那是俯瞰山谷的天然金字塔状山峰，似乎是一个理想的新墓园建造地。它必然处于一个异常突出的地方，或者至少是高处，也许预示着向国王谷的迁移，即使它与国王谷核心区域的墓葬略微分开。奇怪的是，它被赋予了"KV"的编号，这本身就在学术界引起了一些争论，也许仅仅是因为，一个有"KV"编号的墓葬更容易被理解为王室墓葬。

墓中发现的材料，包括一系列命名为图特摩斯一世、图特摩斯二世和阿蒙霍特普二世的标签，以及一枚印有图特摩斯三世王名框的金印戒，这些都确凿地表明墓葬与第 18 王朝早期的几位法老有关，尽管没有早到阿蒙霍特普一世的统治时期。发掘者认为，出现多个后来的王室名字，可能是因为第 21 王朝的祭司准备将这些法老的木乃伊迁移至王室墓葬，所以重新包裹了木乃伊，并在此期间曾将它们暂时安放在该墓穴。这一理论得到了额外证据的支持，即在此墓穴中进行过木乃伊化。这四位法老中，阿蒙霍特普二世被送回了他原来的墓穴，而其他人则被重新埋葬在离此不远的 TT320。

韦戈尔的假设似乎主要是基于 KV39 和阿博特莎草纸中描述的阿蒙霍特普一世的安息地之间的联系。他认为文献中提到的"石碑"是指"驿站"，它确实位于 KV39 入口上方约 120 肘尺处。[21]

眺望国王谷的麦里特塞盖尔［弗朗西斯·弗里思（Francis Frith）摄于国王谷的主要入口，约 1857 年］

他将"花园的阿蒙霍特普之家"解释为现在已经消失的阿蒙霍特普一世在梅迪内特哈布（Medinet Habu）的纪念碑，该地是 墓葬检查者的行政基地。当然，这一解释已被证明是行不通的，最终，尽管最近的调查无疑带来了许多有趣的材料，但依然无法论证 KV39 是阿蒙霍特普一世墓。

霍华德·卡特的反驳：AN–B 墓

韦戈尔的结论刚刚发表就受到了质疑。他的同事、英国人霍华德·卡特并不相信，并在几年内提出了自己的理论。事实上，早在韦戈尔提出他的论断之前的几年，卡特已经对寻找阿蒙霍特普一世的陵墓产生了兴趣，他在 1903 年写信给当时最重要的埃及文物私人收藏家之一的女儿阿默斯特夫人（Lady Amherst）——也是一位发掘者，信中说："我想知道阿默斯特勋爵（Lord Amherst）是否愿意让我去寻找阿蒙霍特普一世的陵墓。"[22] 然而，直到 1912 年，当地的一名古董商加德·哈桑（Gad Hassan）前来拜访卡特，此事才有了结果。哈桑向卡特展示了一些破碎的雪花石膏器皿，其中一些印有阿蒙霍特普一世和他母亲阿摩斯－奈菲尔塔利的名字。当然，这些东西吸引了卡特的注意，他说服哈桑带他去看看发现这些碎片的地方。哈桑把卡特带到了德拉阿布纳加公墓的一个高处。在这里，卡特看到了一座陵墓，包括一个入口井室，一条可以进入两个侧室的甬道，一个保护井室，然后是第二条甬道，通往一个有两根柱子的墓室。这些特征使卡特确信这是一座第 18 王朝的陵墓，而且这个地方也被称为第 17 王朝国王的埋葬地，所以它完全有可能在过渡到第

18 王朝之后继续用作王室陵墓。这座被他命名为 AN-B 的墓处于非常破败的状态，毫无疑问，自古以来就是如此。但卡特应该知道，阿蒙霍特普一世和他母亲的木乃伊都是在 TT320 "王室墓园" 中被发现的，也许是在他们原来的安息之地被破坏之后，或者是在预料之中，所以他不会期望国王的陵墓没有被破坏。他认为这值得进一步调查，于是在 1914 年春天，他抓住了这个机会。虽然这些发掘只发现了一些零星的随葬品，表明该墓在后来的第三中间期被（重新）使用，但卡特和他当时的赞助人卡那封勋爵（Lord Carnarvon）都相信应当继续调查。在接下来的 70 年里，几乎没有任何进一步的证据来改变这种情况。

第三座疑似墓

1991 年，在开罗德国考古研究所（German Archaeological Institute in Cairo, DAIK）的支持下，由丹尼尔·波尔茨博士领导的一个新的考古团开始探索德拉阿布纳加，其明确目标是确定第 17 和第 18 王朝的古墓，包括这一时期的法老墓。

埃及政府授予了他们 16 万平方米（170 万平方英尺）的巨大特许权，以使 DAIK 能够彻底解决这些失踪古墓的位置问题。[23] 25 年后，该项目披露了这一时期的大量材料，并成功地确定了某些古墓的位置，其中最引人注目的是第 17 王朝国王努布赫佩尔·英特夫（见第 75 页）的金字塔墓，以及可能为努布赫佩尔的前任塞赫姆雷 – 韦普马特·英特夫建造的第二座此类纪念碑的碎片。在这里，我们特别感兴趣的是该遗址的另一部分，其后来的历史较为复杂。

《古埃及圣书体文字、浮雕和绘画的地形书目》（*Topographical Bibliography of Ancient Egyptian Hieroglyphic Texts, Reliefs and Paintings*，1927 年首次出版，被认为是埃及考古学的"圣经"）中记载，波尔茨发现了一座被称作"底比斯墓（TT）293"［Theban Tomb（TT）293］的建筑。这个非常简短的条目，描述了它是第 20 王朝法老拉美西斯四世时期，阿蒙首席祭司（Chief Priest of Amun）拉美西斯纳克特（Ramessesnakht）的墓葬。所有这些都相当直接，很不起眼，但从调查一开始，波尔茨和他的团队就确信，这根本不可能是一座非王室成员的墓葬，其规模和位置都更像是王室墓葬。1993—1995 年，经过三季的工作，该地区被清理出来，墓葬的轮廓也凸显出来，显示出这是一座比以前想象的要复杂得多的纪念碑。事实上，它是一座双陵墓，并被赋予了新的名称——K93.11/12。

两座墓的入口并排开在山坡上，前面是一座宏伟的双前院，建在一块平整的台地上，由一堵非常坚固的干石墙隔开。这堵墙由建造陵墓时从基岩上切割下来的石灰石块和碎石制成，而且似乎是在同一段时间内修建的，表明这两座陵墓是同时建造的，因此整个纪念碑一直的设计构想就是一座双陵墓。每座墓入口前的前院被一个塔门（pylon）分为内外两区，在每个塔门前都有柱廊式门廊的遗迹。由于位于德拉阿布纳加山坡的高处，这些塔门会给人留下非常深刻的印象。显然，这不是一座打算保密的纪念碑，事实上，波尔茨和他的团队还发现了一些神龛，他认为这些神龛是后来放到这里的，以纪念原来的墓主。附近努布赫佩尔·英特夫和塞赫姆雷－韦普马特·英特夫的第 17 王朝陵墓中也发现了令人印象深刻的上层建筑和供奉祭品、仪式活动的遗迹，但分析

K93.11/12 遗址位于德拉阿布纳加的低矮山丘上，向南看，远处是尼罗河谷和耕地

在该建筑群中发现的陶器表明，它从第 18 王朝早期开始就一直被使用。

波尔茨和他的团队无疑发现了一些引人入胜的东西：第 17 王朝末朝或第 18 王朝初期的大型墓葬，可能是为一对人设计王室陵墓。据我们所知，这样的双陵墓很少见，他们须地位平等，方才有理由修建。第 18 王朝的建立者阿摩斯一世和他的妻子阿摩斯·奈菲尔塔利可算是一对；这个时期仅有的另一对是他们的儿子阿蒙霍特普一世及其母亲。在这两对中，后一对在他们死后最为人所称颂。

也许最有趣的是该墓葬群与附近的"梅尼塞特"（Meniset）之间的联系，梅尼塞特是一座将阿蒙霍特普一世和他母亲作为神祇进行供奉的神庙。这座奇特的神庙是在 19 世纪 90 年代由威廉·斯皮格尔贝格（Wilhelm Spiegelberg）发现的，但直到 1916年，霍华德·卡特对该地进行调查时，才完全记录下来。这座神庙曾经位于耕地的边缘，即尼罗河洪水滋养的肥沃地带与沙漠的交界处，但如今被现代的古尔纳（Gurna）村包围，几乎都消失在淤泥之下。然而，依然可以从发掘过程中发现的物品看出它与阿蒙霍特普一世以及阿摩斯 - 奈菲尔塔利的关系。[24] 最重要的可能是，它的建造者没有遵循后来的做法，将神庙与河流呈直角排列；相反，它相当精确地排列在一条南北轴线上，如果将这条轴线向北投射，它正好与 K93.11/12 墓的位置吻合。这可能是巧合，但不难看出其中的联系，特别是考虑到埃及人在建筑中专注于几何学的象征意义和技巧。

德国的发掘工作显示，在 K93.12 前院的南侧有一座塔门，并有一条从塔门延伸出来的神道（causeway），这一布局或许强化了神庙和陵墓之间的关联。神道两侧有一堵石灰岩巨石墙，向南延伸 60 米（200 英尺），直到希格阿特亚特（Shig el-Ateyat）的小河。这条小河沿着山坡向东流去，最终经过梅尼塞特神庙。

为了让 K93.11 作为一座墓庙（tomb-temple）重新使用，拉美西斯纳克特似乎对它做过修改，拉美西斯纳克特是卡纳克的拉美西斯四世至拉美西斯九世统治时期的阿蒙首席祭司，早在拉美西斯九世的第二年就去世了，比阿博特莎草纸在同一国王的第 16年进行的检查早了几年，当时认为阿蒙霍特普一世的陵墓仍然完好无损。假设检查的日期和当时坟墓未被侵犯的状态都没有疑问，那么如果 K93.11/12 是阿蒙霍特普一世的陵墓，我们就必须修改拉美西斯纳克特的相关日期。他的儿子、继任首席祭司阿蒙霍特普将 K93.12 号墓用于同样的目的，并且似乎负责修建了通往梅尼塞特的神道。德国发掘者认为，阿蒙霍特普祭司的神道只是开发了梅尼塞特和古墓群之间原有的通道，这意味着两者一直都是相连的。[25]

首席祭司阿蒙霍特普时期的一块装饰浮雕，进一步加强了对法老阿蒙霍特普一世及其母亲陵墓的认定，浮雕呈现了一位法老的形象，也许就是阿蒙霍特普一世本人，旁边还有一个简短的祭司体（圣书体的手写形式）涂画（graffiti），含有 *mahat* 一词，意为"坟墓"。

最后，尽管波尔茨本人拒绝将阿博特莎草纸作为定位阿蒙霍特普一世墓的信息来源，"似乎只有一种方法可以在方法论上站稳脚跟：我们在确定第 17 王朝末期和第 18 王朝初期的王室陵墓的位置时，只需忽略阿博特莎草纸的信息就可以了"[26]——但令人很难不想起该文献中的"高处……花园的阿蒙霍特普之家北面"。

波尔茨明智地拒绝了阿博特莎草纸，选择了更纯粹的考古学方法，理由是该文本可以被解释为适合该地区的任何数量的考古遗址。然而，这并没有阻止他的其他同事，最后一座疑似墓址，非常明确位于高处，是目前在埃及进行的最不切实际、最不可思议，也是最令人着迷的发掘项目之一。

代尔巴里的波兰—埃及崖顶特派团

这项非凡的工作始于 1999 年。在华沙大学（Warsaw University）安杰伊·尼温斯基（Andrzej Niwinski）教授的带领下，项目团队穿越了令人头晕目眩的岩架、斜坡和部分有很松散的碎石覆盖的

代尔巴里的悬崖。在哈特谢普苏特神庙的左边，可以看到波兰—埃及崖顶特派团使用的滑道，用来将碎片从发掘的地方移到下面的安全地带

小路，直接来到代尔巴里的门图霍特普二世、哈特谢普苏特和图特摩斯三世的神庙之上。从地面上看，这个项目似乎完全不可能进行：这些著名的悬崖构成了神庙的壮观背景，看起来完全是垂直的，就像一块弧形的电影幕布，但又不是。尼温斯基教授和他最年轻的工人一样精力充沛，他已经在这里工作了近20年，既展示了自己能到达的高度和敏捷的身手，也显示出古人具备同样的能力，他在悬崖上各处都发现了古人活动的痕迹（见彩色插图ii—iii）。

与人们的期望相反，虽然该遗址的位置不够稳固，但尼温斯基发现了大量的人类活动证据。鉴于到达遗址都很困难，更不用说利用它了，尼温斯基认为古人选择那里一定有非常特殊的原因。

事实上，他认为选择该位置正是因为它的偏远，是隐藏一座重要陵墓的完美场所。

他发现了什么？在悬崖顶下约 60 米（200 英尺）处有一块巨大的巨石，其周围似乎覆盖着一种人工制成的水泥，由石灰石粉和碎石、燧石、埃斯纳（Esn）页岩和板岩用水黏合而成。一旦干燥，这种成分看起来就会和周围的石灰石非常相似[27]，这些材料似乎是用来在自然倾斜的悬崖边上制造平坦的平台，悬崖有些地方的倾斜度高达 45 度。尼温斯基认为这个平台有几个作用：密封和掩盖下面的陵墓；形成一个岩架，使得古代工匠可以在上面工作，估计是进行最后的掩盖工作；最后，如果尼温斯基的推论是正确的，那么它是防止进入陵墓的至关重要的最后手段——一个无与伦比的、大胆的手段。第二块巨石约有 60 吨重，也出现在同一地区。尼温斯基假设，这第二块石头是故意从悬崖顶上吊到下面的岩架上的，而且非常精确地使先前的巨石移动了位置，最后，两者在陵墓入口的正上方停了下来，形成了一个不可逾越的屏障，将墓穴隐藏在里面。[28]

该小组在这一地区发现了 6 个构造活动的裂缝，其中两个被有意用水泥混合物中的橙色沙子填埋，也许是为了保护下面的东西不被洪水冲走。[29] 还有 10 道人造排水沟可能也起到类似的作用。[30] 最有意思的是，根据尼温斯基的说法，他们在该地区还发现了 10 条盗墓隧道[31]，表明这位考古学家并不是第一个认为这里有东西可寻的人。

遗址周围的 7 幅祭司体涂画提供了进一步的线索。其中有 5 处提到了一位名叫布特哈蒙（Butehamun）的第 20 王朝官员的名字，他因一份被称为"拉美西斯晚期信件"（Late Ramesside

Letters）的文件集而知名。

在检查和重新安葬王室成员的过程中，布特哈蒙的作用似乎比他同时代的所有人都更为重要。他的名字经常出现在国王谷附近的墓葬检查涂画中，而且木乃伊上的记录也提到他曾负责各种修复工作，包括拉美西斯三世木乃伊的"Osirification"（重新包裹）。显然，他在王室中拥有很高的地位，和他的父亲杰夫特麦斯（Djehutymes）一样，拥有"墓园书吏""墓园大门的开启者"和"永恒之屋工程的监督者"（永恒之屋指陵墓，有时也指墓室）等头衔。此外，他自己的外棺盖〔现藏于都灵的埃吉齐奥博物馆（Museo Egizio, Turin）〕上绘有新王国几位知名王室成员的画像，证实这位官员在特权上与王室死者之间有着非常密切的关系。

尼温斯基最初认为，代尔巴里悬崖上有布特哈蒙名字的涂画一定是在封墓之后立即画成的，因此该墓的主人只能是那个时期的两位王室成员之一，即赫里霍尔（见第四章）或他的儿子尼弗尔赫斯（Neferheres），他们的陵墓至今仍没有确认。[32] 但进一步的发现使尼温斯基修正了这一结论，他认为该墓实际上不是为其中一人所建，而是为其改造的，因为这座墓最初的主人另有其人：阿蒙霍特普一世。

在 2000 年，研究小组发现了一把青铜匕首的中心部分，该物非比寻常，有一把金银匕首与之极为相似，那把匕首被发现时正埋在第 17 王朝法老卡摩斯的木乃伊旁边，他是阿蒙霍特普一世之前的一位法老，也是他的叔叔。[33]

代尔巴里会不会是阿摩斯的儿子、在他后世的法老那难以确认的陵墓所在地？值得注意的是，根据"暴风雨石碑"（Tempest Stela）的记载，正是在阿摩斯统治时期，一场巨大的暴风雨袭击了埃及，破坏了含王室墓园在内的众多古迹："就在那时，国王被告知，墓葬（被水）侵袭，墓室被破坏，墓葬的结构被侵毁，金字塔倒塌了（？）。"[34] 这有可能促使了王室为法老的埋葬地寻找一个新的、不那么脆弱的地方吗？而尼温斯基所描述的排水系统有可能是对这一巨大灾难性事件的应对措施吗？

众所周知，阿蒙霍特普一世在这一地区是活跃且备受尊重的。他在后来被哈特谢普苏特神庙占据的地方建造了一个小型的泥砖教堂。这可能就是现在大英博物馆中非常引人注目的国王砂岩雕像的原址；它是由爱德华·纳维尔（Edouard Naville）带领的埃及考察基金会在附近的门图霍特普二世神庙进行发掘时发现的，也许是在开始建造哈特谢普苏特纪念碑时被移到该地。阿蒙霍特普的小教堂也许不是一座纪念庙[35]，却有国王的奥西里斯（Osirid）形象的雕像，将他与来世的伟大神灵联系在一起，而门图霍特普二世的神庙是一座殡葬纪念碑，它标志着该国王的葬身之地。纳维尔在门图霍特普二世神庙发现的一块石碑，现存于大英博物馆，上面有门图霍特普二世和阿蒙霍特普一世的一套四座奥西里斯雕像[36]，表明该神庙在某个时期与两位国王都有关系。此外，众所周知，神庙的院子里有一座大型花园，在那里发现了 55 棵无花果树和 8 棵柽柳。[37]

这难道就是阿博特莎草纸中提到的"花园中的阿蒙霍特普之家"？这段文字告诉我们，"阿蒙霍特普（一世）的永恒地平线……"就在神庙的正北方，尼温斯基教授发现的遗址也在门图霍特普神庙的正北方……[38] 此外，尼温斯基教授和他的团队所发现的水泥平台区的基岩，据他称，位于 63 米（207 英尺）以下，即 120 肘尺，他认为这代表了阿博特莎草纸中提到的"高处"[39]；

最后，我们知道阿蒙霍特普的妻子梅丽塔蒙（Meritamun）和儿子阿蒙涅姆赫特都被埋葬在代尔巴里，他们的墓被赫伯特·温洛克（Herbert Winlock）发现。[40]

尼温斯基说得对吗？考虑到阿蒙霍特普与那里神庙的关系，该墓可能在代尔巴里某处的提议似乎是合理的。然而，尽管尼温斯基很乐观，并热衷于将他的结论出版——"众多的考古学前提使我相信，正是在这里可以期待找到墓道的入口"[41]，但是那里并没有发现任何墓葬，事实上，相关证据仍然是间接推测出来的。

结　论

如若在各种假设之间进行比较，尼温斯基的推论似乎是最站不住脚的，因为其他几种情况下都发现了墓葬。AN-B墓、KV39墓或K93.11/12墓，都是无可否认的墓葬，而且都能够以不同的理由与阿蒙霍特普一世联系起来。相反，尼温斯基的论点主要是代尔巴里悬崖呈现出隐藏某种东西的证据，这东西可能是一座陵墓，而且可以预料它是阿蒙霍特普一世的陵墓。能够理解的是，大多数考古学家和埃及学家都对他的说法表示怀疑。尽管如此，他的论点并没有本质上的缺陷，而且他的项目是埃及学历史上最不寻常的项目之一，因为对于那些在地面仰望着最壮观的背景的普通观察者来说，似乎不可能相信考古发掘工作会在悬崖的半山腰上进行。这个项目的不切实际之处，以及尼温斯基的决心和热情，都带有一些典型的埃及学特征。

国王谷作为王室墓园是新王国最鲜明的特征之一。在那里，陵墓被刻意隐藏起来，这是其标志性特点，与之前的时期尤其是

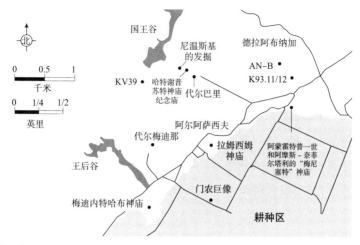

底比斯的墓地地图，位于卢克索对面西岸的耕地边缘

中王国时期（在那时，金字塔的建造仍然非常必要）形成了鲜明对比。因此，从某种意义上说，寻找阿蒙霍特普一世的陵墓是为了确定他在不断变化的王室墓葬传统中的地位。如果事实证明他的陵墓是在德拉阿布纳加，就像之前的那些第 17 王朝的国王一样，那么他也许是一位遵循传统的国王，而迁移到国王谷是在他统治之后发生的。尼温斯基教授认为，阿蒙霍特普一世的陵墓是故意改选在一个难以接近的地方，但我们应该期待它是像早期国王的陵墓一样非常明显的。在他看来，代尔巴里悬崖为阿蒙霍特普提供了一个理想的地点。如果情况属实，而且陵墓不在德拉阿布纳加，这将代表着与传统的决裂。但如果韦戈尔的怀疑一直是正确的，阿蒙霍特普被葬在 KV39，那么我们就应该知道他是历史上最著名墓地之一的开创者。

第三章

失踪的阿玛尔纳王族：永恒的谜团

在大众的想象中，在银幕上，典型的考古发现场景往往是这样的：一位教授模样的人，高举着灯，进入密闭的洞穴，闪烁的灯光柔和地照亮了一个藏宝地。这样的事情现实中从未发生过，唯一的例外是霍华德·卡特的故事。

卡特于1922年发现了一座未经盗扰的墓，墓主人是当时人们还知之甚少的法老——古埃及新王国时期第18王朝法老图坦卡蒙。他的发现在国际上引起了轰动，一股"埃及热"的浪潮席卷全球。埃及图案出现在艺术、服装、珠宝甚至发型中；受这一发现启发的小说、电影和歌曲纷纷问世；图坦卡蒙成为一个家喻户晓的名字，被用于柠檬、香烟等各种各样的广告。卡特的工作是管理文物造册登录，并将它们安全地转移到开罗的埃及博物馆（Egyptian Museum, Cario），同时还要顶住公众和媒体的干扰，平息那些想要控制和拥有这一发现的人之间的争吵。鉴于当时的情况，这项工作相当艰巨，但卡特完成得很出色。然而，若要对这一大批材料进行全面、科学的研究，则超出了他的能力范围，甚至从那时起至今，一群埃及学家的集体努力都不足以将这些材料研究透彻。

现在在墓室前厅，我们可以看到图坦卡蒙的木乃伊，除了头和脚之外，他身体的其他部位都被遮住。图坦卡蒙恰好生活在埃及历史上最吸引人、也是研究最充分的时代的末期。他在阿玛尔纳"异端"时代不久之后即位。前一任法老阿肯那顿在不到20年的统治期间，给埃及的宗教、艺术和政治带来了一场革命：他禁止了对传统众神的崇拜，只允许人们崇拜一个叫作阿顿的太阳盘，完全改变了他作为法老以及王室家族在艺术上的呈现方式，并建造了一个全新的首都，短短数年，成千上万的朝臣和百姓迁居至此。尽管陵墓发现之初的轰动效应已然式微，但是这个发现却是一场争论的起点。虽然这场争论只有几个人参与，只涉及古埃及几千年历史中短短几年发生的事件，但仍然能够激发公众的想象。人们对这一时期现存证据的热切关注，使得任何新材料的发现都有可能改变现有的知识，因此不可避免地渴望更多新材料。图坦卡蒙墓中发现的大量此类材料所开创的先例，又进一步提高了人们的期望。会不会有另一座属于阿玛尔纳王室成员的墓葬尚未出土？如果是这样，它在哪里？它又属于谁呢？

在这种情况下，我们谈论的就不一定是一座单独的陵墓，或者某一个人。阿玛尔纳王室有多少人可能以王室规格埋葬，围绕着他们的名字甚至性别等疑问的争论层出不穷。正如我们所见，证据表明，有些人可能被埋葬了不止一次，被挖出后又重新埋葬在其他地方，或者由于后人对他们的态度有变，故意损毁了葬具——因此，考古学家几乎（但不是完全）无法掌握。有足够多的信息诱惑着我们，激发我们的想象，却没有充分的证据指向确切的结论。这是一个完美的考古学故事背景。关于图坦卡蒙，可以确定的是，他的死亡代表了这个迷人时代的结束，他被埋葬在我们现在所知的 KV62 号墓，这是国王谷中发现的第 62 座陵墓。

93

这一时期的其他主要王室成员阿肯那顿、娜芙蒂蒂、斯门卡雷（Smenkhkare）、安克西纳蒙（Ankhesenamun）等人的墓葬是否仍在等待着被发现？

阿肯那顿和阿玛尔纳的"异端"

阿肯那顿是内布马特·阿蒙霍特普三世的儿子，大约在公元前1353年被加冕为埃及法老，称为尼弗尔赫普鲁尔·韦因雷·阿蒙霍特普四世（Neferkheperure Waenre Amenhotep IV）。统治早期，他背离了有着严苛传统的埃及艺术准则，在卡纳克大神庙群边缘大兴土木，并在这些建筑内外修建了一系列奇特的巨型雕像，将自己的形象描绘得非常夸张乃至怪诞（见彩色插图 vi）。卡纳克是中王国时期的重要宗教中心，是阿蒙神的崇拜中心。到了第18王朝，阿蒙俨然成为埃及最为赫赫有名的神灵，与太阳神结成阿蒙拉（Amun-Ra）组合时尤甚。卡纳克因此成为国家最重要的崇拜中心和大规模建筑的焦点，每一位法老都试图通过建造比以前规模更大的建筑来证明他的虔诚。所以阿肯那顿跟随他的前辈们在卡纳克实施建筑计划完全是合情合理的，但他采用的方式是非传统的，甚至可谓异端的。这些建筑与早期不同，位于阿蒙围墙的东侧，以国王和他的妻子作为绝对主角，围绕着仅有的一位神灵：阿顿。阿顿是太阳神的一种特殊表现形式，在当时的艺术中，表现为一个多臂的太阳盘。对神庙来说，这些建筑的形式、肖像的特征，以及崇拜阿蒙之外的神灵，无疑是一种背叛。

在阿蒙霍特普四世［"阿蒙满足"（Amun is Satisfied）］统治的第四或第五年，他将名字改为阿肯那顿［"阿顿有效"（Effective for Aten）]，并在中埃及的处女地建立了一个全新的首都。这是一个了不起的成就，短短几年内，大约有 30 000 人迁居这个新城市，他将其命名为阿赫塔顿（Akhetaten），即"阿顿的地平线"（Horizon of the Aten）。该城市的遗迹依然能在特尔阿玛尔纳（或曰阿玛尔纳）遗址找到，遗址的名字正来源于这一时期及其文化。然而，这种激进的文化动荡并没有持续下去，在新秩序建立的大约 12 年后，阿肯那顿去世了，他的伟大计划开始瓦解。在他死后的几年内，传统的宗教就恢复了，阿赫塔顿被放弃了，人们回到了北方的孟菲斯和南方的底比斯等旧都，绘图师、工匠和建筑工人又恢复了昔日的传统艺术风格。阿肯那顿的统治被看作一种异端，旧的神灵复辟，崇拜如初，继任者从纪念碑和历史记录中抹去了所有关于这位异端法老和他的革命的痕迹。

阿肯那顿的大王后娜芙蒂蒂是古埃及的重要标志之一。她最为人所知的，大概是 1912 年德国考古队在阿玛尔纳发现的著名半身像，现藏于柏林的埃及博物馆（见第 21 页）。这尊保存完好的半身像用灰泥制成，描绘了王后戴着她特有的平顶

石灰岩试制品，艺术家在上面练习雕刻娜芙蒂蒂的头部和肩部轮廓。1932 年由埃及考察协会在阿玛尔纳发现，现藏于开罗的埃及博物馆

头饰，满怀信心地凝视前方，轻松而自信，坚强而无畏。她的美丽具备惊人的现代感，有着高高的颧骨、优美的鼻子和强有力的下巴，虽然有一只镶嵌的眼睛缺失了，但另一只眼睛足以体现她的活力。从嘴角边缘和眼睛下方的阴影线脚来看，这也许并不是她年轻的时候，但恰好是年龄感让她显得更强壮、更睿智。她看起来栩栩如生，且符合现代人的审美。

毫无疑问，如今这尊无与伦比的半身像是古代最具辨识度的 95
肖像之一，它提高了娜芙蒂蒂在人们心目中的地位。娜芙蒂蒂平生的确享有相当高的地位，即使不比此前或此后任何国王的大王后高，至少也是旗鼓相当。

阿肯那顿统治初期，娜芙蒂蒂的形象是卡纳克的建筑装饰的主要内容，在一座神庙中，她的形象甚至比她丈夫的出现得更频繁。阿肯那顿为界定新城市的范围设立了边界石碑，娜芙蒂蒂在

一尊未完成的娜芙蒂蒂头像，1933 年由埃及考察协会发现，现藏于开罗的埃及博物馆

这些石碑中的形象也非常醒目。其形象还出现在阿玛尔纳的宫殿、房屋和非王室墓葬的装饰中，特别是在王室家族的新场景中，构成了该时期艺术的鲜明特征。之前，与神灵的密切往来是国王的专属，但是在这些新场景中，阿肯那顿和娜芙蒂蒂与他们的女儿们在一起，强调了王室家族与唯一的神——阿顿之间的密切关系。此外，有一幅在赫尔莫波利斯（Hermopolis）发现的娜芙蒂蒂浮雕，描绘了她在皇家驳船上接受阿顿神的仁慈光芒，她击退了一个外国敌人，以法老专属的典型埃及姿势站立着。这尊浮雕最初来自阿玛尔纳，现藏于波士顿艺术博物馆（Museum of Fine Arts, Boston）。

除了娜芙蒂蒂这位大王后，学者们在重现阿玛尔纳时期王室家族的问题上也产生了讨论和分歧。自 19 世纪中叶，梅尔伊尔二世（Meryre II）墓室墙壁上的装饰记录下来时，人们就知道在阿玛尔纳时期有一位名为斯门卡雷的法老。壁画显示，安克赫普雷尔·斯门卡雷 - 杰塞尔克赫佩鲁（Ankhkheperure Smenkhkare-jeserkheperu）和梅里塔顿（Meritaten）正在向墓主进献贡品。后者是阿肯那顿的长女，被冠以"大王后"的称号，从而证实她是法老斯门卡雷的妻子。这幅画的旁边还有一幅阿肯那顿统治的第十二或十三年的外国进贡画。众所周知，阿肯那顿在位时间比这长了好几年，如此看来斯门卡雷一定是他的共同统治者，而图坦卡蒙墓中发现的一个花瓶似乎也证实了这一点——该花瓶上并列着两位国王的名字。但我们对阿肯那顿之死和传统复兴之间的过渡时期的了解充满了不确定因素。关键问题是，在阿肯那顿之后，谁统治了埃及？有多少王室成员（或他们周围的贵族阶层）独立或联合登上了王位？这些人被埋葬在哪里？我们能否通过已经发现的大量杂乱无章的材料确认墓葬的遗迹？抑或遗迹仍然有待发现？有没有一种可能，我们已经拥有了全部的墓葬、木乃伊和葬具的遗迹，还是说拼图的碎片仍然缺失？

阿玛尔纳的王室陵墓

阿肯那顿统治之初，在他还被称为阿蒙霍特普四世，阿赫塔顿尚未成为新首都之前，他的陵墓大概已经开始在国王谷建造了。陵墓究竟会在哪儿，或者是否可能最终用于埋葬他的某位继任者，又或另作他用，我们可能永远不会知道。[1] 可以肯定的是，无论计划是什么，都会因为王室的搬迁而改变。阿肯那顿对自己想要埋葬在阿玛尔纳的意图表达得非常清楚，而且他还提供了一些可能有用的线索（如果历史朝另一个方向前进），说明这一时期另一些人物的埋葬地点。

> 应在阿赫塔顿的东山为我建造一座陵墓……并将大王后娜芙蒂蒂葬于其中……并将国王之女梅里塔顿葬于其中。[2]

值得注意的是，这里只提到了一座陵墓，意味着阿肯那顿的意思是将他、娜芙蒂蒂和梅里塔顿都埋葬在同一座陵墓，尽管还存在一些情况，因为阿肯那顿后来谈到过一个将为各类官员建造的有"墓室"（*ahaut*）的"墓地"（*semet*），他们都将被埋葬在"墓地"里，但阿肯那顿三人合葬的意图已经很清楚了。

距离西方学者知晓了阿肯那顿的城市很久之后，这座陵墓似乎才终被发现。人们可能会认为这是埃及学中伟大的、标志性的时刻之一，然而这一发现在数年内仍然不为人知，似乎阿玛尔纳的王室陵墓在有考古学家到达之前，就已经被当地人发现了。皮特里在 1892 年写到，他认为该墓是"四五年前"由当地人发现的，他们保守了这个保密，并将他们认为可以出售的所有物品都搬走了。[3] 据推测，只有在这个过程完成后，秘密才被允许公开，这就促使文物局的几位高级工作人员各自提出说法，都声称自己是发现者，而实际上一个都不是。基于此，当时没有任何轰动性的发现，结果导致在意大利考古学家亚历山德罗·巴尔桑蒂（Alessandro Barsanti）1891 年被允许正式发掘之前的许多年里，该墓都没有得到应有的关注。剑桥大学的英国埃及学家杰弗里·马丁（Geoffrey Martin）在 20 世纪 60 年代开始纠正这种情况，现在我们依靠的是他对该墓葬以及他发现的墓中遗物的全面研究所出版的两卷书，来了解阿肯那顿最后安息之地的情况。[4]

阿玛尔纳的王室干河谷

诺曼·德加里斯·戴维斯（Norman de Garis Davies）将该墓命名为TA26，他在20世纪初对该墓进行了记录，比马丁教授更系统地调查该墓约早60年。陵墓的建筑结构大体上遵循了国王谷中早期第18王朝王室墓葬的样式。它位于一个贯穿沙漠高地的干河谷中，离尼罗河谷有一段距离，入口开凿在谷地的一块斜面的基岩上，从这里开始形成一条长长的下行坡道，两侧有台阶。这个中央坡道是光滑的，这样石棺（由从其他地方运来的花岗岩制成的更精细的石头）就可以被放下来，运入尽头的墓室（E），墓室之前有一个深井室（D），深井是这一时期墓葬的一个典型特征，为的是阻挡可能出现的盗贼，并容蓄可能威胁到墓室的洪水。

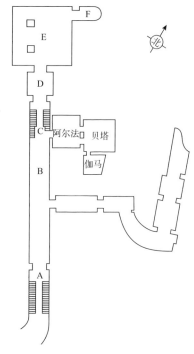

阿玛尔纳王室陵墓的平面图

在到达井室之前，来访者会先经过两个附属部分。首先是从下行坡道右侧引出、沿着弯曲墓道排列并终止于一个未完成的墓室的一系列隔间；其次，也是在下行坡道的右侧、由三个室组成的套间，这三个室分别命名为阿尔法、贝塔和伽马（见彩色插图 vii）。

该墓属于阿肯那顿，似乎从一开始就被认定如此。它的位置、形状和大小，使它与阿玛尔纳的非王室陵墓区别开来，让人强烈地联想到国王谷的王室陵墓。我们已经知道，非王室陵墓是在沙漠平原边缘的悬崖上开凿的，阿赫塔顿就建在这些悬崖上，陵墓分成两组，一组在城市的北部，另一组在南部。此外，尽管TA26损坏严重，但墓中残存的装饰显然是阿玛尔纳风格，太阳盘散发的独特射线和细长的王名框非常明显，并有足以贴合阿肯那顿本人的形象，表明这确实是他的墓。回顾阿肯那顿宣布他将为自己建造一座陵墓，并将娜芙蒂蒂和梅里塔顿埋葬在其中，我们似乎可以直接推测，阿肯那顿本人将被埋葬在主墓室中，而陵墓的其他两个部分将分别埋葬他的大王后娜芙蒂蒂（也许是第一个较大但未完成的墓室套间），以及他们的长女梅里塔顿（第二个较小的三室套间）。

事实上，有充分的理由得出结论，阿肯那顿是按原定计划埋葬在墓中的，但也有理由相信他的遗体没有在那里放置很长时间。此外，虽然王室的其他成员很可能与他葬在一起，但这些人也许不是石碑铭文中提到的他生命中最重要的两个女人——娜芙蒂蒂和梅里塔顿，她们二人根本就没有被葬在那里。为了更好地理解这种情况，我们必须仔细研究两种主要的证据：墙壁上的装饰以及墓中找到的物品。

100

残片讲述了一个意想不到的故事

当考古学家意识到这个墓葬的存在时，它已经遭受了非常严重的损坏，包括山洪的破坏和人类的劫掠。后者可能有几十次，但我们可以假设，有两次对帮助我们重建古墓的历史具有特别重要的意义：第一次是在阿肯那顿死后不久，他所带来的"异端"

的动荡年代结束了；第二次是在正式发现古墓的前几年，当地人知道它的存在，从古墓中取出了许多物品，在古物市场上销售。后来其中一些交易的文物被曝光，无疑证明了这类非法活动的存在。但也有传言说，当时从古墓中取出的东西远比我们现在知道的要多，而且迄今可能还在博物馆或私人藏家手中，尚未进行确认。

建造陵墓所使用的石材的品质非常重要。如果石材的品质非常好，那么可以想象，相关事件和铭文可能是直接切割嵌入石材表面。然而，这种精细的工作对石材的要求很特别，它要足够柔软以容纳最精细的雕刻，又要足够稳定以至不会在凿子的冲击下粉碎或开裂。石材的品质在较小的空间内可能有相当大的差异，所以古代工匠在采石结束，开始对石材进行更精细的修整和雕刻之前，并不知道他们将要使用的是何种品质的石材。如果石材本身的品质不统一，就用一层细石膏来覆盖表面，提供一层"画布"，让工匠们在上面添加装饰。这种做法虽然比不上使用最优质的石头，却是一个很好的、务实的选择，而且还有一个额外的好处，¹⁰¹就是减轻了负责装饰的绘图工的压力：直接在石材上工作时，意味着只有一次机会，如果出错，就需要做难看的修复；石膏则不同，如果需要纠正错误，那么在石膏表面添加一层新的石膏，就简单地恢复到了之前的状态。但从长远来看，石膏的最大缺点是会剥落，特别是在完全干燥后，会与后面的墙壁分离，这时装饰就会消失。

阿肯那顿的阿玛尔纳墓的装饰基本都是雕刻在这样一层石膏上的，所以大多已经丢失。然而，剩下的部分依然告诉我们很多东西。陵墓装饰分布于在井室上方的区域，在主墓室和第二个套间的三个室——阿尔法、贝塔和伽马。

井室上方的侧墙保留了阿肯那顿和娜芙蒂蒂向阿顿献祭的痕迹，端墙保留了一位或多位公主的痕迹。[5] 进入主墓室后，除了阿顿的典型图像（其光芒向下延伸）以及阿顿或阿肯那顿的王名框遗迹外，很难看清其他内容。这些雕刻和其他零星的铭文上有阿顿、阿肯那顿和娜芙蒂蒂的名字和称号。有一个现在肉眼几乎看不到的场景，被马丁教授重建[6]并带来了惊喜。这个场景显示阿肯那顿、娜芙蒂蒂和他们的一个或多个女儿站在亭子里的一位人物面前。这位人物的上半身现在几乎完全不见了，但关键的细节还在。此人腿前有一条腰带，表明她是一位女王。由于可以通过娜芙蒂蒂独特的平顶王冠这一细微的痕迹识别出她已经出现在场景的其他地方，所以这不会是她。此人唯一的可能似乎是阿肯那顿的母亲，阿蒙霍特普三世的大皇后蒂耶（Tiye）。[7]

阿蒙霍特普三世建造了一些从古埃及流传下来的最引人注目的纪念物，包括矗立在他位于底比斯墓地的纪念庙前的"门农巨像"（Colossi of Memnon）、卢克索神庙的一座独特的露天庭院，以及现在位于埃及博物馆中央的一座阿蒙霍特普和蒂耶同坐的巨像。蒂耶在那个时代的外交信函中经常被提及，并且似乎与她的丈夫一同在埃及的外交政策中发挥了异常积极的作用。与以往的王后相比，她在这一时期的肖像画中更显眼，和她的丈夫同时出现，甚至呈现为法老专属的狮身人面像，画中有时还带有一些哈托尔女神的标志性元素，如牛角和太阳盘。阿蒙霍特普在苏丹的塞德印加（Sedeinga）建造了一座专门供奉哈托尔的神庙，以配合他在15千米（10英里）外的索勒布（Soleb）建造的神庙，在该神庙中，他的神圣形象与阿蒙拉一起被供奉。这对王室夫妇地位的提高也许在一定程度上为阿肯那顿的新宗教奠定了基础。阿肯那顿、他的妻子娜芙蒂蒂，以及阿顿神，是新宗教的核心角色。

我们知道，蒂耶在她丈夫去世后仍然活着，并前往儿子的新首都与他一起生活，而且她似乎很可能继续对他的活动产生影响。

阿尔法室和伽马室的装饰大多保存得较好（贝塔室没有装饰）。伽马室门前的墙壁上有一个特别清晰的场景，是古埃及艺术中最感人的场景之一。画面左边是一位公主站在一座亭子里，在她前面，阿肯那顿、娜芙蒂蒂和他们的女儿梅里塔顿、安赫森帕顿（Ankhsenpaaten）〔后来改名为安赫森娜蒙（Ankhsenamun）〕、奈费尔内费鲁阿顿－塔舍里特（Neferneferuaten-Tasherit）都将右手举到脸上以示哀悼，他们各自的身份均可通过肖像头顶上的标注来识别。亭子里的公主是这个家族的第二个女儿梅克塔顿（Meketaten），很明显，她已经去世了。看来毫无疑问，至少她是被葬在这个套间里的。

这个场景让人联想到主墓室中碎片拼凑出的亭子里的女性肖像。因此，那位人物可能是蒂耶王后，似乎大概率葬在主墓室中。

这些证据在细枝末节上留下了很多猜测的空间，但大的方面似乎足够清楚。主墓室准备埋葬阿肯那顿和蒂耶，伽马室准备埋葬梅克塔顿。[8] 同一套间内的阿尔法室也可能作为一个墓室准备接收一到两个人的遗体。

然而，我们有充分的理由相信，本章所关注的一些人最终可能没有被葬在起初为他们准备的地方，接下来我们想问，阿肯那顿、蒂耶和梅克塔顿是否真的被埋葬在这座墓中？可以假定，在决定迁往阿玛尔纳后不久，阿肯那顿墓的准备工作就开始了。装饰应该是墓葬准备工作的最后阶段之一，但没有理由认为装饰不会在国王去世前很久就开始进行，甚至可能已经完成。因此，墓中出现国王死亡相关的场景并不一定意味着他的遗体曾被埋葬在那里。蒂耶和梅克塔顿的情况或许有所不同。很明显，阿肯那顿曾明确表示将与他一起埋葬的两个女人都没有和他葬在一起，但装饰却清楚地表明了将两人埋葬在墓中的意图。这种偏离原计划的做法似乎很可能是死亡造成的，根据蒂耶和梅克塔顿两人的情况，应该属于突发事件，若不是因为蒂耶的死亡，那么可能就是因为年轻的梅克塔顿的突然离世。蒂耶年事已高，她出现在阿玛尔纳并被埋葬于此是正常的。

除了墙壁上的装饰，还有几百件随葬品残片也使得人们进一步了解了该墓的意图和最终功能。这些残片以各种方式进入学者的视野。有些是巴尔桑蒂的团队在发现古墓后的第一次正式清理中找到的，但这时许多东西已经流入市场，并开始被纳入主要的博物馆收藏。我们认为，这些东西一定是在考古学家知晓其位置之前，就从王室陵墓中取出来了。然而，我们无法准确地知道它们是在哪里被发现的，而出土信息可能会改变我们对这座墓园的解释。例如，如果我们发现它们不是出自 TA26 号墓，而是王室河谷区域的另一座墓，就会得出不同的结论，即葬具主人的最终或预计的安息地是另一个地方。可悲的是，大部分古埃及的物质证据被从其考古环境中移除，使我们失去了宝贵的信息。幸运的是，由约翰·彭德尔伯里（John Pendlebury）领导的埃及考察协会小组在 20 世纪 30 年代早期又找到了一些证据残片，并做了完善的记录，后在 20 世纪 80 年代[9]和 21 世纪头十年[10]又进行了重新清理，增加了更多证据。

这些残片可以分为几组，每组由多个残片构成。有两具石棺明显属于阿肯那顿和蒂耶，一具石棺可能属于梅克塔顿。其中第一具石棺已经被重新修复，现在在开罗埃及博物馆的花园里展出。我们有理由认为，大型的、沉重的物品，如石棺，以及较为精致的卡诺皮克箱，会在下葬之前放好，而其他较小的、更容易携带的物品会作为送葬的一部分与遗体一起带入墓中。因此，与墙壁上的装饰一样，石棺的存在不应作为埋葬的决定性证据。属于阿肯那顿的一个残缺的卡诺皮克箱也是如此。

然而，从陵墓中发现的其他物品确实表明这些人被葬在那里。首先，大量属于阿肯那顿的沙布提俑已经被发现，其中一些是在市场上出现的，时间与正式发现坟墓前当地人对墓葬的抢劫一致，另一些是在可控的发掘中发现的。沙布提俑是代表仆人的小雕像，旨在代替死者在来世执行必要的体力事务（见第 8 页）。其中一个沙布提俑雕像在某种程度上造成了混淆，上面刻着："大王后

开罗埃及博物馆外的花园中经过修复的阿肯那顿石棺

奈费尔内费鲁阿顿·娜芙蒂蒂（Neferneferuaten Nefertiti）永垂不朽。"显然，这个雕像并不属于阿肯那顿，而是属于他的王室妻子娜芙蒂蒂王后。但这是唯一能表明她被埋在这里的证据，当然并不足以证明事实如此。

最后，据称在陵墓正式开放时，法国埃及学家乔治·达雷西（Georges Daressy）在陵墓入口附近看到了一具木乃伊。[11] 据报道，木乃伊的位置和总体状况都反映了它曾被盗贼破坏，盗贼们在裹布中寻找珠宝和护身符等可出售的物品。令人痛心的是，它后来丢失了。当然，这具木乃伊也可能与陵墓的原主人无关，几个世纪以来，陵墓经常被一次又一次重复使用，因此，在墓穴和周遭发现与原葬品无关的人类遗骸并不罕见。但是，如果这些是阿玛尔纳王室成员的遗骸，在墓中已有三千多年，直到考古学家到来前的几个月都安然无恙，那又会怎样？有传言说，在陵墓正式开放前不久，有人看到一群当地人从高高的沙漠中抬着一具金棺椁下来，这又为这个故事增添了另一个诱人的、不太靠谱的注脚。[12]

王室河谷中的其他墓葬

TA26 并不是阿玛尔纳王室墓地中唯一的墓葬：还有三个编号分别为 27、28 和 29 的墓葬。另一个建筑——TA30 似乎是一间防腐室。所有这些都在阿肯那顿的阿玛尔纳墓附近，最初都是由巴尔桑蒂在 19 世纪 90 年代初首次发现该墓地时清理的，是当时行动的一部分。随后，杰弗里·马丁和阿里·埃尔扈利（Aly el-Khouli）在 20 世纪 70 年代和 80 年代重新发掘了所有的古墓，然后马克·加博尔德（Marc Gabolde）和阿曼达·邓斯莫尔（Amanda Dunsmore）在 21 世纪头十年再次进行了发掘。乍一看，这些墓的价值并不高：都没有装饰，里面和周围都只有少量的零碎物品，但我们必须对这一时期与王室墓葬有关的任何东西进行严格的审查，因此它们所提供的少量信息还是值得回顾的。

27 号墓是在河谷主干道南侧发现的，离 TA26 所在的侧干道不远。它并未完成，仅有一条墓道。与 TA26 一样，通过地面一段带有中央斜坡的台阶进入，其尺寸规模也与阿肯那顿的墓相同，这意味着墓主具有最高的地位。

沿着主干道向东走，有一条支路延伸到南边。沿着这条支路可以找到紧邻的 28 号和 29 号墓。28 号墓比其他两座墓小，但似乎已经竣工。它由一条入口通道和三间墓室组成，三间墓室的大小都与 TA26 的阿尔法、贝塔和伽马相似，这表明该墓可能是用来埋葬一位或多位王室公主。发掘者还认为，它与比它大得多的 TA29 相邻，可能意味着后者是为这些公主的某位亲人（也许是父亲或母亲？）修建的。[13]

29 号墓是这组墓葬中最重要的，它有四条墓道，但没有其他较大的墓室，因此至少它的建造从未完工。它的尺寸与 TA26 中为娜芙蒂蒂准备的未完成的房间套间相似。发掘者认为从位置来看，它可能是为阿肯那顿的一位（地位较低的）王后建造的，但没有任何迹象表明它曾经被用来埋葬遗体，而且在未完成的状态下，它也不可能用于埋葬。

然而，发掘人员仍然相信，在这个侧谷里有一座墓葬，因为在这个区域发现了一些蓝绿色的彩陶板，这些陶板一定是豪华的陪葬家具的一部分。但我们知道这一时期的王室葬具被破坏的程度，TA26 的大型石制品被毁就是证明，而且在 KV55 发现的一些材料（见下文）很可能来自阿玛尔纳的王室墓园。完全可以想象，这些陶板可能是最初放置在 TA26 中的物品。再没有更多的证据表明这些墓葬中的哪一座曾被用于埋葬，更不用说埋葬谁了。

KV55 的发现：问题多于答案

1907 年 1 月 6 日之前，埃及学家们可能认为关于阿玛尔纳统治者的最终安息地的问题很容易解决。阿肯那顿的陵墓已经被发现，诚然，没有太多关于他实际埋葬的证据，但这并不罕见。此时，一些新王国法老的陵墓还未被发现，但人们的期望可能如几十年来的情况一样，随着国王谷发掘工作的进行，那些失踪的古墓终究会被发掘出来。有些人可能认为娜芙蒂蒂的墓葬在阿玛尔纳的其他地方，因为现在已经证明这里有一座王室墓园；同样，她的名字可能只是被添加到一个更长的王后名单中，其埋葬地点仍然未知。我们现在赋予她的意义——她可能是一位法老，在很久之后才被认可。

1907 年年初，在国王谷发现了一座编号为 55 的陵墓，事情变得比之前都要复杂。西奥多·戴维斯，一位富裕的美国律师，成了国王谷的寻宝者，探寻场景如下：

> 我们带着一大帮人，从山顶上开始清理，离拉美西斯九世的陵墓只有几步之遥。几天后，我们到达了他的墓门的高度，除了周围古墓的碎石外，什么都没有发现。但我们往下走了大约 9 米（30 英尺），发现有石阶，显然是通往墓室的。[14]

在拉美西斯九世开凿陵墓的土丘之南的西面，发现了大量的石灰石碎片，这些碎片是发掘拉美西斯六世陵墓所产生的，在现代道路的另一侧，游客可以通过山谷向上走。戴维斯的同事，英国考古学家爱德华·艾尔顿，描述了接下来的步骤：

> ……我们彻底清理了古墓的入口，显然，入口起初很小，后面扩大了。我们发现门洞被一堵松散的石灰石碎片墙封闭，这堵墙并不在下面的岩石上，而是在填满台阶的松散垃圾上。我们把它移开，在它后面发现了原来封门的遗迹：由粗糙的石灰石块黏合在一起，外面涂有水泥，非常坚硬，刀子几乎无法划伤它；在这上面我们还发现了底比斯阿蒙拉祭司学院（the priestly college of Amun-Ra at Thebes）椭圆形印章的印迹——一只蹲在九个俘虏身上的豺狼。我们拆除了这面墙，并着手清理通道，发现第一个门道附近也堆满了垃圾，距离天花板不到1米（3英尺），垃圾向另一端倾斜，直到距另一端的天花板近2米（6英尺）的空间。[15]

这种情况很奇特。似乎艾尔顿首先遇到的是古墓最后的封印，它相对完整，但显然并不完善，可能是在某些紧张的情况下进行的。还存在更早、更仔细的封印，表示该墓曾被正式关闭过一次，然后被打开，再被关闭。山谷中的这座新墓兴许至少有一部分没有被打扰过，人们的内心一定很激动。艾尔顿接下来的发现必定会加剧这种兴奋，但其实只会使情况更加混乱。废墟之上，距离在入口处几米远的地上：

有一个很大的木制物，形状类似于宽大的雪橇，上面覆盖着金箔，每侧都有一行铭文。它上面有一扇木门，铜制的转轴还在原处；这扇门上也覆盖着金箔，并饰有女王崇拜太阳盘场景的浅浮雕。木质物和木门上都有石灰石的碎片，这些碎片损害了金箔。当我们检查金箔时，发现了著名的蒂耶王后的王名框。[16]

艾尔顿和他的同事们从这里继续进入一个"大的长方形房间"，这个房间似乎"处于完全混乱的状态"。他们看到了同样的镀金木质物的更多部分，看到了一些小盒子，右侧墙上的壁龛中的卡诺皮克罐，以及最重要的东西——一具覆盖着金箔并镶嵌着红玉髓和玻璃的木质棺椁（见彩色插图 viii），它有些部分被打破了，露出了里面戴着金冠的木乃伊的头。令人痛惜的是，棺盖上铭文中央本来写有死者姓名的王名框已被小心翼翼地完全抹去。这个人的脸是用黄金重新制作的，但也几乎被完全去除了，只剩下一小部分眉毛和右眼，并露出了下面普普通通的木质表面。这是谁的脸？

根据艾尔顿的描述，之后的工作暂停了，以便在不移动任何东西的情况下对目前的状况和发现的物品进行拍照记录。[17]

……现在我们把木乃伊从棺椁里清理出来，发现那是个身材矮小的人，头和手都很精致……我轻轻地碰了一下他的一颗门牙（有 3000 年的历史），唉！它掉进了灰尘里，由此可见，这具木乃伊是无法保存的……然后我们摘下了金冠，并试图揭开包裹尸体的木乃伊裹布，但当我揭开一小段时，

KV55：艾尔顿找到的棺椁

裹布就变成了一团黑色，露出了肋骨。然后我们发现了一条
漂亮的项链……随后木乃伊的裹布被完全揭开，露出了骨头。
于是，我决定让刚好在国王谷的两位外科医生对其进行检查
和报告。他们友好地做了检查，并报告说，骨盆明显属于一
位女性。[18]

这样看情况似乎很简单。这就是蒂耶的遗体，她的名字一开
始就被观察到了。然而，正如戴维斯本人在同一段文字中所记录
的那样，"骨骸"（木乃伊已被去除）被送到著名的解剖学家、开
罗大学医学院解剖学教授格拉夫顿·埃利奥特·史密斯（Grafton
Elliot Smith）那里进行更详细的检查，史密斯教授宣布这些骨头

属于一名男性，因此不是蒂耶王后。

带有阿肯那顿和图坦卡蒙名字的铭文也出现了。后者的铭文仅出现于零碎的泥封，泥封并不是葬具，只是与放置葬具的行为有关。然而，阿肯那顿的名字却出现在随葬品上。事实上，那具被去除了王名框和脸部的棺椁上即使没有阿肯那顿的名字，也刻有他的王衔。

这一发现对埃及学家们来说，有着经久不衰的魅力。戴维斯的书中包含了他本人和艾尔顿对事件的简要描述，其标题颇具挑衅性，叫作《蒂耶王后墓》(*The Tomb of Queen Tiyi*)，但即使是戴维斯也打算在他自己的报告中承认，墓室中发现的尸体并不是这位著名的王后。他和艾尔顿发现的东西明显处于非常混乱和脆弱的状态，十分考验发掘者的技能。事后看来，如果能像现代法医对待谋杀案现场那样对待它，最好是什么都不动，甚至不碰，直到记录下各方面的情况，那就再好不过了。艾尔顿、戴维斯和他们的团队无可避免地扰乱了古墓，他们在一个不熟悉的空间里蹒跚而行，到处都是各种残骸，只能依靠灯光照明。所有"侵入性"的考古工作，无论是发掘还是"清理"，都具有一定程度的破坏性：在最好的情况下，它将考古学家试图恢复的材料从环境中分离；而在最坏的情况下，这些材料可能非常脆弱，任何试图移动它的行为都会导致其完全被破坏，正如戴维斯对木乃伊的一颗牙齿所做的那样。然而，人们不禁要问，如果发掘者耐心一些，施以更多的爱护，我们还能从中得到更多的什么吗？不过，即便发掘和清理工作存在缺陷，记录过程和随后的报告还是为埃及学家提供了肥沃的土壤；他们想要用比最初的发掘者更多的细节重现在墓中发现的情况，并反过来重建古代事件发生

KV55 的神龛中的一块镀金木板，描绘了蒂耶王后接受阿顿神的恩惠之光

的顺序。

　　墓穴似乎先被封住，之后打开，然后又被封住。蒂耶王后
的神龛被发现时，已经处于拆除状态，分成几部分散落在墓室
中。有些部分留在主室，但其他部分落在下行的入口通道中，

就是它被密封的地方。有一种说法是，当陵墓被重新打开时，有人曾试图将其移走，但因为原来的封堵物和堆积的碎石使得陵墓开口比最初被封时窄，神龛无法从开口处穿过，所以被丢弃了。除此之外，许多物品都没有被扰乱的迹象，似乎或多或少都被有意留在了埋葬之初它们所处的位置上。果真如此的话，那么神龛最初会被放在墓室的中央，而棺椁则被放在一边（被发现的位置）。[19] 有人认为，神龛的存在表明蒂耶的遗体原来也在墓中。[20]

卡诺皮克罐的原主人似乎是阿肯那顿的第二任妻子基娅（Kiya），罐子上雕刻着漂亮的人头形状，戴着精致的假发（见彩色插图 viii），有人认为，这套棺椁最初也是为她准备的。然而似乎又为一位国王重新制作过，这位国王就是阿肯那顿；[21] 尽管棺椁上的铭文已经被抹掉了，没有提到他的名字，却含有他的别称。此外，至少有两块魔法砖上刻有"奥西里斯·尼弗尔赫普鲁尔"（Osiris Neferkheperure），这个名字一定属于阿肯那顿，因为他是唯一拥有这个名字（他的王位名）的国王。[22]

根据墓中的情况，棺椁中的男性木乃伊似乎最有可能是阿肯那顿，且这个异教徒是在图坦卡蒙的命令下葬于此墓的；墓中发现了印有图坦卡蒙名字的印章，表示由他负责存放。这似乎是有道理的，特别是如果图坦卡蒙是阿肯那顿的儿子（见第 133 页）。这种解释的问题在于，大多数检查过 KV55 木乃伊遗体的解剖学家都认为他是一个 20 多岁的人，而阿肯那顿统治了大约 17 年，从他在位的最初几年就产生出一波又一波的创造性活动，所以他登上王位时肯定不是婴儿，死亡时也必定年纪更大。唯一一位可能符合此类情况的王室男性是阿肯那顿的共同执政者斯门卡雷，但几乎没有任何东西可以将墓中的材料与该国王联系起来。

墓中发现的一些材料的近期历史比较有趣。KV55 中发现的棺椁内有几张脱落自严重腐烂的木材的金箔，被单独存放在开罗的埃及博物馆中。但金箔后来不见了，在 20 世纪 80 年代又重新出现在艺术市场，然后被德国两家博物馆购入。金箔覆盖的原始棺的板材，如今已经消失了，修复时用有机玻璃替代，棺椁于 2001 年被送回埃及，同时被送回的还有曾经附在棺盖上的碎片。长期以来，一直有传言说其中一块碎片上保存着斯门卡雷的王名框遗迹，尽管从未得到证实。2016 年，有报道称，一个研究棺盖碎片的项目正在进行中，这让人们猜测，传言可能从此被证实，[23] 但在本书撰写时，依然没有任何结论。

图坦卡蒙墓中重复使用的材料

在本章开始时，我们说过，在一件事情上，我们对阿玛尔纳王室是完全确定的，即图坦卡蒙被埋葬在 KV62。虽然这是事实，但即使在这里，情况也不像第一眼看上去那么简单。墓中发现的物品上的铭文中还出现了其他王室成员的名字。带有一个国王名字的物品出现在另一位国王的葬具中并不罕见，但这里的情况有些不同。

这一部分的故事要从霍华德·卡特在 KV62 中发现的一个箱子说起。这个箱子上刻着三个王室成员的名字：阿肯那顿、安克赫普雷尔 – 爱 – 尼弗尔赫普鲁尔·奈费尔内费鲁阿顿 – 爱 – 韦因雷（Ankhkheperure–mery–Neferkheperure Neferneferuaten–mery–

Waenre）和梅里塔顿。埃及学家很熟悉第一个和最后一个名字，但另一个人是谁？谁是尼弗尔赫普鲁尔和韦因雷（均为阿肯那顿的名）的"爱"（mery）？[24] 珀西·纽伯里（Percy Newberry）在1928 年得出的结论是，这个安克赫普雷尔与梅尔伊尔二世墓中描绘的安克赫普雷尔·斯门卡雷 – 杰塞尔克赫佩鲁是同一个人，就在梅里塔顿旁边，是阿肯那顿的大王后（见第 98 页）。两个安克赫普雷尔王位名相符，箱子上的名字写在梅里塔顿之前，因为她是阿肯那顿的妻子。[25]

一切似乎都很简单。但在 20 世纪 70 年代，英国埃及学家约翰·哈里斯（John Harris）注意到，安克赫普雷尔这个名字的较长版本通常包括圣书体文字符号"t"，用于将名字女性化，因此他认为这是个女性的名字。那么斯门卡雷是一位女性吗？哈里斯认为是的，她是一位女性，而且不是别人，正是娜芙蒂蒂。众所周知，娜芙蒂蒂也曾使用过奈费尔内费鲁阿顿这个名字，就像卡特发现的箱子上一样，这个名字与她更有名的名字放在一起。

最后，詹姆斯·P. 艾伦（James P. Allen）在 1988 年发表的一篇论文中指出，斯门卡雷和奈费尔内费鲁阿顿根本不是同一个人。[26] 前者是男性，解决了他在梅尔伊尔二世墓中显示为男性并有一位大王后的问题，而后者则肯定是女性。1998 年，通过马克·加博尔德的观察，奈费尔内费鲁阿顿的名字后面经常有"支持她丈夫"的修饰语，进一步肯定了她是女性。关于奈费尔内费鲁阿顿到底是这一时期的哪位王室女性的争论仍在继续，但围绕着她是娜芙蒂蒂这一观点似乎正在形成共识。这个人没有任何其他名字为我们所知，也不会被认成当时其他著名的王室女性，虽然我们不排除这种可能性，但也没有充分的理由去追究这种说法。在我们知道的那些人中，也许应该考虑最知名的几位——娜芙蒂蒂和王室女儿们。在后者中，排除梅里塔顿，因为她的名字也出现在卡特发现的盒子上，表明她们不是同一个人。阿肯那顿的第二个女儿梅克塔顿很年轻时就死在阿玛尔纳，并且以这个名字被埋葬，当然，似乎也没有像奈费尔内费鲁阿顿那样拥有王权。安克西纳蒙在后来的故事中作为图坦卡蒙的大王后出现，我们没有理由认为她有另一种身份。其余的女儿则不太出名，而且可能更年轻。有一位女儿叫奈费尔内费鲁阿顿－塔舍里特，名字恰好相配，艾伦认为她可能成了法老奈费尔内费鲁阿顿。然而，无论是奈费尔内费鲁阿顿－塔舍里特，还是其他任何一个女儿，都没有像奈费尔内费鲁阿顿·娜芙蒂蒂那样地位突出。

　　许多年来，似乎没有证据表明梅克塔顿死后，阿玛尔纳王室墓葬中还有关于娜芙蒂蒂的描绘。一般认为这发生在阿肯那顿 14 年左右，也就是国王本人去世的前几年，即在位的第 17 年。[27] 当时她是否失去了地位？或者死亡？如果是的话，这似乎不利于她在丈夫死后以安克赫普雷尔·奈费尔内费鲁阿顿（Ankhkheperure Neferneferuaten）的身份统治王国。然而，最近在阿玛尔纳附近的一个采石场发现了一段铭文，位于一个叫戴尔阿布欣尼斯（Dayr Abu Hinnis）的遗址。铭文中包括阿肯那顿 16 年的一个日期，并提到了"伟大的国王的妻子，他的爱人，两地的女主人，奈费尔内费鲁阿顿·娜芙蒂蒂"。因此，她在阿肯那顿统治末期还活着，而且显然仍是阿肯那顿世界中的主要女性角色，铭文没有提到斯门卡雷、梅里塔顿或其他任何人。[28] 注意，娜芙蒂蒂在

霍华德·卡特在 KV62 发现的一个木箱的表面，上面刻有三个王室成员的名字：阿肯那顿、安克赫普雷尔－爱－尼弗尔赫普鲁尔·奈费尔内费鲁阿顿－爱－韦因雷、梅里塔顿

这里被称为“奈费尔内费鲁阿顿·娜芙蒂蒂”，因此她似乎很有可能就是安克赫普雷尔·奈费尔内费鲁阿顿。

116 图坦卡蒙墓中出现的其他王室成员的名字是有据可查的，而墓中发现的一些材料最初是为其他一个或多个王室成员准备的，这一观点被接受已有相当长一段时间。然而，近年来，不少葬具归奈费尔内费鲁阿顿专属的证据一直在增加，如今埃及学家尼古拉斯·里夫斯（Nicholas Reeves）将这一想法向前推进了一步，他提出了一个启示性的理论，即图坦卡蒙的死亡面具——也许是现存的最具代表性的古埃及物品，本身可能也是为奈费尔内费鲁阿顿制作的（见彩色插图 xiii）。多年来，里夫斯依据不同类型的证据，一直在为这一观点辩护：脸部似乎是与面具的其他部分分

图坦卡蒙木乃伊上的一个镶嵌带的底部，上面刻有安克赫普雷尔·奈费尔内费鲁阿顿的王名框（左边）

开建模的，耳朵部位显示，它们起初是用来装耳环的，所以应该属于女性。[29] 此外，木乃伊的装饰品（包括一个圣甲虫和装饰性侧带）属于奈费尔内费鲁阿顿·娜芙蒂蒂，棺椁亦如此。[30] 最后，在 2015 年，里夫斯仔细检查了刻在黄金面具上的铭文后发现，图坦卡蒙的王名框是加在之前的名字之上的。之前的痕迹几乎看不出来，但已被确认为"安克赫普雷尔–爱–尼弗尔赫普鲁尔"，即法老奈费尔内费鲁阿顿

的王位名。[31] 里夫斯现在认为，KV62 中的绝大部分葬具起初是为奈费尔内费鲁阿顿制作的。

KV62 中的隐藏墓室

在许多方面，这些细节和新的结论都只是为 2015 年夏天一个更加轰动的故事提供背景，这个故事撩拨着人们的想象。里夫斯博士在网上发表了一篇论文，文中提出了一个理论，即图坦卡蒙墓中可能还有隐藏的墓室，位于当时认为是坚固的基岩墙后面，

这些墓室被古埃及人故意隐藏起来，以防有人进入。

这个迷人的想法始于里夫斯对图坦卡蒙墓的一些高分辨率照片的检验，照片是事实艺术公司（Factum Arte）的保护团队在建造图坦卡蒙墓复制品时拍摄的，他们以数字化方式去掉了墓室墙壁上的彩绘装饰，以便检验底下的墙表面。粗略看去，这些表面完全是平坦的，但照片显示的却是更为复杂的情况：墙面上遍布着不平整的、有瑕疵的和异乎寻常的地方。然而即使如此，在未经训练的人看来，这些情况可能并不值得关注。但里夫斯博士注意到，某些标记似乎是用来界定线条的，特别是墓室两面墙的某些部分：一个在西墙的右下角，另一个在北墙的底部，距离右边不远。里夫斯认为这些痕迹是隐蔽门洞的轮廓。

里夫斯的学术论文可以在网上免费查阅。在论文中，他提出了门洞存在和被隐藏的理由。西墙的门洞差不多对着通往墓室外的较小房间的入口，这个房间是由霍华德·卡特发现的，他称之为"财宝库"（the Treasury）。许多保存最好的东西都是在这个储藏室发现的，包括豺狼神龛和卡诺皮克箱。里夫斯的建议是，他猜想的西墙的隐蔽门洞会通向一个类似的储藏室，估计里面会有更多的"奇妙的东西"[32]。

然而，更有说服力的是北墙外面的问题。如果从整体上看，这个门洞似乎"偏离了中心"，靠墙右侧，这也许与埃及人看重对称性的品位不符。然而，从通往墓室的前厅来看，情况就有些不同了。前厅和墓室之间没有门[33]；墓室是向左打开的，但右边的（东）墙是不间断的。如果忽略将墓室看作一个独立空间向左延伸，而想象左（西）、右（东）墙都不间断地向北墙延伸，那么北墙门洞似乎正好处于轴线的中心。

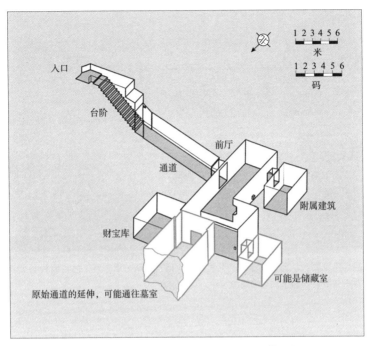

图坦卡蒙墓的平面图，展示了尼古拉斯·里夫斯提出的隐藏墓室

里夫斯认为，我们现在认为的前厅，即 KV62 中的第一个房间，最初可能是一条通道；而我们认为是图坦卡蒙的墓室的地方，是一个井室，在井室之外，走廊依然存在，只是被北墙掩盖，而北墙是一个掩盖后面东西的屏障。因此他认为 KV62 是一个比我们目前所知的更大的纪念碑，而且早于图坦卡蒙埋葬的时间。在这位年少的国王去世时，墓室被重新加工用以埋葬他。

里夫斯的提议引起了轰动，不仅仅是因为可以发现更多的东西，而且因为他更进一步、准确地提出了他认为会发现什么。他发表了一篇具有争议性的文章，仔细阐述了他的理论，文章名为

图坦卡蒙墓。从前厅向墓墙的北面拍摄。尼古拉斯·里夫斯认为墓墙后面可能有一条隐蔽的通道和更多墓室

"娜芙蒂蒂的墓葬？"。[34] 有些埃及学家认为这种吸引热度的说法不值得认真研究。但我们必须记住，埃及学作为一门学术学科，蓬勃发展的主要原因之一是它抓住了公众的想象。人们渴望阅读相关书籍、观看纪录片、参观展览，甚至想去埃及；他们常常会被这样的故事吸引：发现一些神奇的宝藏，或者解开一个谜团。我钦佩里夫斯接受了他研究中吸引热度的因素，尽管他一定知道有些同事不会接受，同时他将论点完整地呈现在一篇可免费查阅的学术论文中，允许世人对他的理论做出判断。

那里有什么吗？在写这篇文章的时候，我们还不知道。西墙的门洞或多或少可以忽略不计。里夫斯本人认为，那只是一个与东墙的储藏室（财宝库）相呼应的储藏室，可能与前厅西墙南端的所谓"附属建筑"以及东墙南端的入口通道一起，构成纪念碑四角的四重房间。虽然如果有另一个塞满了卡特发现的那些东西的房间，它本身就会引起轰动，但里面可能只有更多同样的东西。

北墙的门洞则是另一回事。我们知道，掩盖通往更深基岩的房间入口是埃及人会做的事情。在图坦卡蒙之后不久上任的军事将领霍朗赫布（Horemheb）的墓中，就有明显的证据表明该墓的建造者试图用这样的手段来掩盖墓穴最里面的房间。在这种情况下，进入墓室的通道是一条下行通道，包括一段台阶，然后是一个斜坡、第二段台阶和第二个斜坡，通向一个装饰有国王和各种神灵场景的井室。竣工后，这里看起来就像是纪念碑的终点，后墙貌似是实心的，其表面覆盖着绘画装饰。然而，它实际上是一堵假墙，掩盖了一个有柱子的大厅、一条继续下行的通道，最后才是用于下葬的隔间。[35]

霍朗赫布墓的假墙遗迹

里夫斯博士在高分辨率照片上观察到的痕迹，可能只是上色前在表面做的准备工作不完善而产生的瑕疵。即使他是正确的，这些痕迹是有意义的，它们也可能与图坦卡蒙的墓室有关，虽然墓室在他下葬前就开始建造，但由于他的早逝，没有时间完工。但是，如果这些痕迹掩盖了更多的东西，那么似乎就不太可能再花大力气来掩盖通往北墙的更多储藏室；如果有什么东西被掩盖了，那就必定是非常特别的。里夫斯建议，如果我们现在认为KV62 的前厅是一条通道，那么它必定是王后墓的通道。原因有二：首先，墓室在入口通道的尽头右转方向，王室女性的墓室通常如此，但王室男性的墓室则一般都是向左转。其次，墓室中的装饰似乎被重新加工过，里夫斯认为它最初是为娜芙蒂蒂设计的，现在被标为图坦卡蒙的已故国王的形象实际上具备娜芙蒂蒂的特征，而现在被标为图坦卡蒙的继承人阿伊（Ay）的形象则与图坦卡蒙非常相似。[36] 里夫斯认为，当墓室改用来埋葬图坦卡蒙时，并没改变原有的人物形象，只是简单地更改了标注。

此外，里夫斯认为，这肯定是一座后来才改为国王陵墓的王后墓：如果前厅应被视为一条通道，它应该是一条宽阔的通道，能够容纳神龛的大木板，就是卡特在图坦卡蒙石棺周围发现的那种。很明显，有一位王后在第 18 王朝后期成为国王：安克赫普雷尔·奈费尔内费鲁阿顿，或称娜芙蒂蒂——她早期的名字。

里夫斯认为，娜芙蒂蒂在阿肯那顿统治后期，以安克赫普雷尔·奈费尔内费鲁阿顿的名字与阿肯那顿共同执政，并以这个名字制作了大量的陪葬品。[37] 阿肯那顿死后，共同执政的奈费尔内费鲁阿顿以安克赫普雷尔·斯门卡雷–杰塞尔克赫佩鲁这个名字成为唯一统治者，之前的葬具因不适合正式法老而被丢弃，后来重新用于图坦卡蒙，因为他的早逝决定了需要在短时间内配备王室葬礼的必备品。没有发现属于安克赫普雷尔·斯门卡雷－杰塞尔克赫佩鲁的陪葬品，是因为该墓至今仍完好且未被发现。

里夫斯的理论受到了一些批评，理由有很多。首先，有些人根本无法从事实艺术公司的照片里看到里夫斯认为存在门洞的任何证据。此外，还有人针对此后论证的各个方面提出了异议。里夫斯提出图坦卡蒙的墓室原本是一座早期陵墓的井室，似乎不太成立，因为"井室"大约只有 1 米（3 英尺）深，比人们预期的要浅得多。[38] 里夫斯认为，现在北墙上被标为图坦卡蒙和他的继任者阿伊的人物肖像，在风格上更接近已知的娜芙蒂蒂和图坦卡蒙的形象。然而，也有观点认为，北墙上图坦卡蒙国王的肖像实际上与其他已知的他的形象是一样的，阿伊亦是如此。[39]

最后，当然还有关于葬具的争论。如果娜芙蒂蒂／安克赫普雷尔·奈费尔内费鲁阿顿就是安克赫普雷尔·斯门卡雷－杰塞尔克赫佩鲁，并以最后一个名字作为正式法老死去，那么她被埋葬在底比斯是合理的[40]，也符合她的陵墓完好无损且尚未被发现这一论断。

然而，娜芙蒂蒂与斯门卡雷不是同一人的可能性更大。尽管里夫斯持相反观点[41]，但梅尔伊尔二世墓中的斯门卡雷似乎明显是一位男性，而且他统治时期的大部分证据只在阿玛尔纳发现[42]，这与他只在那里活动的观点是一致的，当时阿肯那顿的阿玛尔纳改革仍进行得如火如荼。梅尔伊尔墓中的场景是在阿肯那顿 12 年左右雕刻的，这表明了斯门卡雷作为阿肯那顿的共同统治者登上王位的时间点，而他在位期间的少量证据表明他并没有活很久。此处更倾向于这样的理论，即斯门卡雷可能是作为阿肯那顿的继承人而被任命为共同执政者，是他的死亡直接导致了娜芙蒂蒂地位的提升 [43]。

在这种设想下，娜芙蒂蒂以安克赫普雷尔·奈费尔内费鲁阿顿的身份死去，并以这个名字准备了一系列葬具，但随后又为图坦卡蒙重新制作，其原因我们还无法进行确凿的解释。图坦卡蒙在他的葬具准备妥当之前，就过早地意外死亡了，不得不征用先前准备好的其他葬具，而且由于奈费尔内费鲁阿顿的地位在此时已经下降，将她的葬具用于这一目的似乎是合理的。

这时，我们必须假设她的墓葬已被盗扰。一些葬具和一座单独的陵墓，连同她的木乃伊可能被留了下来，也可能还有待发现。然而，也有人认为至少她的遗体在许多年前就已经被发现了，在阿玛尔纳的王室墓葬、KV55 和图坦卡蒙的墓葬被发现之前。

KV35：王室木乃伊的储藏室

1898 年 3 月 8 日，维克托·洛雷特指导的国王谷发掘队在KV12 和 KV13 之间的悬崖上发现了一个人造的开口。第二天晚上，洛雷特与他的工头一起进入了墓穴。里面有一条下行的通道，沿途有一段台阶，通向一个井室。之后，洛雷特看到墓穴继续深入岩石，通向一个两层的大厅，角落里还有一段台阶。奇怪的是，这个房间最引人注目的是四艘木船（帆船）的模型，其中一艘上面躺着一具未被包裹的木乃伊，"景象可怕"。事实证明，这是陵墓中最初安葬的死者之一，盗贼们为了寻找裹布中的珠宝，将其遗体毁坏并扔到一边。对学者们来说，这是这一发现中最重要的部分的前奏。沿着台阶，洛雷特进入了下一个房间，这是一个由

一具精心包裹的动物木乃伊,绷带上有一幅长着
朱鹮头、戴着阿特夫王冠的托特坐像贴画

安杰伊·尼温斯基教授在探查他发掘的崖顶遗址

从安杰伊·尼温斯基教授的发掘现场向西俯瞰代尔巴里的门图霍特普二世·尼布赫泊特尔神庙。后来认为该神庙可能是阿博特莎草纸中提到的"花园的阿蒙霍特普之家"

尼温斯基教授和他的团队设计的用来将崖顶发掘的碎片输送到地面上的滑道

从空中俯瞰代尔巴里。哈特谢普苏特（右边，经全面修复）和门图霍特普二世·尼布赫泊特尔（左边）的神庙清晰可见。KV 39 就位于悬崖的山脊之外

卢克索博物馆中的阿蒙霍特普一世雕像的头部

阿蒙霍特普一世的棺椁，是在 TT320 中发现的王室墓园的一部分，现藏于开罗的埃及博物馆

在卡纳克发现的阿肯那顿的巨幅雕像之一，目前在卢克索博物馆展出

阿玛尔纳王室陵墓的
主要下行通道

阿玛尔纳王室陵墓
的主墓室

王室成员哀悼梅克塔顿之死的场景，位于阿玛尔纳王室墓中的伽马室

本书作者在开罗埃及博物馆检查修复的棺椁，该棺椁发掘于 KV55

在 KV55 中发现的卡诺皮克罐；头部展
示了阿肯那顿第二任妻子基娅的面貌

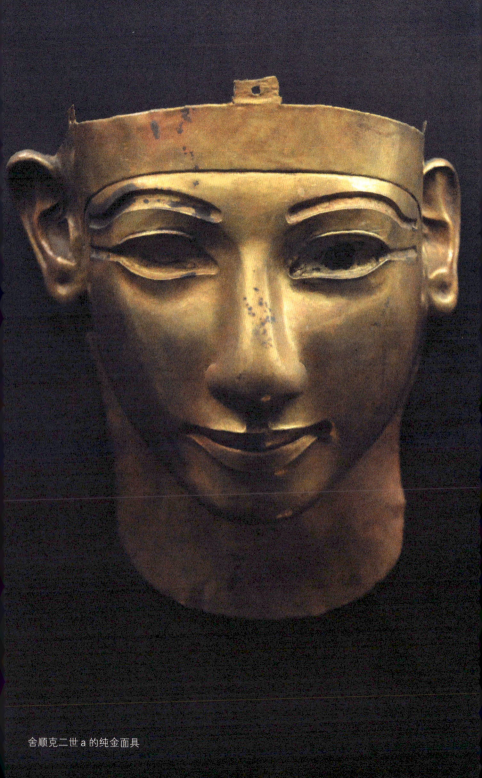

舍顺克二世 a 的纯金面具

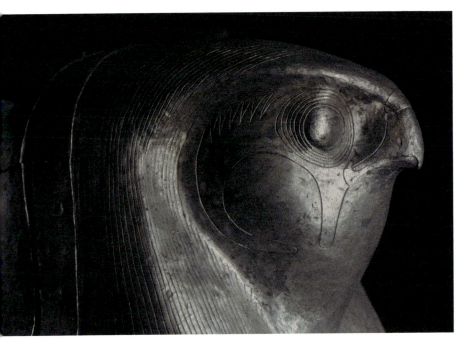

舍顺克二世 a 的银制鹰头棺材

为舍顺克三世准备的墓穴

塔克罗斯一世墓室内的装饰，其中有乌瑟玛
特·塞特佩纳蒙·奥索尔孔二世的王名框

现藏于开罗埃及博物馆的普苏森内斯一世的黄金面具

著名的图坦卡蒙面具

普苏森内斯一世的银棺椁

阿梅内莫佩特的丧葬面具

温杰巴恩杰德将军的面具

金银材质的帕塔，上面刻着四个年轻女孩在有着鱼、鸭子和荷花的水池中游泳的场景

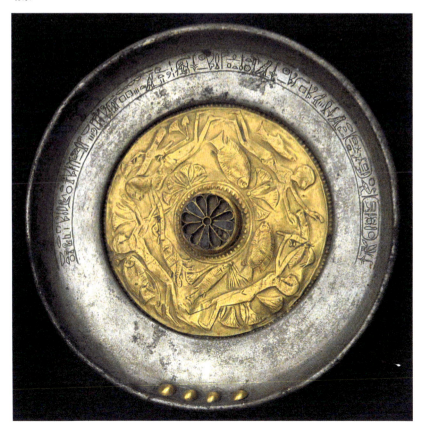

亚历山大作为埃及法老，向阿蒙神献上祭品。图像来自卢克索神庙中以亚历山大的名义建造的船圣祠
（ barque shrine ）

两排三根方形柱子组成的更大的大厅，上面装饰着《冥世之书》（*Book of Amduat*）中的场景，以及洛雷特上个月发现的类似于第18王朝图特摩斯三世墓中的简单棍状图形，《冥世之书》是一套为法老的墓葬准备的场景和文字，描述了来世会发现什么。在这里，这位法国人读出了这座陵墓所属的国王的名字——阿蒙霍特普二世，图特摩斯三世的儿子和继承人。在柱廊的尽头，一个下沉的墓室里有国王的石英石棺。四周的地板上到处都是破碎的葬具，石棺里有一具棺椁，棺头和棺脚的花环还在。洛雷特知道，阿蒙霍特普二世的木乃伊并不在著名的"王室墓园"（见第149—154页），该墓园在大约20年前被阿卜杜勒－拉苏尔（Abd er-Rassoul）兄弟拆除并部分洗劫。这是第一个在为法老设计的陵墓中发现的法老木乃伊。（尽管后来发现它曾在古代被盗扰，并替换到一个新的棺椁中，见第四章。）这是一个重大的发现，但还有更多发现，因为这不仅仅是埃及第18王朝一位伟大法老的墓葬。

四个侧室通向六层楼的大厅，每边两个。洛雷特依次探索了每个房间。在第一个侧室，即石棺左侧的下沉式墓室，他发现了一组大罐子，共30个；在第二个侧室，即进入柱廊时的左侧，他发现房间左侧的地板已经被清理干净，而右侧则留下了杂乱无章的破碎陪葬品。在第四个侧室，洛雷特发现了更多的木乃伊。这是另一个轰动性的发现，即第二批新王国王室木乃伊，包括图特摩斯四世、阿蒙霍特普三世、麦伦普塔赫（Merenptah）、塞蒂二世、西普塔（Siptah）、塞斯纳克特（Sethnakht），以及拉美西斯四世、五世、六世的遗体。

但在这之前，在进入柱廊后右侧的第一个房间里，他看到了一个奇特的景象：三具并排躺着、未被包裹的木乃伊。中间的是一位年幼的男性，可通过"少儿侧发"（sidelock of youth）[1] 来识别，众所周知，这是埃及图像学中象征童年的一种方式。在右边，一位剃光头的成年人被洛雷特误认为是年轻男性，其实是一位年轻的女性，现在被称为"年轻妇人"（Younger Lady）；而在左边，洛雷特面对的也许是古埃及最令人难忘的情景之一。一位老年妇女的木乃伊躺在一堆破布下面，布覆盖了一部分她本来没被包裹的身体。她的右手被扳掉了，只剩下左手横放在胸前，手的顶端就在她的喉咙下面，手指紧闭，拇指外露，好似紧紧攥着什么东

洛雷特在 KV35 发现的木乃伊群体；左为"老妇人"，右为"年轻女性"

[1] 也称为荷鲁斯发、王子发、公主发或者侧辫，古王国时期开始即为古埃及儿童所有，象征着佩戴者是奥西里斯神的合法继承人。在早期的形象中，侧发是帽子般的短发，后来通常是到肩长度的假发，有直发、卷发或一缕长发。

西来保护自己。她的脸被保存得非常好。她有一头"棕色的、波浪形的、光滑的头发"[44]，一块布盖住了她的头顶和大部分的左脸，使人觉得她在躲避什么。从照片上看，整体效果相当动人；这个姿势，以及亚麻布随意披在身上的样子，让人觉得是有生命力的，而对洛雷特来说，那张脸在灯光下一定颇为鲜活。

如果说像这样遇到古代的人还满足不了我们的好奇心，那么这两位女性的身份也许更让人感兴趣，而且这也是促使我们寻找古墓的一个重要因素。1978 年，被称为"老妇人"（Elder Lady）的木乃伊被"从埃及学、X 射线头颅测量学、生物统计学和生物化学的角度进行了检查"[45]。检查发现，她头发的化学成分与图坦卡蒙墓中发现的一具微型棺椁中的几缕头发成分相同。这些都是为蒂耶王后而刻的，因此有人认为"老妇人"就是王后本人，即阿蒙霍特普三世的妻子和阿肯纳顿的母亲。最近，根据 DNA

KV35 中发现的保存得异常完好的"老妇人"的面部

分析，证明这具木乃伊是非王室成员尤雅（Yuya）和修雅（Thuya）的女儿，这对夫妻的木乃伊由西奥多·戴维斯和詹姆斯·奎贝尔于 1905 年在国王谷的墓葬中发现。[46] 很久以来，从铭文中就知道他们是蒂耶王后的父母。综合这些证据，"老妇人"就是蒂耶王后几乎毋庸置疑。

2007—2009 年，扎西·哈瓦斯（Zahi Hawass）博士领导的团队开展了一个项目，从总共 16 具王室木乃伊中提取并分析 DNA，其中包括 11 具疑似与图坦卡蒙有关的木乃伊，试图确认或厘清彼此之间的关系。[47]

王室墓园祭司标注的阿蒙霍特普三世木乃伊，被确认为 K55 中木乃伊的父亲。[48] 此外，标有阿蒙霍特普三世的木乃伊和"老妇人"的 DNA 组合与 KV55 中的木乃伊完全匹配；因此他们很可能是 KV55 中那个人的父母。[49] 正如我们所看到的，这具木乃伊实际上只属于二者之一：阿蒙霍特普和蒂耶的儿子阿肯那顿，或斯门卡雷。许多人排除了阿肯那顿的可能性，理由是解剖学家认为这具遗体是一个 20 多岁的男性[50]，考虑到阿肯那顿在位 16 或 17 年，并从统治初期就开始了他的改革计划，那么他在死亡时至少是 30 多岁。然而有人对解剖学家的结论是否可靠表示怀疑。[51] 此外，艾尔顿和戴维斯发现的与木乃伊有关的陪葬品也非常有利于认定遗体是阿肯那顿的：卡诺皮克罐和棺椁似乎是为阿肯那顿刻的，即使它们最初是为其他人（可能是基娅）制作，魔法砖似乎也是为他制作的。对比来看，完全没有铭文 / 文字证据支持木乃伊属于斯门卡雷。[52] 而且最近对王室木乃伊的 CT 扫描表明，KV55 号木乃伊的年龄可能已经达到 40 岁，如果这一点是正确的，就可以消除以前的反对意见——这个人死时年龄不够大，不可能是阿肯纳顿。无论 KV55 中的人是谁，他都是图坦卡蒙的父亲。[53]

"年轻妇人"的身份仍然是很多人猜测的对象。2003 年，乔安·弗莱彻（Joann Fletcher）博士发现这具木乃伊属于娜芙蒂蒂。她不是第一个提出这种说法的人，但她的假设比以前的类似说法获得了更多的关注。弗莱彻认为，木乃伊的一只手臂以一种姿势弯曲，表明这是位王室成员；此外，其头骨前面的损伤应该是娜芙蒂蒂和其他参与阿肯那顿改革的人死后被施以诅咒（*damnatio memoriae*）的结果，她认为墓中发现的假发和木乃伊的耳洞与娜芙蒂蒂的形象一致。然而，这个说法绝非无懈可击。最近的 CT 扫描调查表明，两只手臂更可能是直的，脸部的损伤是死前造成的，该伤有可能是致死的原因，而不是死后的诅咒。[54]

最近的 DNA 研究在这方面有很大贡献。它表明，与 KV55 号木乃伊一样，"年轻妇人"也是阿蒙霍特普三世和"老妇人"的女儿。因此，她和 KV55 号木乃伊是亲兄妹，他们是图坦卡蒙的父母。王室内部兄弟姐妹之间缔结婚姻，是为了确保王室血统的纯洁，这并不罕见，因此这个结果并不令人惊讶。目前还不知道娜芙蒂蒂和基娅是否为阿蒙霍特普三世和蒂耶的女儿；这两种情况都没有被断然排除，一些研究这一时期的最重要的学者仍然认为"年轻妇人"最有可能是娜芙蒂蒂（在这种情况下，乔安·弗莱彻一直是正确的）[55]；但是，根据上述结论，阿肯那顿也可能与一位至今我们还不知道的妻子生下了图坦卡蒙。[56]

重建阿玛尔纳时期的结局

在所有证据的基础上，我们得以大致重新构建阿玛尔纳时期王室主要成员的死亡和埋葬历史。

梅克塔顿，阿肯那顿和娜芙蒂蒂的女儿，过早地去世了，被埋葬在 TA29 号墓中，该墓是阿肯那顿在位期间在阿玛尔纳为他自己准备的。阿肯那顿的母亲蒂耶也在他统治期间去世，几乎可以肯定被埋葬在同一座墓穴中。阿肯那顿本人死于他统治的第 17年，也按计划被埋葬在阿玛尔纳的王室陵墓中。在他死后，他的大王后娜芙蒂蒂继位，以安克赫普雷尔·奈费尔内费鲁阿顿的名义进行统治，实际上她可能曾与阿肯那顿共同执政，在她丈夫去世前几年就已经使用这个王号。娜芙蒂蒂也许是在图坦卡蒙之前或与图坦卡蒙同时在位。无论如何，娜芙蒂蒂先去世，在图坦卡蒙本人去世后，王位由神的父亲（一个祭司的头衔）阿伊继承，KV62 的装饰表明了这一点。图坦卡蒙在早逝之前，作为一名 17至 19 岁的年轻人，他曾监督将他的父亲阿肯那顿的遗体从阿玛尔纳移到底比斯，在 KV55 中重新安葬。阿肯那顿的母亲，也即图坦卡蒙的祖母蒂耶的部分陪葬品也被从阿玛尔纳运到底比斯；一些陪葬品最终放在了 KV55，但她的遗体则被安置在 KV35 的一个侧室里，身边几乎没有她最初应该享有的奢华葬礼相关的东西。图坦卡蒙去世后，为娜芙蒂蒂（作为安克赫普雷尔·奈费尔内费鲁阿顿）准备的大部分葬具被回收，用于他的葬礼。

问题仍然存在。许多人并不同意上述分析，但如果这些分析是正确的，我们现在就可以解释蒂耶和阿肯那顿的遗体，以及图坦卡蒙和他身份不明的母亲——"年轻妇人"。但是，即使这是对的，而且我们还假设当时的一些地位较低的王室成员，如梅里塔顿、梅克塔顿、甚至斯门卡雷，可能死后被埋葬在阿玛尔纳，从未被转移到底比斯，也永远不会被发现，那娜芙蒂蒂呢？我们

130

不禁要问，这个谜题是否会因为更多材料，甚至另一座古墓的发现而一劳永逸地得到解决。

图坦卡蒙墓中的雷达扫描

尼古拉斯·里夫斯的理论在埃及学界既受到质疑，也受到了积极的鼓励，在广大公众中也引起了极大的兴奋。在宣布后的几周内，似乎 KV62 中还有更多墓室有待发现的这一可能性即将得到证实。2015 年 11 月，日本雷达专家渡边博一（Hirokatsu Watanabe）对墓室的墙壁进行了雷达扫描。他似乎立即相信，扫描结果支持了里夫斯的理论，即墙壁后面不仅仅有坚实的基岩：

> 他扫到了里夫斯认为是被封锁的隔墙部分。"从这里开始有了变化。"渡边宣布。说完后，他研究了电脑屏幕上的多色条。"很明显，这是一个通往什么地方的入口，"他通过翻译说，"非常明显，这是个什么东西，它非常深。"他再次扫描了墙壁，确认了最初的读取。里夫斯问他是否想再做一轮，"我不需要，"渡边说，"这是很棒的数据。"[57]……对数据的初步分析是非常鼓舞人心的，它显示至少有两种材料：基岩和其他东西。"从坚实的基岩到非坚实的基岩，再到人工材料的过渡，似乎很直接，"里夫斯在谈到北墙时说，"这种过渡不是渐进的。有一条严格的、笔直的、垂直的线来界定，与天花板上的线完全对应。这似乎表明，前厅作为一条走廊继续穿过墓室，"他继续说，"雷达人员告诉我，我们也可以认识到，这个隔断后面有一个空隙。"[58]

据报道，渡边还发现了墙壁后面存在有机物和金属物。[59] 然而，几个月后，2016 年 4 月，《国家地理》杂志的电子工程师埃里克·贝肯帕斯（Eric Berkenpas）和机械工程师艾伦·图尔希克（Alan Turchik）进行了第二轮雷达扫描。他们的数据被送到美国和埃及的一系列专家那里进行独立分析，所有的人结论一致：墙壁后面什么都没有。专家之一迪安·古德曼（Dean Goodman）报告说：

> 如果有一个空隙，我们应该会收到强烈的反应……空隙确实不存在……雷达数据的读取往往是主观的……但在这个特殊的地方，它不是。在这样一个重要的地方，有明确的、令人信服的结果是很好的。[60]

这一分析得到了一些独立工作的专家的支持，使得第二轮雷达扫描结果比第一轮更有说服力。神秘的是，渡边拒绝公布他的数据。尽管如此，在撰写本书时，世界似乎还没有准备放弃在 KV62 中发现更多墓室的可能性；2017 年晚些时候，都灵理工大学（Polytechnic University of Turin）的弗朗科·波尔切利（Franco Porcelli）教授进行了第三次雷达调查，但结果还没有公布。

许多埃及学家从一开始就对接受里夫斯的理论感到犹豫不决，令他们犹豫的，如果不是关于 KV62 中存在未被发现的房间，那么就是关于在这些房间中可能发现的东西。里夫斯提出的法老安克赫普雷尔·奈费尔内费鲁阿顿葬礼所体现的那种地位，一些人认为娜芙蒂蒂从未达到过。但无论如何，里夫斯的观点似乎对埃及学和埃及都非常有益：它让人们感到兴奋，即使是最有疑心的专家也不能否认里夫斯的学术论文论据充足，表述清楚，并提供了大量的参考资料供进一步阅读。它还重现了关于阿玛尔纳王室成员的死亡和埋葬的无尽魅力与未解之谜，暗示如果不在KV62，则在山谷的其他地方，可能会发现更多的东西。

国王谷的近期和未来研究

霍华德·卡特在国王谷的伟大发现标志着在国王谷寻找更多墓葬的工作已经结束，在随后的几十年里，几乎没有对以前未发掘的地区进行过勘探。然而，进一步的工作已经展开，近年来又发现了一些"新"墓葬。图坦卡蒙的陵墓是在山谷中发现的第62座墓，现在又增加了第63和64号墓。

2006年，由奥托·沙登教授领导的最高文物委员会的阿蒙麦西斯（Amenmesse）项目发掘了KV63（见第26—28页）。该项目的重点实际上是KV10，即第19王朝第五位统治者阿蒙麦西斯的陵墓。沙登和他的团队打算彻底清理它，以澄清其历史。该项目小组已经在这座墓中工作了多年，并开始清理入口周围的区域以寻找相关的陪葬品，这时他们发现了一片工匠的小屋，小屋下面是一层干净的、未被破坏的石灰岩碎屑。[61] 在这层碎屑下面，该小组发现了一个5米（16英尺）深的井室，井室通往一个门洞，门洞里有一间简单的L形墓室。墓中有7具木制棺椁，其中5具沿左墙并排堆放，一具在他们的脚下，另一具则横放在四排棺椁的顶端，即头部那一端。墓穴墙壁上没有任何装饰，棺椁里没有任何木乃伊；相反，这些东西和28个储存罐里都有与防腐过程相关的各种材料。棺椁的风格特点表明是在第 18 王朝末期，而且现在看来，这些留下来的物品很可能是埋葬图坦卡蒙时使用的葬具。[62]

鉴于我们对国王谷中类似葬具的使用、重复使用、移除和重新埋葬的情况已经有所了解，人们可能会问，我们如何知道第 18 王朝末期制造的材料也是在这一时期被埋葬的？由于斯蒂芬·克罗斯（Stephen Cross）近年来所做的一些出色的勘查工作，我们现在几乎可以肯定，情况就是这样的。克罗斯非常了解埃及学，但他的专业是地质学，这是大多数埃及学家所不具备的专业知识。他仔细审查了艾尔顿、戴维斯、卡特和其他在这一地区进行发掘的人的报告，并开始实地走访山谷本身，以建立一幅山谷原始自然景观演变，以及自它首次被使用以来发生的人为和自然事件的画面。[63] KV55、KV62（图坦卡蒙墓）和 KV63 都是在山谷中央地区的基岩地面上开凿的，是该地区已知最早的墓葬之一。它们还位于从山中高处下来的几条边沟的汇合点上。我们很早就知道，尼罗河谷不时受到毁灭性的山洪袭击，这些洪水是由雨水形成的，当它从西边的山开始向尼罗河谷地的低处流动时，水量和动力不断增加，洪水携带着石灰石碎屑和其他碎片奔流而下。这些沉积物有时会冲进国王谷的墓穴，对其内部造成破坏。古埃及人意识到了这一点，并采取了各种措施，以确保国王的墓葬能够经受住这种事件。这些碎片虽然具有破坏性，但也有其用处：当它们干燥后，在山谷的地层中形成了一个独特的考古层，这对于像克罗斯这样的地质学家来说，是一个非常明显的信号，即在山谷的一系列事件中的某个特定点曾遭受过洪水。

当然，众所周知，图坦卡蒙的墓葬自古以来就没有被破坏过，而山谷中的其他大多数墓葬都被盗掘得一干二净，其中一些甚至自古以来就处于开放状态，任何进入该地区的人都可以随意进出其中。克罗斯指出，洪水似乎发生在 KV62 被封存之后，在洪水沉积物顶部的工匠小屋建造之前，在拉美西斯时期的一小段时间之内。此外，在陵墓入口上方和洪水层下方没有风积沙的沉积层，而风积沙在这一地区堆积得非常快，这表明从封存墓穴到发生洪水之间的时间非常短。洪水事件在山谷的中心区域沉积了大约 1 米（3 英尺）深的冲积层，不仅完全掩盖了 KV62，而且还将 KV55 和 KV63 掩盖在一层厚厚的、难以穿透的碎岩屑层之下。 134
这使任何人都难以找到它们，更不用说进入其中。这就解释了为什么图坦卡蒙的陵墓和 KV63 从未被掠夺；也说明 KV55 中明显的骚乱非常可能发生在洪水事件之前，即图坦卡蒙死后不久。对我们的调查来说，最有趣的也许是山谷的这一部分，我们知道它在第 18 王朝末期被用来建造陵墓，我们现在也知道它被克罗斯发现的山洪完全掩盖，但它又从未被完全发掘过。

两个新的发掘项目

近年来，有两个项目一直活跃在这一地区，其明确目标是发掘阿玛尔纳王室的墓葬。第一个项目被命名为阿玛尔纳王室陵墓项目（Amarna Royal Tombs Project，简称 ARTP），由杰弗里 · 马丁教授和尼古拉斯 · 里夫斯博士领导，于 1998—2002 年在谷地工作。[64] 项目成员被吸引到靠近 KV58 的一个侧谷地周围进行发掘，KV58 是一座简单的墓，里面有一个没有装饰的墓室，其中发现了写有图坦卡蒙和阿伊的名字的金箔。[65] 他们在这个地区只发现了第 20 王朝的涂画，记录的是古代对墓葬的检查，但没有发现墓穴。发掘过程中，团队发现了工匠的小屋，这些小屋之前曾被艾尔顿指出，但没有被发掘出来。ARTP 完成了这项发掘，对该地区小屋的建造顺序有了重要的了解，在其中最低的（即最早的）小屋下发现了第 18 王朝的文物。该项目还对山谷进行了地面穿透雷达测量，发现了一个异常点，后来证实是 KV63。

第二个项目从 2007 年开始，由扎西·哈瓦斯博士领导的最高文物委员会考察队对山谷的两个部分进行了清理，一直清到基岩部分，也是中心区域。第一个部分是通向 KV8 的侧谷，即第 19 王朝法老麦伦普塔赫的陵墓。在这里，我们发现了一些人类活动的证据，包括一个从未完成的陵墓的起始部分，但除此之外没有其他发现。[66] 在任何参观过山谷的人都会知道的餐馆前侧的区域，第二条探沟被打开了。艾尔顿在这一地区发现了另一片工匠的小屋，但不确定他是否将这些小屋发掘到了基岩。[67] 同时进行的遥感工作表明，在 KV62 正对面的区域，岩石下可能存在一条通道。[68] 然而，考察队试图终结这个问题，他们得出结论：“在尼古拉斯·里夫斯和 ARTP 项目确认的，经雷达显示异常的区域，或者说在斯蒂芬·克罗斯和 L. 平奇 – 布罗克（L.Pinch–Brock）所提到的位置，没有发现陵墓。”[69]

未来的发现？

尽管如此，这支考察队显然还没有完成工作。它的最新报告最后列出了“项目的未来目标”，其中包括继续在 KV55 的西南方向进行发掘，与餐馆的一侧平行，并开始或继续在国王谷的其他九个地方进行调查，其中几个地方位于餐馆周围的中心区域。[70]

这一时期的部分学者仍然对一个或多个墓葬有待发现的可能性持开放态度。在山谷被完全发掘之前，这种可能性将继续吸引着人们的想象。霍华德·卡特也在进行对山谷的发掘，只是他当时忙于 KV62 的发现，无暇同时顾及。谷地主要的东部分支有三个区域，西部也有一个区域，那里埋葬着阿玛尔纳王室前后的法老——阿蒙霍特普三世和阿伊（后者墓中的 12 只狒狒形象使西部谷地在当地被称为"猴子谷"）的陵墓，但这些地方还没有被发掘出来。在它们被发掘出来之前，许多学者仍然相信，娜芙蒂蒂等古代世界最著名的一些人的陵墓仍有待被发现。

第四章

赫里霍尔之墓：一座"让图坦卡蒙墓看起来像伍尔沃斯超市"的古墓？

新王国的最后一个王朝——第 20 王朝的崩溃，开启了埃及历史上最迷人的时期之一。早在第 19 王朝拉美西斯二世统治时期，埃及首都就从孟菲斯迁到了三角洲东北部的一座新城市皮拉美西斯（Pi–Ramesse）。拉美西斯的家族来自这个地区，但更重要的是，这个地方更接近埃及与它在黎凡特（Levant）附庸国的边界，而它的近东对手赫梯帝国（Hittite Empire）也渴望控制这片领土。第 20 王朝期间，随着埃及王室的影响力开始减弱，其对埃及南部地区的控制变得松动起来，底比斯卡纳克神庙的神职人员的权力相应地上升了，这不仅在宗教方面具有重要意义，在经济方面亦是如此，而且由于其对资源——人力、农业用地、建筑材料等的控制，在政治上也具有重要意义。在拉美西斯九世统治时期，也就是第 20 王朝末期，卡纳克神庙的阿蒙首席祭司阿蒙霍特普在神庙的浮雕中，大小比例与国王相同，表明两者之间的地位空前平等。[1]

那些年里，底比斯反复遭受利比亚人（Libyans）的群体入侵，骚乱不断，经济状况持续恶化，因此，侵袭和盗墓事件层出

不穷。在拉美西斯十世统治的 10 年内，这种纷争一直存在，持

续到拉美西斯十一世，而且似乎还在恶化。在拉美西斯十一世第
12 年或之前的某一时刻，努比亚总督、埃及南部领土的国王副手
帕尼希（Panehsy）来到底比斯，要恢复城市秩序，但当时的经济
状况使他难以养活军队，因此他要求担任粮仓监督员。这一要求
使他与首席祭司阿蒙霍特普发生了冲突，后者在其他方面保持着
对仓库的控制。阿蒙霍特普一度被帕尼希围困在梅迪内特哈布神
庙建筑群中，并向国王求救。帕尼希开始向北进军，洗劫了上埃
及的哈尔代（Hardai）镇，甚至可能到达更北的地方，但最终被
国王的一支军队逼回了努比亚，这支军队可能由一位名叫帕扬克
（Payankh）的将军领导。[2] 帕扬克后来接任了帕尼希的一系列头衔，
包括努比亚总督、维齐（vizier，该国最高的非王室职位）等，并
在阿蒙霍特普死后成为阿蒙首席祭司。

因此，所有最重要的上埃及头衔都集中在了一个人身上，帕
扬克的"政变"带来了一个被称为复兴（wehem mesut）的新时代，
这个词的意思是"再出生"，象征着一个新时代的开始（有时被
埃及学家称为"文艺复兴"）。[3] 这个时期似乎始于拉美西斯十一
世统治的第 19 年左右，底比斯事件现在将被归入新时代——"复
兴的第 1 年"，如此这些，与北方法老并无关联。

南方复兴时期的开始标志着第 20 王朝法老中央权力的结束，
尽管拉美西斯十一世还将继续统治 17 年左右，但其北方基地此
时一定显得越来越遥远。在此期间，另一位关键人物出现了：一
位名叫斯门德斯（Smendes）的三角洲官员控制了北方，因此与
南方的帕扬克平起平坐。[4] 随着拉美西斯十一世在其第 29 个统治
年（约公元前 1069 年）的去世，第 20 王朝的国王系列也宣告结束，
因此埃及被北方的第 21 王朝新系法老斯门德斯和南方的阿蒙首

席祭司帕扬克分割。

赫里霍尔和成为"国王"的祭司们

上下埃及的统治者们以底比斯为基地，权势强大，下一位统治者将他的权力又向前推进了一步。赫里霍尔是作为拉美西斯十一世手下的一名军事指挥官而崭露头角的，但他逐渐拥有了更多的头衔，尤其是阿蒙首席祭司和宰相（这一头衔在历史上是由国王宫廷中的主要行政官员持有的，持有者可以控制司法机构），这使得他和之前的帕扬克一样，控制了上埃及所有的主要行政领域——军队、主要神庙、经济和法律事务。他的妻子诺德杰梅特（Nodjmet）可能是拉美西斯十一世的女儿，这意味着赫里霍尔和北方的王朝之间存在着互利的关系。最重要的是，当赫里霍尔接任帕扬克时[5]，打破了惯例。尽管他没有王室血统，而且在北方有一位法老的前提下，他自己还是采用了一些国王装束。他把自己的名字和祭司长的头衔放在一个王名框里[6]——之前这是法老最重要和最独特的特权之一，王名框里包含了国王出生和加冕的名字，意味着埃及至高的权力和地位。因此，赫里霍尔采用这个王名框时表明，即使他自己不是国王，也不可能成为国王，因为另一位法老（他至少在某一时期与之结盟）仍然存在，他作为阿蒙首席祭司这一角色，赋予了自己等同于国王的权力。这是埃及历史上的一个分水岭，除既定法老之外的人宣布自己拥有同等的权力，他开创了这一先例，接下来还将不时出现，至少到第26王朝才停止。在第21王朝时期，继赫里霍尔之后，又有两位祭司长，即卡赫佩雷·塞特佩纳蒙·皮努杰姆一世（Khakheperre

卡纳克的孔苏神庙第一庭院的浮雕，展示的是赫里霍尔向阿蒙献祭

Setepenamun Pinudjem I）和门赫佩雷（Menkheperre）。[7]这与埃及人的传统世界观区别很大，在他们看来，只有法老才是一切的中心，是人与神之间的唯一沟通者。赫里霍尔表明，这种与神联系的特权如今也在他的掌握之中，他经常被描绘在卡纳克的孔苏（Khonsu）神庙的大厅里，与阿蒙拉神直接交流。其含义似乎很清楚：赫里霍尔和他的继任者作为首席祭司（以及重要的是，"军队指挥官"的称号[8]）享有与法老同等的地位。我们将在下一章中看到这样的权势动荡——国家中央权力的崩溃，对随后一段时间内法老的埋葬意味着什么。在本章，我们将研究他们中的第一位——赫里霍尔，他的埋葬仍然是一个谜。

新王国末期的国王谷

正如我们所看到的，国王谷可能是由阿蒙霍特普一世开创的，一直到新王国末期都作为王室墓地使用（阿玛尔纳时期除外），而且第20王朝的一些统治者的陵墓是国王谷中规模最大、装饰最豪华的。然而到了王朝末期，统治者的在位时间越来越短，这也反映在墓葬的质量上。有一座特别精致的陵墓，KV9，被用来埋葬拉美西斯六世，尽管它是为拉美西斯五世准备的，但拉美西斯五世只在位4年，陵墓也未被发现。拉美西斯七世同样只在位了很短的时间——7年，他的陵墓明显比前辈们要小。拉美西斯八世在位时间非常短，没有陵墓，甚至没有任何葬具，他的墓仍有待发现——这并非不可能，也许在他死的时候，陵墓建得还不够大，如果他被葬在那里，也不会在山谷中留下实质性的痕迹。他的继任者拉美西斯九世、十世和十一世保持了在山谷中埋葬的传统，但他们的陵墓（分别为 KV6、KV18 和 KV4）从未完工，只有拉美西斯九世的陵墓似乎被用于埋葬。至于拉美西斯十世和十一世，即使在王室木乃伊的墓园也没有任何痕迹；因此，与拉美西斯七世一样，他们是否被埋葬在底比斯，我们仍然不得而知。

总的来说，在国王谷埋葬法老的行为在减少，这种趋势与当时底比斯和王室在同一时期遇到的麻烦是一致的。似乎有几个方面的原因，首要的原因是外国入侵的持续威胁。第 20 王朝的第二任法老拉美西斯二世，在他位于梅迪内特哈布的纪念庙中装饰了大量的场景，记录了他在位第 5 年和第 11 年对抗来自现代利比亚地区群体入侵者取得的胜利，入侵者包括利布人（Libu）、梅斯韦什人（Meshwesh）和塞佩德人（Seped）等群体。在第 8 年，他与"海族"（Sea Peoples）交战并击败了他们。"海族"是一个由航海的外国人组成的联盟，这一时期，他们在三角洲地区骚扰着地中海的沿海聚落。然而，"胜利"并没有结束威胁，到拉美西斯五世时，代尔梅迪那村忙于切凿和装饰国王谷中王室陵墓的工匠们不得不暂停工作，因为他们"害怕敌人"[9]，推测是害怕更多的利比亚入侵者。几十年后，在拉美西斯十世统治时期，记录这些工匠活动的"墓园日志"（necropolis journal）表明，他们大部分时间都是空闲的，部分原因是利比亚人带来的持续威胁。[10]

对法老统治地位的另一个威胁是卡纳克的阿蒙神庙日益增长的经济实力和影响力。现存于纽约布鲁克林博物馆（Brooklyn Museum）的威尔堡莎草纸（Wilbour Papyrus）的年代是某位国王的第 4 年，这位国王的名字没有被提及，但一般认为是拉美西斯五世。威尔堡莎草纸上的记录表明，此时大多数土地为阿蒙神庙所有，因此阿蒙神庙控制了埃及经济非常重要的部分。正是这种趋势必然导致阿蒙神职人员的首领——首席祭司阿蒙霍特普的权力越来越大，他在拉美西斯九世时期被描述为与国王地位平等。这样的态势限制了法老指挥这片土地上最好资源的权能，包括指挥其手工艺人和工匠的能力。在拉美西斯三世统治的第29年，发生了历史上第一次有记录的罢工：代尔梅迪那的工人拒绝工作，并在图特摩斯三世、拉美西斯二世以及可能是塞蒂一世的纪念庙中"静坐"，抗议他们没有得到口粮。[11] 在拉美西斯十世和十一世统治期间，还有进一步的争端记录。概括言之，情况越来越糟糕，王室的经济权力越来越不稳定。

最后一方面的原因是困扰第20王朝国王统治的盗墓浪潮，它象征着法老影响力的下降，特别是在底比斯。反过来，这也促使王室最终放弃了在国王谷修建陵墓，结束持续了几个世纪的传统。

一连串的盗墓事件

在国王谷的历史篇章中，没有哪一部分比它的最终段落，即作为王室墓地，更有据可循。检查、盗窃、法庭案件、定罪、惩罚，以及最终将新王国时期所有著名的法老重新埋葬在两个秘密墓园的故事，都可以通过文献和考古等各种资料拼凑起来。这是古埃及历史上最令人信服的、最详细的篇章之一。

关于盗窃的信息来源主要是一系列的莎草纸[12]，其中大部分是法院记录，详细说明了盗窃、检查、嫌疑人名单等。这些文字记录的盗窃事件似乎主要发生在两个阶段，分别是拉美西斯九世和十一世统治时期，换言之，就在国王谷的使用结束时。盗窃的目标不仅包括国王谷的陵墓，还包括国王家族成员和底比斯墓园其他地方高级官员的墓，以及与王室墓葬相关的纪念庙。事实上，只有三份文件与国王谷的盗窃案直接相关，确切地说是塞蒂二世[13]、拉美西斯二世[14]和拉美西斯六世的陵墓[15]。

莎草纸上的记录可以用陵墓本身的证据来补充，有证据表明，其中几座陵墓在古代曾被非法进入，里面的材料被重置或修复，封条被重新封住。[16]看来这些通常是临时起意的盗窃，也许正是参与埋葬死者的人所为，又或者在建造新陵墓时无意中进入另一座陵墓。[17]

尽管盗贼们努力掩盖他们的踪迹，但很明显，定期的检查还是要进行的，阿博特莎草纸中描述的检查（见第73—77页）是最好的证明之一，而且盗贼们被抓住了，他们的罪行也被严肃对待，这从对罪犯的惩罚可以见得：任何被抓到的、侵犯王室陵墓的人都会被处以绞刑。然而，这样的法律程序显然不足以震慑抢劫者，也不足以保护山谷中具有历史意义的古墓；在19世纪，两座王室木乃伊墓园被发现，这表明王室认为，如果想保护王室死者的遗体不被亵渎，最终必须采取极端的行动。这些木乃伊被从陵墓中移出，重新一起埋葬在这些墓园，可能比保护许多单独的陵墓更容易。本书第三章讨论了其中的一座墓园，即KV35，阿蒙霍特普二世的陵墓；另一座墓园TT320很好地隐藏在代尔巴里神庙之南的悬崖上。

在TT320发现的相关情况，至今仍有些模糊不清。考古学家们是在1881年知道这个地方的，但与古代致使墓园聚集的情况产生奇特呼应的是，也许早在十年前就有人首次进入这个地方[18]，在随后的几年里，墓地被当地的两个人部分掠夺，这两个人已经成为现代盗墓者的典型代表：阿卜杜勒 – 拉苏尔兄弟[1]。

19世纪70年代，位于布拉克（Bulaq）的博物馆（开罗的埃及博物馆的前身）的主管部门注意到，一些与第21王朝的阿蒙首席祭司相关的、非常精美的物品开始出现在文物市场。当时的埃及文物局局长奥古斯特·马里特为博物馆购买了两件非常精美的莎草纸，他的继任者加斯顿·马斯佩罗（Gaston Maspero）在私人收藏中看到了一些日期相近的沙布提俑、其他莎草纸和木质石碑。马斯佩罗怀疑已经有一个重要的陵墓被发现了，而且可能还有更多的物品和重要的考古信息有待博物馆去发掘。这些物品被追踪到在卢克索为英国、俄罗斯和比利时政府工作的领事代理人穆斯塔法·阿加·阿亚特（Mustafa Aga Ayat）头上，并最终追踪到阿卜杜勒 – 拉苏尔兄弟。1881年，在马斯佩罗作为服务部主任的第一次视察中，阿亚特会见了兄弟之一艾哈迈德（Ahmed），但无法从他那里获得任何信息。他试图为他们提供某种程度的秘密保护，但在马斯佩罗和基纳（Qena）省省长达乌德·帕夏（Daoud Pasha）施加的压力下，秘密被突破了。他们悬赏500英镑征集信息，阿卜杜勒 – 拉苏尔兄弟中的老大穆罕默德（Mohamed）前往基纳，透露了坟墓的位置，为自己争取到了大赦，还有奖励。他还承认，他和弟弟都很清楚他们所发现的东西的重要性：不只是两三具木乃伊，而是接近40具，而且大部分都在棺椁里，在眉毛处还装饰着"一条小蛇"（un petit serpent）——坐在法老眉毛上的乌拉乌斯眼镜蛇（uraeus-cobra）。[19]

此时马斯佩罗已经离开埃及前往法国度假，但显然这件事不

---

〔1〕盗墓者阿卜杜勒 – 拉苏尔兄弟共三人，此处疑为作者笔误。——编注

能再等了。1881 年 7 月 1 日，
马斯佩罗的副手埃米尔·布
鲁格施（Emile Brugsch）
和埃及的埃及学家艾哈
迈德·卡迈勒（Ahmed
Kamal）启程前往卢克索调
查。途中他们在基纳停留，
达乌德·帕夏告诉他们，阿
卜杜勒－拉苏尔兄弟的房子
已经被搜查过了，里面有许
多来自古墓的珍贵物品，可
能是盗贼们最后拿走的。[20]

通往 TT320 的路

7 月 6 日，穆罕默德带
领大家来到陵墓。墓穴入
口是一个简单的井室，隐
藏在底比斯山区的一个岩
石"烟囱"中，在一块巨石后面。阿卜杜勒－拉苏尔兄弟为了掩
盖他们的秘密，已将井室的一部分重新填满。因此必须将井室清
理干净，布鲁格施和卡迈勒才能继续前行。

事实证明，这个井室大约有 14 米（46 英尺）深。从这里开
始，布鲁格施和卡迈勒经过一条长约 10 米（33 英尺）的通道，
然后向右转；第二条粗略挖出的通道就在他们面前，向北再走 30
米（100 英尺）。在这里，一段粗糙而不规则的台阶带领他们往下
走 5 米（16 英尺），通过一个壁龛到另一个通道，再走 30 米（100
英尺）左右就到了一个墓室。[21]

本书作者在 TT320 入口处

　　这些记载并没有给出我们想要的细节，我们只能想象进入这座迷宫般的陵墓时，布鲁格施和卡迈勒的感受。他们在离开开罗时一定知道，很有可能会发现一些壮观的东西，但即便如此，他们也没有想到墓里的财富究竟有多少。墓室里的棺椁堆积如山，布鲁格施和卡迈勒刚到井室的第一条走廊就遇到了这些棺材。[22] 布鲁格施花了两个小时对该墓进行了初步的检查，他很快意识到，这里不仅埋藏着一群重要的第 21 王朝祭司长及其家人的木乃伊，还有一系列新王国时期法老们的木乃伊。这一发现的重要性和材料的华丽程度一定像海啸一样冲到了他的面前，但他没有时间纠结于此。

　　　我迅速了解了情况，喘着粗气，急忙跑到户外，以免自己被征服，使尚未揭开的光辉战利品被科学遗忘。[23]

清理井室和初步检查花费了一整天时间，这天即将结束，而布鲁格施肯定知道材料的安全将受到威胁。他也担心自己的安全，甚至担心自己的生命，记录显示他"全副武装"[24]，卡迈勒是他唯一可以信任的人，因为他周围的人都知道他将会夺去他们的一个重要收入来源。

显然，尽快取出材料并送往开罗是至关重要的。布鲁格施似乎连夜召集了一批劳动力，将材料清理干净，并搬到一艘属于博物馆的船上，该船穿过沙漠和耕地，停泊在几英里外的尼罗河上。

当所有的东西都被移走后，布鲁格施再次进入陵墓进行最后的检查，在这期间他似乎画了第一份描绘陵墓规模的草图。他还在入口通道的底部发现了一个小壁龛，里面放着如今在开罗的埃及博物馆展出的伊斯特姆赫布（Istemkheb）华丽的皮革丧服。[25]

7月9日，这些物品开始了在尼罗河的旅程。颇具感染力的埃及电影《木乃伊之夜》（*Al-Mummia*，1969）重现了这一幕，该片由沙迪·阿卜杜勒·萨拉姆（Shadi Abdel Salam）执导，英语区的名字是《数年之夜》（*The Night of Counting The Years*）[26]，在TT320所在的山上和周围拍摄。阿卜杜勒·萨拉姆执导的这个场面中，葬礼用具由一支庄严的队伍抬着穿过沙漠，当地人身着黑衣——过去和现在都有这个传统，使画面具有明显的殡葬氛围——安静、虔诚地注视着。该组镜头也让人想起几千年前将木乃伊和随葬品带到陵墓的仪式。这个场景不仅仅是电影中的虚构：当地人确实像参加葬礼一样倾城而出，葬礼仪式的性质与他们目送经过的物品相当吻合，但他们的态度也许更多是由于失去了宝藏，毕竟宝藏本来可以让他们大赚一笔。

旅程似乎历时七八个小时，在某些情况下，棺椁需要12到16

个人组成的队伍来搬运，另外还需要第二支队伍来防备伏击。[27]

一旦所有东西都安全抵达开罗，这一发现的巨大意义就可以被人们意识到。他们的发现，即使现在看来也是惊人的。总共有40具木乃伊，其中10具属于法老，从第17王朝的塞克奈里·陶到第20王朝的拉美西斯九世。其中有一些古代世界最著名的人物，包括图特摩斯三世、塞蒂一世和拉美西斯二世（大帝）。第21王朝的三位首席祭司也在其中：皮努杰姆一世（Pinudjem I）、马萨哈塔（Masaharta）和皮努杰姆二世（Pinudjem II）。葬具上的题写内容显示，墓中的总安葬人数为45。[28]马斯佩罗很快意识到，这些木乃伊分为两组：第一组是第17王朝和新王国的人，他们被装在条件很差的棺椁里；第二组是后来的人，他们的木乃伊葬具要好得多。[29]他还注意到，有几具木乃伊被装错了；棺椁和木乃伊的绷带上都写有简短的墨水铭文，对后者来说，这似乎是识别尸体的最可靠手段。

这一发现对布鲁格施和马斯佩罗来说一定是无与伦比的，而且还吸引了大量的媒体宣传。在这一发现的所有重要意义中，有一点也许不是最重要的，却能使人们与埃及远古时代的主要人物建立独特的联系：由于这些木乃伊的发现，人们有可能看到像拉美西斯二世这样的著名法老的面容。

依然失踪的尸体

尽管每个墓园发现的王室木乃伊数量似乎都很庞大，我们可以想象，有那么一瞬间，布鲁格施可能会怀疑他是否在一个地方发现了所有失踪的新王国法老，但很明显，TT320和KV35并不代表全部情况。

事实上，将木乃伊转移到这两座墓园是一个多世纪以来为保护王室死者而采取的一系列措施中的最后一项。第一步似乎是在"复兴"的第4至第7年迈出的。当时，塞蒂一世和拉美西斯二世的陵墓得到了修复，并在KV14〔西普塔和陶斯雷特（Tausret）的墓〕和疑为KV57（属于霍朗赫布）中建立了两座最初的墓园。[30]后者有一个涂画，再加上1908年在该墓中发现了四具木乃伊的遗骸，表明它曾被用作墓园，这些木乃伊里可能有霍朗赫布本人，也许还有他的上一任阿伊，这两人的遗体都下落不明。[31] 在祭司国王皮努杰姆一世的任期内，之前聚集在KV14的木乃伊被转移到了他们最后的安息之地，即阿蒙霍特普二世的陵墓KV35（见第128—133页）。他还在KV17建立了一座墓园，将拉美西斯一世和二世的木乃伊与墓主塞蒂一世的木乃伊放在一起。[32]

TT320中木乃伊上的记录表明，它们被放在那里之前，曾被保存在第18王朝王后阿摩斯－因哈比（Ahmose-Inhapy）的陵墓中的另一座墓园，尽管这座陵墓还没有被确认过。在西阿蒙（Siamun）的第10年，拉美西斯一世、塞蒂一世和拉美西斯二世的木乃伊被添加到墓园，和阿蒙霍特普一世的木乃伊放在一起，后者在此前的某个时候已经放过去了。[33]

也许在第一批墓葬迁移过去60年之后，从西阿蒙第5年开始，皮努杰姆二世家族的墓葬才迁入TT320。[34] 王室木乃伊，包括之前在阿摩斯－因哈比墓中的木乃伊，都是在这之后迁入的。各个王室木乃伊被迁至皮努杰姆墓的顺序和日期都不确定，在这一点上，我们很遗憾TT320清理得过快，尽管当时布鲁格施和卡迈勒可能觉得很有必要。从墓中取出棺椁的方式也不尽如人意，很多东西似乎都丢失了，物品被损坏了。多年后，20 世纪 90 年代末和 21 世纪初，埃哈特·格雷费（Erhart Graefe）在带领团队重新清理陵墓的过程中，发现了棺椁的碎片，这表明它们之前是在没有任何保护措施的情况下，被拖出坟墓并抬起来的。[35] 可悲的是，即使有任何关于棺椁在墓穴中的位置的记录，也未能保存下来。这一时刻是埃及学史上最重大的时刻之一，却也呈现出一些矛盾：即使在阿卜杜勒－拉苏尔兄弟秘密盗窃了数年之后，披露出的墓中物品依然提供了无与伦比的材料和信息，但也丢失了很多东西，先是在墓室最初遭劫中丢失，然后是在考古学家匆忙、几乎完全没有记录地搬运材料的过程中遗落。

无论如何，将王室木乃伊存放在 TT320 的工作似乎是在相当长的时间内零散进行的。墓中最后一次有记载的活动可以追溯到第 22 王朝舍顺克一世（Sheshonq I）的第 11 年，当时阿蒙第四祭司杰德普塔希埃凡克（Djedptahiuefankh）的木乃伊被送入墓中，而这时距离埋葬皮努杰姆的家庭成员已经过去了三四十年。[36]

失踪的木乃伊，更多的墓园？

墓园里的木乃伊不仅包括法老的遗体，还包括王后、王室子女和其他高阶层人士的遗体，其中有第 21 王朝的阿蒙首席祭司。尽管这一发现的相关证据记录得不多，但结合 KV35 的墓园来看，我们得知了大多数新王国法老和同时期一些首席祭司的遗体。但也有例外，赫里霍尔和几位首席祭司——门赫佩雷、杰德洪苏伊凡赫一世（Djedkhonsuiuefankh I）、内苏巴内布杰德（Nesubanebdjed，即斯门德斯）二世、帕塞布克哈努（Pasebkhanu，

普苏森内斯三 / 四世），以及新王国的其他法老仍然没有下落，他们不在两座现存的墓园中，导致一些人得出结论：这个时期高地位者的墓地仍有待发现。

罗默对赫里霍尔墓的搜寻

我们知道，赫里霍尔死于一个葬礼习俗正在改变的时代；我们还知道，他不是传统意义上的国王，因此，不应该期望国王谷有他的墓葬。然而，他的地位几乎等同于国王，所以他是否有可能像早年的法老那样拥有一座豪华的、岩石雕琢而成的陵墓呢？

1982 年，英国埃及学家约翰·罗默（John Romer）在英国广播公司（BBC）的系列电视节目《罗默的埃及》（Romer's Egypt）中对此做了介绍。罗默后来成为最著名的历史和考古节目主持人之一，为向公众普及埃及学做出了巨大贡献。这个系列的第一部影片是"写实"风格的纪录片，开头阐述了罗默寻找赫里霍尔墓的雄心壮志，并讲述了他为组建考古探险队所做的努力：获得资金、专业知识、许可证等等。在准备过程中，他与纽约的布鲁克林博物馆达成了协议，但最终的调查任务发生了变化，从他本来的愿望——从国王谷去到沙漠更偏远的地区，转向了对拉美西斯十一世墓的首次认真探索，尽管这是一个值得探索的项目，但并非他本来的任务。这些变化导致他对布鲁克林博物馆的同事们产生了一些失望与抵触，非常戏剧化，所有这些都被记录在影片中，影片因此而大受欢迎，虽然这也许不是罗默的初衷。

罗默并不符合典型的权威埃及学家的模式，他更喜欢独立于传统的学术机构之外，但他在埃及及其历史和遗迹方面有着优秀的工作经验。他曾在芝加哥大学（University of Chicago）东方研究所的卢克索史料调查处（Luxor-based Epigraphic Survey of the Oriental Institute）工作过几年，对自己的课题有着极大的热情。显然，他也为自己的愿望——做出伟大的发现所驱使。影片中的叙述者告诉我们："他在寻找祭司国王赫里霍尔的陵墓……用他自己的话说，一座将使图坦卡蒙（的陵墓）看起来像伍尔沃斯[1]的陵墓。"

罗默认为，这是一座奢华的陵墓，却隐藏在离底比斯王室墓地的主要部分很远的地方。影片旁白告诉我们："从之前几十年的悲惨经历来看，我们很难相信他们会在大广场（国王谷）的废墟中开始建新的纪念碑。然而，从他们在南部瓦迪的涂画和其他线索来看，我们可以假设大祭司们被葬在那里，在底比斯山最偏远的地段，在有古代王后和王子墓地的山谷里。"[37]

罗默所说的"涂画和其他线索"包括一组证据，由霍华德·卡特在 1916—1917 年的一季中，首次科学地记录下来。卡特的这次考察为大量的进一步考古工作和许多猜测提供了基础，但事实上，考察基本上不在计划之内。卡特当时正在卢克索度假，他注意到在一个"偏僻的、人迹罕至的地区"[38] 有一个发现。一群当地的掠夺者发现了一座陵墓，他们被得到消息的另一群人赶走了。村里的知名人士向卡特请求干预，以避免任何进一步的麻烦。卡特召集了一小批在战争中躲过征兵的工人，傍晚时分出发了，他们攀登到山上的大部分路程都沐浴着月光。

---

〔1〕Woolworths，世界有名的大型平价百货连锁超市。

我们到达现场时已是午夜，向导指给我一条绳子的末端，它从悬崖上垂下去。侧耳倾听，我们听到了盗贼们正在工作的声音，所以我先切断了他们的绳子，从而切断他们逃跑的途径，然后我自己也弄了一根结实的绳子，下到悬崖。在午夜时分，顺着绳子爬到一窝勤劳的盗墓者身边，算是一种不乏刺激的消遣。[39]

卡特设法赶走了盗贼，并在现场守了一夜，第二天进行了彻底的调查。他的发现相当有趣，尤其是该墓的位置很特别，它直接切入岩石裂缝的垂直壁中，距离悬崖顶部约 40 米（130 英尺），距离下面的谷底约 70 米（230 英尺）。这似乎是一个隐藏和保护陵墓的完美场所，我们很难不惊讶于盗贼们竟发现了它，并想方设法进入到里面。然而，更令人震惊的是，古人想办法在里面放置了一具黄色结晶砂岩的石棺，上面的铭文显示了墓主的身份：著名的哈特谢普苏特，但在她成为法老之前，身份仍然是图特摩斯二世的妻子。这座墓有装饰，并未完工，貌似卡特发现的唯一的其他物品是两个古代工匠使用的那种罐子的碎片。[40]

这也许并不构成卡特所希望的轰动事件，而盗贼大概也是这么想的。但这一发现还有更深远的意义，卡特立即意识到了这一点：该墓所处的谷地是覆盖广大地区的几个谷地之一，离底比斯墓地的主要区域非常远。事实上，这个地区还没有引起考古界的注意，但是如果在第 18 王朝早期，建墓者就已经费尽心思将一座王室陵墓建在这里，那么也许它值得进行更彻底的调查。

卡特清理完墓穴后，花了 10 天时间，从东南到西北依次勘察了瓦迪体系[41]，并绘制了一张草图，包括 7 个他感兴趣的区域，依次命名为"A"到"F"。卡特发现许多古墓都集中在最不容易到达或看见的地方，即悬崖的裂缝和悬崖之间的缝隙中。他还发现了古道、石屋群、涂画和一些加工材料，包括成堆的当地石材和质量更高的石材碎片，有花岗岩、玄武岩、结晶砂岩和雪花石。[42]

哈特谢普苏特的悬崖陵墓是在"瓦迪A"发现的，在一个当地人称之为瓦迪西克特塔克特扎伊德［Wadi Sikket Taqet Zaid，"扎伊德之窗山谷"（Valley of the Window of Zaid）］[43]的终端和北部，在那里，卡特发现了另外三座古墓：两个简单的坑和一座廊柱式纪念碑。[44]其他几个区域也具有重要意义，在另一个瓦迪的尽头和东侧的海湾内，即加班纳特基鲁德［Gabbanat el-Qirud，"猿人公墓山谷"（Valley of the Ape Cemetery）］，卡特发现了几个坑墓和一个相当大的悬崖墓。在后者的下面，有一块落下的巨大的石灰岩，石灰岩上的一个王名框内刻有"奈菲鲁"（Neferure）。[45]这是哈特谢普苏特一个女儿的名字，卡特认为该墓是她的，尽管没有进一步的证据来证实这一点。

1916年，卡特到达那里之前，在同一条河谷的源头，一座开凿于悬崖裂缝中的古墓业已被盗贼发现，实际上，这是该地区迄今为止最壮观的发现。这座墓属于"图特摩斯三世的三个外国妻子"（the three foreign wives of Tuthmosis III），并以此名字而闻名。墓中找到的宝物包括卡诺皮克罐、刻有图特摩斯三世铭文的银罐、蓝玻璃、雪花石膏、黄金制成的高脚杯、药膏罐、银镜以及黄金手镯和头饰。[46]这些东西大部分被现代的盗贼拿走了，但后来在古物市场上被追踪到，现藏于纽约的大都会艺术博物馆（Metropolitan Museum of Art, New York）。

卡特调查的最西边的瓦迪被称为瓦迪加尔比（Wadi el-Gharby），

他在那里确定了三个重要的地点，分别为"E""F""G"。罗默将这个巨大而令人印象深刻的山谷的主要部分描述为"一个孤立的、完全静默的地方，一个破败不堪的石板区，身处其中有一种紧迫感；类似于空旷的剧院带来的感觉，但它的规模是巨大的"[47]。它与瓦迪加班纳特基鲁德平行，终点在"F"。"F"是一条在高大岩石之间急剧形成的水道，"一道狭窄的峡谷，从下部地层分开，在曾经从大悬崖上部地层流下的瀑布下面急剧地到达终点"[48]。卡特在这里发现了重要的古代活动痕迹；没有发现古墓，但周围都有古墓的迹象：

> 在这道峡谷的开端，在巨大的石灰石块中，有些碎石（*débris*）堆，是古代发掘的石屑。在你前进方向的右边，是一个小的侧谷，里面有工匠的石屋、陶器和各种涂画。瀑布

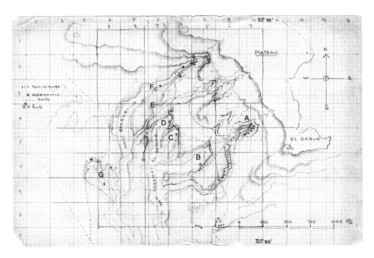

卡特绘制的西部瓦迪草图

上方有更多古老的堆积物，从悬崖上掉下来的较大石灰岩碎片上有许多祭司体铭文，悬崖底部也有。

涂画和成堆的垃圾表明附近有古墓，这一点当地人已经意识到了；虽然他们进行了大量的发掘，但明显没有结果。

由于瓦迪加尔比非常偏远，而且很难防止被破坏，所以我在这里进行了更全面的探测，希望能发现失踪的古墓。我已经从一个石棺中发现了一块结晶砂岩——在运输中方便操作控制杆的凸起物。[49]

换句话说，尽管卡特这个瓦迪中没有发现古墓，但他怀疑可能会发现，很显然，因为他发现了所有典型的建墓活动的迹象：工匠的小屋、涂画和石棺的碎片，再加上邻近瓦迪中的许多古墓，毫无疑问，新王国的建墓者知晓此地。不过卡特的努力还是白费了。他说他的工作只是"初步的"，并确信该地区值得进一步调查，特别是加班纳特基鲁德河谷，"里面可能藏着一座古墓……此处覆盖在岩石上方的碎石非常深，底下可能藏着墓葬"[50]。

然而，他不能无限制地为这个项目投入时间，因为他在开罗参与了英国情报局的战争工作。1917 年 12 月，当他在战争方面的任务不再紧迫，可以回到考古工作中时，他选择了真正心仪的地点——国王谷。自然，他一直专注于该遗址，特别是图坦卡蒙的墓葬，再也没有回到偏远的瓦迪。

坟墓的证据

虽然哈特谢普苏特和她女儿（疑似）奈菲鲁的陵墓表明，在第 18 王朝的早期，瓦迪被用作王室成员的墓地，但该地区的许多涂画却与第 20 王朝后期有关。这些涂画表明，第 18 王朝的墓地当时可能仍被精英们使用，赫里霍尔可能也在其中？根据卡特报告第一页页下的说明（似乎来自编者），"绝大多数（涂画）都涉及著名的'墓园书吏布特哈蒙'或与他有关的人"[51]。布特哈蒙（见第 88—89 页）是与赫里霍尔同时代的人，在拉美西斯十一世和斯门德斯一世统治时期很活跃，事实上，出现得最多的是赫里霍尔的名字，尤其是在瓦迪加尔比。在该地区发现的一些破碎的水罐可以追溯到这一时期。[52]

　　正是这些铭文将约翰·罗默引向了该遗址。他通过自己的调查工作，以及他的底比斯王室陵墓项目（Theban Royal Tombs Project）启动前积累的大量实地考察内容，补充了从卡特的调查中了解的情况。

梅迪内特哈布的布特哈蒙之屋

他在1984年首次出版发行的《古代生活：法老造墓者的故事》（*Ancient Lives：The Story of the Pharaohs' Tombmakers*）一书中阐述了他的观点，也在与之配套的系列纪录片《罗默的埃及》中进行了说明。他借鉴了来自西部瓦迪，特别是瓦迪加尔比的几种证据，在谈到那里的涂画时，他指出，古人"反复画着代表'墓'（tomb）的符号，他们经常画一组意义相同的符号，其含义是一个古代短语'生命之屋'（the house of life），这个词在布特哈蒙时代又流行起来，代表'王室陵墓'"[53]。

这些简单的标志上有个正方形的框，方框一条边的中心有一个开口。它们并不包含在现有的圣书体文字符号内，反而类似于人们所熟知的表示房屋或庙宇的象形符号，因此它们的含义并不完全明确。但罗默的解释是，它们代表某种建筑结构，确切地说，是古墓，这样看来似乎是合理的，即使有人表示怀疑。

罗默还列举了涂画中赫里霍尔和王室官员布特哈蒙的名字[54]、

瓦迪"G"中可能是"古墓标志"的涂画

陵墓建造者使用的小屋和通道，以及可能是他们用来收集山洪水的水槽和连接渠，他将这些东西看作该遗址可能存在赫里霍尔墓的有力证据。[55] 他还提到了"像那些来自王室陵墓的碎石，仍然覆盖着这个地方的大部分区域"（国王谷）[56]，以及"（卡特）在这个山谷里发现的花岗岩石棺的凸起物"。这最后一个证据似乎比其他任何证据都更接近我们所寻求的墓葬本身；卡特本人只指出他发现了"一块来自石棺的结晶砂岩"[57]，罗默是否发现了更多？看来他很可能发现了卡特没有看到的材料，在《古代生活》一书中，他还提到了几个"乡村风格雕刻的"供桌，并根据他拍摄的照片绘制了其中一个供桌的表面，这说明他确实发现并拍摄了更多材料。[58]

　　罗默还提到安布拉斯莎草纸（Papyrus Ambras）上记录的复兴时代第 6 年对"大将军墓"（the tomb of the Great General）的一次"检查"。[59] 这份资料记录的是一系列行政文件，包括简单的内容描述。几份莎草纸上的检查是"关于盗贼的记录"，其中有些能够对应上已知的关于盗墓的莎草纸记录。安布拉斯莎草纸表明，其中一份莎草纸曾记述过"铜匠瓦尔西一世（Waresi I）曾对大将军墓做过检查（原因未知）"[60]。然而，尽管安布拉斯莎草纸本身的年代是"复兴"第 6 年，但其写作时间并不清楚，正如在其他地方所指出的那样，它所提到的大多数文本都是在"复兴"之前写的。罗默自己也承认，"不清楚这里是当年去世的赫里霍尔的墓，还是……帕扬克的墓"，但如果检查发生在"复兴"之前，就不可能是他们中任何一个人的墓。事实上，有人认为这个"大将军"可能是一位国王，不过是一位更早期的国王：拉美西斯二世。[61]

新王国研究基金会的调查

尽管罗默有这样的信念，但他并没有找到赫里霍尔墓，在他放弃追寻之后，卡特曾调查过的瓦迪相关的考古工作几乎停止了。但在 2013 年，埃及文物部（Ministry of Antiquities）批准杰弗里·马丁教授和皮尔斯·利瑟兰（Piers Litherland）领导的团队在新王国研究基金会（New Kingdom Research Foundation，简称 NKRF）的主持下，重新访问该遗址。2014 年，一本关于该项目初始阶段的综合专著以令人钦佩的速度面世了。该报告图文并茂，内容包括卡特原始草图的复制品、更准确地显示地形和重要遗址位置的卫星图像，以及从地面拍摄的具有考古特征的注释版彩色照片。

158 从本质上讲，这次调查的目的是重新审视卡特曾调查过的地区，确认或反驳他的发现，如有必要，还需修正他的草图，使其更为准确，并通过额外的观察或所发现的材料对卡特原来的发现加以补充。

当然，在这里与我们最相关的是瓦迪加尔比部分以及约翰·罗默发现的证据。调查表明，瓦迪加尔比的涂画是 7 个瓦迪中最多的，团队甚至还发现了另外 39 组，这里的涂画总数达到115 组。[62]

利瑟兰之前已经对罗默将一些涂画解释为"古墓标志"的说法表示怀疑[63]，他确信这些涂画似乎来自两个不同的时期，第一时期在第 18 王朝，第二时期在第 20 王朝末期到第 21 王朝初期，这表明第二阶段的活动是专门用来发掘隐藏在这里的第 18 王朝的古墓。换句话说，利瑟兰同意还有一些古墓有待发现，但他认为这些古墓应该属于第18王朝的王室成员。[64]

NKRF团队中包括地质学家，他们的观察似乎对推动在该地区可能发现赫里霍尔墓的讨论起到了最大作用。他们的评估表明，卡特和罗默提出的可能是人为造成的较大的碎石堆，实际上是由洪水冲下山坡的自然碎屑组成的。这种石片的自然剥落方式与从墓穴中切割出来的方式相同，因此，只有在出现凿痕的情况下，才能确凿地证明存在人类活动，而这些石片并没有凿痕。报告明确指出，在此基础上，卡特本人错误地认定它们是开凿古墓留下的碎石。[65]

如果上述说法正确的话，这对罗默的理论是一个严重的打击；虽然，没有人为造成的碎石并不意味着瓦迪没有任何古墓，但人为碎石的存在会更有说服力。此外，在利瑟兰看来，实际上，瓦迪加尔比并不像它的一些邻居那样是一个富饶之地，在那些地方，自然堆积物显然是用来登上高处的，待墓葬被封存后再将它们清理掉。[66]

正如利瑟兰所指出的那样，如果说有古墓还未被发现，那么证据只剩下工匠们的小屋和石棺的凸起物。对于第一个证据，NKRF的调查质疑了罗默的说法，工匠小屋遗址有很好的通道，满足水和其他必需品的供应。他们发现，这些通道确实与沙漠中的公路相连，但并非没有障碍，此外，这片沙漠高原上可能出现的水库或水井是挖掘石英石或石膏材料所遗留下来的。无论是所谓的"居住点"还是石棺碎片，都不能毫无可争议地与赫里霍尔的时代联系起来；两者都可能与另一个时期有关，例如第18王朝，我们知道当时在该地区有一些古墓。

进一步的实地考察使利瑟兰的理论更有说服力。除了 A—G 区，卡特还检查了五座"露天坑墓"，这些坑墓被开凿在平原上几百米高的高地上 [67]，他在那里发现了一个带有埃及"国王"字样的卡诺皮克罐的碎片。NKRF 的调查重新定位了这些墓葬，在该地区观察到了工匠的小屋和三块拦路石，在墓葬周围，还有垃圾堆、陶器、碎片和绿色的石片（也许是石器的碎片）。调查组通过一个井室进入墓穴，发现了六个房间，并确定了可能存在另外五个房间。[68]

自初始阶段的报告发表以来，考察团专注于重新清理瓦迪巴里亚（Wadi Bariya）河口的四座井室墓，这些古墓是家族墓葬，属于阿蒙霍特普三世（阿肯那顿的父亲）的两个妻子和一个儿子、他的妹妹蒂阿（Ti'aa）和至少 13 位宫廷女性。这个令人振奋的消息于 2015 年宣布，似乎证实了这样一个观点：比起赫里霍尔的陵墓，此地更有可能发现的是更多第 18 王朝的墓葬。人们热切地期待着这些结果的全面公布。

囤积的黄金和财宝？

罗默似乎相信，或者至少希望我们相信，不仅有一座陵墓等待被发现，它还充满了宝藏。在他看来，"赫里霍尔最有可能被葬在一具黄金棺椁里，就像图坦卡蒙（早于他 250 年）一样。那里可能有卡诺皮克箱、雪花石膏制品、镀金雕像和宝座，尽管可能没有战车"。诚然，在某种程度上，埃及学确实基于这样的可能性而稳健发展，甚至依赖于这种可能性。

但是我们应该提醒自己，在图坦卡蒙墓中发现的大量丰富的宝藏带来了一个问题，即它是那个时期发现的唯一完整的王室陵墓（在一次古代劫掠之后）。因此，我们并不能说它的墓葬物品的质量和数量在何种程度上是新王国法老墓葬的典型。我们是否应该假设所有的法老都会用这样的宝物陪葬？还是说图坦卡蒙的死有什么不寻常之处，使得他在安息时有异常丰富的陪葬品？来自其他王室墓葬的材料表明，图坦卡蒙墓中发现的文物质量绝非独一无二。但数量呢？这就说不准了。我们还须扪心自问，我们是否会特别期待赫里霍尔，或他那个时代的任何其他法老或首席祭司，以类似图坦卡蒙的方式埋葬？在我看来，这个问题的答案是"不"。

赫里霍尔在位时，重新安葬了之前的法老和王室成员，并建立了墓园，部分原因是出于应对持续存在的劫掠，但这一过程也重新征用了死者当初被埋葬时的一些更为珍贵的材料。"拉美西斯晚期信件"中提到，帕扬克曾下令"从最重要的陵墓（即国王谷和底比斯其他地方的王室陵墓）中选择一个，保存其封印到我回来"。但是，帕扬克并没有努力确保这座王室陵墓不被破坏，而是做了相反的事情——在它落入盗贼手中之前确保其安全，直到他来收回陵墓中的财宝，或者为国家所用，或者用于他自己对库施（Kush）的前总督帕尼希的战役。[69] 如今我们了解到，布特哈蒙和其他人领导的整个重新埋葬的过程至少有一部分动机是变现陪葬物，这一政策有些相当于官方认可的盗墓行为，表面上是为了避免遭劫，但也是为了帮助支撑疲软的经济。[70]

如果在布特哈蒙的帮助下，赫里霍尔将囤积的新王国财富藏匿起来，并为自己准备了一个豪华的葬礼，则完全违背了国家在这一时期为保护王室墓葬所做的努力，即搬走盗贼感兴趣的材料。

更有可能的是，对于赫里霍尔这样的重要人物来说，即使他得到了时代环境所容许的最丰富的陪葬品，也只能埋葬少量珍贵、精美的物品，与图坦卡蒙墓中成千上万的奇珍相比，数量非常之少。

事实上，这也符合第 21 王朝的做法，TT320 中的第一座墓葬就表明了这一点。该墓葬起初似乎比较传统，是第 21 王朝首席祭司家族成员的主要埋葬地；但是它后来被重新利用，以掩盖新王国王室的木乃伊墓园。这座墓入口右边有一个刻字的涂画记录了这件事，可惜涂画已经不复存在。它记录了在第 21 王朝法老西阿蒙的第 5 年，首席祭司皮努杰姆二世的侄女 / 外甥女和妻子，以及首席祭司斯门德斯（二世）的女儿内西克洪斯（Nesikhons）被埋葬在此墓中。[71] 另外，皮努杰姆二世和他的几位家庭成员的棺椁在该墓最里面，表明这座墓先安放的是他们，然后才是新王国的法老们和其他人的木乃伊，这些木乃伊安放在离入口较近的位置，是从其他地方运进来的。

皮努杰姆二世和内西克洪斯的棺椁与他们的几位祖先（包括首席祭司皮努杰姆一世和马萨哈塔），以及一些后代的棺椁一起被发现。早期安葬在 TT320 的人更可能是在他们原来的墓被盗后才迁过来的。尽管皮努杰姆二世和内西克洪斯的木乃伊被发现时，带有莎草纸、沙布提俑和卡诺皮克用具，但其他人则不尽相同。虽然他们的葬具有可能被阿卜杜勒 – 拉苏尔兄弟盗走了，也许还放在博物馆或私人收藏品中没有被发现，但同样有可能的是，这些葬具最初和遗体一起在另一个地方，当遗体被迁移到 TT320 中与皮努杰姆二世和内西克洪斯会合时，葬具没有被保存下来。[72]

如果这一点是正确的，那么我们就有了一个可以预测其余首席祭司墓的模型。赫里霍尔和其他人的埋葬是否相对简单一些，仅包含一具棺椁和一套必要的葬具：基本的沙布提俑、卡诺皮克盒、卡诺皮克罐、卡诺皮克箱，或许是葬在没有装饰、不含其他东西的井室穴墓中？又或许与他的家庭成员共享一座墓？如若这般，赫里霍尔没有任何随葬品并不奇怪。

赫里霍尔的踪迹

尽管如此，有一件非常精美的物品被保存下来，很可能来自赫里霍尔的墓葬。在德国希尔德斯海姆的罗曼－佩里赛博物馆（Römer–Pelizaeus Museum, Hildesheim）的藏品中，有一个漂亮的黄金臂环，外面装饰着绿松石（其中一些现在已经丢失）和一条象征着王权的乌拉乌斯眼镜蛇。臂环内侧的铭文写道："阿蒙首席祭司，众神之王赫里霍尔，有正当的理由。"（The Chief Priest of Amun, King of Gods, Herihor, justified.）[73] 这无疑是"我们的"赫里霍尔，铭文的最后一个词可翻译为"有正当的理由"，但有时也译为"真实的声音"或类似的意思，通常用来表示这个人已经死亡，该铭文宣称死者在道德上是正义的，因此可以通过审判并进入来世。结论是必然的，臂环很可能与赫里霍尔一起埋葬，而且它在被博物馆收购之前，曾于 20 世纪 70 年代末出现在艺术市场，表明赫里霍尔的陵墓不可能是完整的。当时还出现了据说来自该墓的其他珠宝等物品，尽管相关信息较少。[74]

因此，他被葬在哪里的问题依然没有解决。如果赫里霍尔的墓被全面掠夺，并且像 TT320 那样没有任何装饰，那么在当时众多没有装饰的井室穴墓中，很可能完全无法识别出它。基于缺乏确凿的证据证明他的坟墓在西部瓦迪，他似乎更有可能被埋葬在离墓园主要部分较近的地方，安杰伊·尼温斯基教授基于他在代尔巴里神庙后面的悬崖上的工作，得出结论，阿蒙霍特普一世的陵墓就在该地（见第89—91页），他认为可能也即将找到赫里霍尔的陵墓。

与罗默一样，尼温斯基认为，没有看到赫里霍尔墓的陪葬品（除了未经证实的金臂环）表明他的墓葬可能仍然是完整的。他特别提到，需注意完全没有任何沙布提俑[75]，我们本希望赫里霍尔会有大量的沙布提俑陪葬。因为沙布提俑通常是由彩陶制成的，往往能很好地保存下来；与之相反，黄金制品可以被熔化并重新使用，这使得盗贼很容易掩饰他们所偷的东西。但是现代的盗贼知道，他们可以通过在古董市场上出售陶制沙布提俑来赚取一点小钱，因此没有一个沙布提俑出现是令人惊讶的。尼温斯基还在

163

以绿松石和黄金制成的臂环，上面刻有赫里霍尔的名字

他研究的遗址中发现了七幅布特哈蒙的涂画。他认为，这些涂画一定是在（尚未发现的）古墓被封存后立即画下的，因此该古墓只能属于两者之一，而这两者的墓至今尚未被确认：赫里霍尔和他的儿子尼弗尔赫斯。但与罗默的情况一样，人们不清楚为什么尼温斯基会认为布特哈蒙的涂画与封墓有关，而不是与检查有关。

尼温斯基确信，在他的发掘区域内存在一座王室陵墓，他已经搜集了证据，表明该墓最初是阿蒙霍特普一世的，后来被重新用于赫里霍尔或他的儿子或其他家庭成员："似乎也不是不可能的，在最后关闭之前，陵墓可能已经变成了一个守卫森严的藏匿处。"[76] 当然不是不可能的，但除了赫里霍尔墓葬用品的缺失和布特哈蒙涂画的存在这两点，没有其他证据支持他的说法。尼温斯基在这一理论之后，还有进一步的模糊猜测。不幸的是，在我看来，后来的猜测有损于这一理论的可信度："在这种情况下，躺在那里的睡美人数量可能会更多……"[77]

结　论

从新王国陵墓中拿走的黄金被简单地转用于一个贪婪之人的墓葬，这种可能性有多大？图坦卡蒙墓中发现了大量的黄金，但我们必须记住这样一种可能性：即使是在新王国法老的墓葬中，在法老繁荣的高峰期，这也是例外，而不是常规。正如我们在下一章中所看到的，在塔尼斯的王室墓葬中也发现了大量的黄金和其他珍宝，而且很明显，在那里发现的一些物品原本属于国王谷中早期法老的墓葬的一部分。

与罗默和尼温斯基所设想的金光闪闪的陵墓相反，赫里霍尔

第四章　赫里霍尔之墓：一座"让图坦卡蒙墓看起来像伍尔沃斯超市"的古墓？　173

可能只是被葬在一个未经装饰或预先存在的墓中，相对于图坦卡蒙的财宝而言，他墓中的东西很少。他绝对不会被埋葬在如此奢华的地方，事实上，那样的待遇是很特别的，因为当时的政策是有意减少埋葬个人贵重物品的数量，以削弱盗贼的动机，从而保护死者的遗体，当然也是为了给活着的人节省开支。从当权者的角度看，保护遗体是最重要的事情，但这对掠夺者而言，却是无足轻重的。

然而，几乎完全没有与赫里霍尔相关的墓葬物品依然是令人费解的，仿佛他的遗体从未出现于他同时代的"王室墓园"陵墓。这里仍然有一个谜，解决它只有依靠未来的发现。

第五章

四分五裂的王国：第三中间期的王室陵墓

　　新王国的崩溃是由于第 20 王朝的法老让位于北方和南方竞争的权力中心而造成的。传统的王室作为第 21 王朝在北方实施统治，而以底比斯的阿蒙神庙为基地的神职人员在南方积累了权力，国家分裂了，标志着埃及学家所说的第三中间期的开始。

　　这一过渡期的许多方面仍然不为人知。既然国王在阿蒙神之城底比斯被一个非王室的人取代，那这件事对臣民如何看待国王产生了什么影响？法老不再是该国大部分地区的最终（世俗）权威，这种权力下放对司法机构产生了什么影响？埃及境内外的土地和贸易路线由两个不同的机构控制，对经济产生了什么影响？于我们而言，最重要的是，对最受尊敬的死者，包括北方的第 21 王朝法老和南方的祭司们的埋葬方式产生了什么影响？法老具备的特殊意义必定是新王国国王们的葬具配备和埋葬等各个方面的一个重要考虑因素。现在法老本人的地位已经发生了变化，现实决定不会再将国王安葬在国王谷了，事情将不得不改变。

　　正如我们所看到的，位于底比斯地位较高的墓葬和历史上的王室墓葬似乎倾向于保护和朴素，但 20 世纪 30 年代，在尼罗河三角洲发现的第 21 和第 22 王朝法老的墓葬却在北方呈现出了不同的景象。这些墓葬中出土的宝物堪比图坦卡蒙墓的"奇珍异宝"。有一段时间，埃及学家认为第 23 王朝的法老也可能埋葬在这个北部地区，还有第 26 王朝的法老，也就是最后一个伟大的本土统治者，但他们都还没有被发现。

皮埃尔·蒙特和塔尼斯的王室陵墓

1928 年，法国考古学家皮埃尔·蒙特开始发掘位于三角洲东北部的圣哈格尔（San el-Hagar）遗址，也就是众所周知的塔尼斯。蒙特为该遗址所吸引，因为它似乎提供了新证据，展现古埃及人与亚洲人之间的关系。他之前曾发掘过比布鲁斯（Byblos）遗址，这是位于现代黎巴嫩的一个重要的古代港口城市，按照一些学者仍然持有的观点，塔尼斯曾是外国的希克索斯统治者在第二中间期的基地阿瓦里斯（Avaris），也是后来由第 20 王朝拉美西斯诸法老在新王国末期建立的首都皮拉美西斯。[1] 塔尼斯最明显的遗迹是散落在阿蒙神庙附近的许多精美而巨大的雕塑，这些雕塑上都有拉美西斯二世的名字，历史学家因此得出结论：这里是拉美西斯二世的首都。然而，现在我们知道，皮拉美西斯最初位于塔尼斯以南约 30 千米（20 英里）的地方，即现代的坎蒂尔（Qantir）村，但当它所在的河流分支开始淤积时，城市就废弃了。塔尼斯被选为新的都城，因为它位于河流的另一条支流上，仍然是完全可用的。建城时，拉美西斯二世神庙的雕塑被转移到了新址，他的伟大纪念碑得到了挽救，使得继任者们省去了从头开始建造自己纪念碑的麻烦，但也在大约 3000 年后让考古学家感到困惑。

蒙特将他的工作重点放在阿蒙神庙的围墙上，北部的围墙对应着阿蒙神在南部卡纳克的崇拜中心。经过十年时间，他大大补充了该神庙从拉美西斯二世时期到托勒密时期的发展历史，并发现了大量证明该遗址与亚洲有关系的材料。这些发现在历史上具有重要意义，有助于加深我们对第三中间期的认识，但也许不算最壮观的那类。然而，这种局面在 1939 年 2 月的一天发生了变化。

蒙特在阿蒙神庙的西南角，也就是内围墙里面，在他所说的"一些手掌大小的路面"[2]上工作。当他移开其中一块凸出来的铺路石时，发现了一个景泰蓝金扣、一个小宝箱和一组舍顺克法老的沙布提俑。他的团队还发现了另一列奇怪的石头，遵循既定的规矩，他们用手杖敲击它进行测试。听起来里面是空的，在短暂的停顿之后，石头被抬起来，很快就露出了一个王室墓穴。他写道：

> 我把挡在入口处的泥土和石头移开，下到一个正方形的墓室，墓室墙壁上布满了人物和圣书体文字；这里通向另一个墓室，一具大石棺从土里冒出来，占了两个房间的四分之三……每个人都高兴极了。我让哈萨宁（Hassanein）的团队带着所有的车过来，这样我们就可以尽快清理这座不同凡响的建筑。[3]

实际上，蒙特是通过顶部进入墓室的。[4]他们下到一个正方形的墓室，这是一系列由石灰石和花岗岩砌成的小房间中的一个，石灰石和花岗岩来自早期拉美西斯纪念碑。这些房间被建在地面上的一个切口中，然后从切口周围进行填埋，房间都被埋了起来，因此后来是通过井室进入其中。[5]

虽然这些墓室最初属于其他建筑，并因此仍然保留着原来的装饰元素，但墓室的内壁已经被装饰过。不久之后，蒙特和他的同事们发现了一幅刻有法老奥索尔孔（Osorkon）名字的王名框，意识到了他们发现的是第三中间期一位国王的最后安息之地。

墓穴由四个房间组成，其中三个房间至少有一座墓葬的遗迹。墓室 1 有一具巨大但空无一物的石棺，墓室 3 有一具最初雕刻于中王国时期的石英岩石棺，它是为第 22 王朝的第三位国王赫德杰赫佩雷·塞特佩雷·塔克罗斯一世（Hedjkheperre Setepenre Takeloth I）重新刻的。

然而，该墓的核心部分是墓室 4。蒙特在这里发现了奥索尔孔本人的石棺，具体来说，是乌瑟玛特·塞特佩纳蒙·奥索尔孔二世（Usermaatre Setepenamun Osorkon II），塔克罗斯一世的继承人。在这具石棺后面还有个更小的石棺，上面刻着奥索尔孔的一个儿子霍纳克特（Hornakht）的名字。墓穴已经被洗劫一空，但仍有一些散落的随葬品，包括沙布提俑、卡诺皮克罐和一些珠宝。发现了至少两位具名的法老、一位王子和另一位无名但可能是王室成员的埋葬地，这是非常轰动的，让蒙特和他的团队感慨不已。蒙特立即将所有资源用于彻底清理墓穴上方的区域，这将带来一个更加壮观的发现。

普苏森内斯墓：堪比图坦卡蒙墓的宝藏

蒙特的团队很快就在纪念碑的东端发现了另一个"路面"。他们移开了覆盖在入口井室上的石板，拆除了一块用来封住墓室的石头，一个小墓室露了出来，墓室上的铭文有帕塞布克哈努一世的名字，这个名字的希腊文版更广为人知：普苏森内斯一世。这第二座墓似乎并不属于第 22 王朝其他国王，而属于之前第 21 王朝的第三位国王。进入墓室后，发掘人员看到面前堆积了大量的沙布提俑雕像、雪花石膏罐和青铜装饰品，而在右边，则是一幅令人震惊的景象：一具纯银的鹰头棺椁，位于两具严重腐烂的木乃伊之间的基座上。但意外的是，这具棺椁并不属于普苏森内斯，而是属于赫卡赫佩雷·舍顺克（Hekakheperre Sheshonq），他曾在第 22 王朝中的某个时间段进行统治，现在在国王序列中被赋予序号"二世 a"。[6] 在那具美丽的棺椁内部，木乃伊已经只剩下一

蒙特检查墓中的赫卡赫佩雷·舍顺克一世石棺

副骨架了，是三角洲潮湿的环境使然。它被装在一个木乃伊盒（cartonnage）里，该盒也已经腐烂。但一个纯金的面具却保存下来（见彩色插图 ix）[7]，还有三个用黄金和其他贵重材料制成的格外精美的胸牌，表明该墓葬的配备非常豪华。其中一个胸牌上

镶有一只很大的带翅膀的绿宝石圣甲虫；另一个胸牌是青金石圣甲虫，两边饰有两条咆哮的眼镜蛇，每条眼镜蛇都戴着上埃及的白冠（white crown）；第三个胸牌是星空下的一艘优雅的太阳船（solar barque）[1]，载着一个青金石太阳盘。[8]虽然赫卡赫佩雷·舍顺克没有在现存的历史记录中留下多少痕迹，但他并不是一位经济拮据的国王。1939 年剩下的时间里，蒙特将他的墓中财宝小心翼翼地取了出来。

这一发现带来了难题：普苏森内斯本人的墓葬到底在哪里？蒙特确信，这座墓葬是能找到的，应该就在紧挨着他们刚刚进入的墓室的西侧花岗岩建筑中，他意识到舍顺克棺椁西侧的装饰墙掩盖了通往更多墓室的两个入口。

尽管欧洲在 1939 年 9 月宣战，但蒙特还是在 1940 年 1 月回到发掘现场，检验他的理论。他的第一个任务是确定纪念碑的外部范围。他移开了奥索尔孔二世墓的西墙，以获取霍纳克特王子墓葬的最后部分。沿着纪念碑的西部边缘，他还发现了一座单室墓，里面是普苏森内斯的继任者阿梅内莫佩特（Amenemopet）的精美的石英石棺，尽管后来发现它是空的。

1940 年 2 月 16 日，蒙特通过建筑外观确定了他要寻找的普苏森内斯的墓葬，随后，他将两个隐蔽入口右侧的东西移开，立刻看到一块巨大的花岗岩，它阻碍了发掘进展，但仔细检查后发现，这块石头被安放在青铜滚轮上，这些滚轮在 3000 年前曾将用来阻挡的石头滚到既定位置，现在又被用来将其移走。

之后，蒙特发现了他所期待的东西：在沙布提俑、卡诺皮克

---

〔1〕太阳船是古埃及神话中太阳神拉使用的船只。

罐和金银器皿的包围下，躺着一具非常大的粉红色花岗岩石棺（见彩色插图 x）。蒙特花了 6 天时间来清理石棺底部的材料，之后方得揭开棺盖。在石棺内，有一具黑色的人形花岗岩大石棺，再里面是一具纯银的人形棺椁（见彩色插图 xiv）；在石棺内，有一具戴着纯金面具的普苏森内斯一世的木乃伊（面具见彩色插图 xii）。如果不是霍华德·卡特在 18 年前发现图坦卡蒙国王，这个面具就可能已经成为"埃及之脸"。此外，这是目前发现的唯一一座真正完整的王室墓葬，自第 22 王朝被封存以来，从未被动过，直到蒙特重新发现它。（图坦卡蒙的墓葬至少被盗贼进入过一次，尽管他们没能拿走多少东西。）

木乃伊被包裹在几乎无法想象的财富中：22 个手镯，2 个脚 171

皮埃尔·蒙特检查普苏森内斯一世的木乃伊，其黄金面具仍处于原位

塔尼斯的废墟，前面近处是王室陵墓，还有阿蒙神庙入口处的遗迹，以及后面的围墙

环，每个手指和脚趾都戴着纯金的指套，30个戒指，2个胸章，4个带翅膀的圣甲虫和一批奢华的物品，包括武器、护身符和手杖等。清理陵墓花了两个星期，直到3月底，所有东西才被安全地打包，准备转移到开罗的埃及博物馆，以保证其安全。

陵墓的全部范围仍未确定，但由于第二次世界大战正在进行中，如果要开展任何进一步的工作，蒙特就得与时间赛跑。埃及国王法鲁克（Farouk）参加了赫卡赫佩雷·舍顺克的开棺仪式，他劝说蒙特不要等到下一年再进入第二个密封的墓室。密封区域周围的装饰有法老阿梅内莫佩特的图像，蒙特在这一季早些时候发现了他的空石棺。当密封墙壁被拆除，以便进入另一个墓室时，考古队又一次遇到阻拦他们的石头，但与普苏森内斯的墓室一样，这块石头在青铜滚轮上，可以轻松移动。在墓室内，蒙特再次收获了一位法老的墓葬——阿梅内莫佩特，恰如当初的预期。这位国王被葬在一具石棺里，这具石棺最初是为普苏森内斯的妻子穆特诺杰梅特（Mutnodjmet）制作的；据推测，阿梅内莫佩特原本葬在自己的墓和石棺里，但后来被转移了，可能发生在他的墓被盗贼侵犯之后。他拥有可与普苏森内斯和舍顺克相媲美的墓葬组合，包括一个精美的金箔面具，该面具属于木制棺椁的一部分，而棺椁本身已基本损毁。

发掘工作随后暂停，直到第二次世界大战结束前夕，才得以继续。通过进一步的调查，另一间墓室被打开了，它位于通往舍顺克墓南边的位置。这间墓室是为普苏森内斯一世的儿子安赫芬姆特（Ankhefenmut）的葬礼准备的，但被发现时是空的。最后的惊喜是另一间墓室，它完全隐藏在墓室的砖石结构中，团队中的建筑师亚历山大·莱津（Alexandre Lézine）将墓室建筑的外部范围与内部布局进行比较，意识到有一个空间没有被计算在内，才找到它的位置。莱津的推断使得另一间未被触及的墓室出现了，这一次，它不属于一位法老，而属于普苏森内斯宠爱的一位名叫温杰巴恩杰德（Wendjebaendjed）的将军。墓室里有一具花岗岩大石棺，里面是银和木头制成的棺椁，还有一个黄金面具，以及一个称作帕塔（patera）的漂亮的浅口酒碗，由金银制成，上面有美丽的浮雕，表现的是四个年轻女孩在有着鱼、鸭子和荷花的水池中游泳的场景（见彩色插图 xv）。铭文告诉我们，这是国王送给他的将军的礼物。[9]

战后几年，蒙特在工作中获得了许多关于塔尼斯的阿蒙神庙遗址的新信息，包括孔苏和荷鲁斯的两座附属神庙和圣湖，以及

发掘王室陵墓时的塔尼斯

该遗址在托勒密时期持续活动的证据。他并没有像期待的那样发现更多王室墓葬，但他在1939—1940年的发现已经为我们了解第21和第22王朝国王的活动，特别是国王的埋葬方式做出了巨大的贡献。

大量的财宝和关于墓葬的新发现，但仍有空白

在王室陵墓中发现的许多物品显然是从早期的墓葬中拿来重新使用的。塔克罗斯一世和阿梅内莫佩特都被埋葬在早于其约1000年的中王国时期的石棺中；和后者埋葬在一起的还有一个刻着第19王朝塞蒂一世的罐子。埋葬舍顺克一世的石棺，最初是为塞蒂的孙子麦伦普塔赫制作（现陈列在开罗的埃及博物馆的中

庭）。蒙特还发现了大量专门为国王制作的材料，这些材料质量最好，使用了黄金等贵重材料，最明显的是银，比之前王室墓葬中出现的要多得多。

蒙特发现了舍顺克一世和阿梅内莫佩特壮观的墓葬，这是确认第 21 王朝法老墓葬位置的第一个证据。阿梅内莫佩特最初葬在他自己的墓里，后来迁移到了他被发现的那座陵墓；该陵墓似乎是普苏森内斯一世的埋葬地，从一开始，普苏森内斯的埋葬就是这么安排的。奇怪的是，普苏森内斯的纪念碑似乎占用了与之

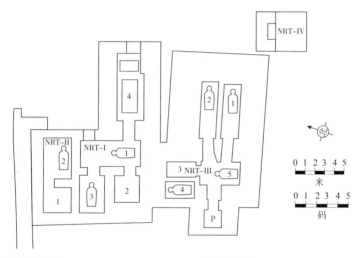

I 1. 未知者
   2. 空墓室
   3. 塔克罗斯二世
   4. 奥索尔孔二世 – 霍纳克特王子
II 1. 空墓室
   2. 未知者

III P. 进入点
   1. 普苏森内斯
   2. 阿梅内莫佩特
   3. 安赫芬姆特的空石棺
   4. 温杰巴恩杰德
   5. 赫卡赫佩雷·舍顺克二世 a
IV 阿梅内莫佩特最初的坟墓

塔尼斯王室陵墓平面图[1]

---

[1] 图中的 NRT 为 the Royal Necropolis of Tanis 的缩写，意为塔尼斯王室墓地。
　　——编注

相邻的陵墓，而该陵墓的中心是后来的国王奥索尔孔二世的墓，看起来就像是后来法老的陵墓反而先在那里。有人据此认为，事实上奥索尔孔并不是最初的墓主，他使用了一位前任法老的纪念碑，这位法老可能是第 21 王朝的第一位国王内苏巴内布杰德（斯门德斯）一世。此外，通过对赫卡赫佩雷·舍顺克石棺两侧的两具木乃伊遗体进行仔细分析，发现它们是西阿蒙和普苏森内斯二世。

这样，第 21 王朝就只剩下两位法老尚未找到：尼弗尔卡雷·阿梅内姆尼苏（Neferkare Amenemnisu）和"老"（the Elder）奥索尔孔，阿梅内姆尼苏的名字和他的继任者普苏森内斯一世的名字一起出现在 NRT-III 中的一个弓形盖子上。[10] 这些国王可能被埋葬在同一座陵墓中：很明显，有些墓葬被完整地保存下来，而有些则被盗，有些墓室在某些地方被重新修缮，有些遗体则被重新

普苏森内斯一世的石棺盖，现位于开罗的埃及博物馆中央的中庭

埋葬。陵墓中的空墓室和无名石棺可能与这两位扑朔迷离的国王的埋葬有关，但还缺乏结论性证据。尽管如此，这座墓园使得第21王朝国王的埋葬情况有了较为完整的记录。

虽然蒙特的工作确实促进了我们对这一时期埋葬方式的了解，但是在随后的第22王朝，情况就不同了。他在发掘中发现了该王朝中期的两位国王——赫卡赫佩雷·舍顺克和奥索尔孔二世的墓葬。赫卡赫佩雷·舍顺克在位时间较短，我们现在认为他是舍顺克二世a，是这一时期两组"其他三位国王"中的第一组之一，曼涅托不清楚他们的名字；奥索尔孔二世在位的时间可能稍晚。最后，虽然墓葬的遗迹不多，但很明显，奥索尔孔的父亲，即他的前任塔克罗斯一世也被埋葬在NRT-I墓中。在墓葬的这片区域普遍存在着奥索尔孔的铭文，这表明是他让父亲重新埋葬在这里，而塔克罗斯起初被葬在其他地方。[11]

当蒙特第一次进入陵墓时，他看到了一群有"舍顺克"名字的沙布提俑，导致他起初认为自己找到了叫这个名字的国王的陵墓，但在进入陵墓后，他观察到了墙壁上奥索尔孔的王名框。前厅中的大型无名石棺也可能与叫这个"舍顺克"的国王之一有关。不太可能是奥索尔孔二世的继任者舍顺克三世或其继任者舍顺克四世，因为刻有这两位国王名字的石棺是在另一座墓葬NRT-V中发现的，NRT-V结构简单，只有一个前厅和墓室，建在其他墓葬的西北方向。[12] 最后，NRT-II是一座没有装饰的墓，与NRT-I共用一堵墙，里面有一具石灰岩石棺，三具棺椁的残骸和一些带有乌瑟玛特－塞特佩雷（Usermaatre-Setepenre）名字的卡诺皮克罐碎片，这个名字在这个时期不止一位国王使用过，但只有一位国王的陵墓在其他地方尚未得到确认——舍顺克四世的继承人帕米（Pami）。[13]

空白仍然存在，特别是在王朝的初期和末期。虽然他们的统治能够很好地通过考古记录和文字记录得到证实，但该王朝的前两位国王舍顺克一世和奥索尔孔一世的墓葬却不为人知。有一个属于舍顺克一世的卡诺皮克箱出现在文物市场上，但其来源未知。[14]塔尼斯也许还有更多的墓葬，因此第22王朝的墓葬可能相当于第21王朝的传统不曾间断的延续，只是这座王室墓园还有一部分没有被发现而已。[15]但也可能需要到其他地方去寻找其间未知的法老陵墓。

下埃及其他地方的王室墓地？

曼涅托认为第22王朝的法老最初来自特尔巴斯塔（Tell Basta），这是古代布巴斯提斯（Bubastis）的所在地，也是另一个三角洲城市，位于塔尼斯西南约65千米（40英里）。显而易见，这一时期的某些国王，特别是奥索尔孔一世和二世在此地的活动较多。[16]然而，曼涅托的信息在某些情况下明显是有问题的，例如他将第19和第20王朝与底比斯联系在一起，而现在普遍认为这两个王朝主要以三角洲东部的皮拉美西斯为根据地，王室家族也发端于该国的这一区域。[17]

尽管如此，近年来还是有一些有趣的证据能帮助我们寻找墓葬。埃娃·朗格（Eva Lange）博士领导的埃及 - 德国特尔巴斯塔项目（Egyptian–German Tell Basta Project）一直在对该城进行调查。2009年3月，朗格和她的团队正在发掘以前未被开发的区域，该区域位于著名的猫神巴斯泰特（Bastet）神庙的入口处，

可能来自一个或多个沙布提俑的彩陶碎片，刻有"舍顺克·梅里亚蒙"的名字，由埃娃·朗格博士领导的特尔巴斯塔项目于2009年发现

是该遗址的核心。在一条罗马时期的路面下，考古队发现了几块彩陶碎片，尽管它们很小，却保留了非常多的原始铭文，显示上面曾装饰了一个含有王室名字"舍顺克·梅里亚蒙"（Sheshonq Meryamun）的王名框。[18] 这些碎片很可能是沙布提俑小雕像的一部分；碎片位于一座神庙的入口，相当于塔尼斯王室陵墓的位置，这些都表明它们可能来自该地区的墓葬。这一时期的几位国王都被命名为舍顺克，并且都使用了"梅里亚蒙"（"为阿蒙神所爱"之意）的称谓；其中一些人，赫卡赫佩雷·舍顺克二世a、舍顺克三世和舍顺克四世，都被埋葬在塔尼斯，但舍顺克一世、二世b、二世c、五世和六世也可能被埋葬在这个地方。尽管我们不能确定这些国王中哪些人可能被埋葬在这里，但这一发现支持了这

样一种理论：应该在塔尼斯以外的地方寻找一些失踪的墓葬。

孟菲斯也被提议作为失踪的第 22 王朝法老的埋葬地。虽然没有证据表明舍顺克一世曾在塔尼斯活动过，但他确实曾在附近的孟菲斯等地大兴土木。[19] 最引人注意的是，似乎有一座舍顺克一世"在胡特 – 卡 – 普塔"（Hut–ka–Ptah）的"百万年之屋"（house of millions of years）——孟菲斯的普塔神庙。"百万年之屋"这一短语描述的是专门用于法老的葬礼崇拜的建筑或空间，表示已故法老将在那里得到永恒的敬仰和生命，在这种情况下，屋子的形式可能是普塔大神庙前面的一个塔门和前院，类似于舍顺克一世在卡纳克的阿蒙神庙前面建的第二个"百万年之屋"。孟菲斯的祭

舍顺克王子墓的浮雕细节，展示的是死者在阿努比斯神面前

祀场所在舍顺克死后仍在使用，这一点的例证参见大约150年后在塞拉比尤姆建立的一块石碑，该石碑提到了与之相关的人员。[20]同样，这一时期神庙入口处出现的王室葬仪符合当时的习俗，并强烈暗示可能会在这里发现舍顺克一世的陵墓，或许还有他的其他家族成员。再加上奥索尔孔二世的儿子、普塔的大祭司舍顺克就在神庙围墙的西边，也就是今天的科姆法力赫（Kom al-Farikh），进一步强化了这一推论。这座丰厚的墓葬是当时几位高地位人士的墓葬之一，出土了一些用黄金和其他贵重材料制作的非常精美的珠宝[21]，并提供了无可争议的证据，证明孟菲斯在这个时期是王室家族成员的埋葬地。它是否也一度是那个王室墓地所在？

曼涅托不知道的底比斯国王？

正如我们所看到的，再现第三中间期是一项充满挑战的工作。将考古记录与文字描述，包括曼涅托的记载进行一一对应，工作量倍增。例如，比对之前的新王国，第三中间期的相关证据并不丰富。因为国家是割裂的，南半部由阿蒙祭司长控制，北半部由法老控制，他们各自可利用的资源被稀释了，可能也消减了建筑活动（因此留给考古学家的发现也更少）。而在法老的统治区域中，三角洲占了很大一部分，那里环境潮湿，一般来说对材料，特别是有机材料的保存要差得多。更为复杂的是，某些王室名字，包括舍顺克、奥索尔孔和塔克罗斯等，出生名（nomina）和登基时的王位名（prenomina）被不同的国王反复使用，特别是在第21王朝结束后的两个半世纪左右这段时间内。正如我们了解到的那样，想要辨认一个带有舍顺克·梅里亚蒙名字的物品属于谁，可能需要从八个不同的国王中去寻找关联！

最后，像舍顺克这样的名字清楚地表示，这些人不是埃及人，而是利比亚人。有一种比较有说服力的观点认为，这些利比亚人只是行事方式不同，这种方式改变了埃及社会，使他们和他们的活动更难发现。[22] 这些利比亚人最初是一系列游牧部落，有着不同的名字，包括马（the Ma）、梅斯韦什（the Meshwesh）和利布（the Libu）。他们最迟在第 20 王朝开始来到埃及，也许是自愿的定居者，也许是被交战的埃及军队俘虏并强行居留，特别是在拉美西斯三世统治时期。慢慢地，他们开始对埃及社会产生影响，并可能早在第 21 王朝就进入了精英的行列，因为第 21 王朝法老的名字中出现了（"老"）奥索尔孔。他们不习惯由一个中央政府控制大量人口和领土的理念，更倾向于管理较小的行政单元，而且他们管理的似乎是个不识字的社会。尽管那些在埃及崭露头角的人，包括作为法老的统治者，都披上了埃及王权的外衣，包括标准的头衔、圣书体文字及王名框，但他们可能只是在遵循当地习俗，以确保其统治被接受。他们的新习俗——将国王埋葬在神庙周围相对简易的墓中，可能是因为缺乏像国王谷那样可以开凿岩石修建陵墓的环境，但这也反映了外国人带给这个国家的一套不同的理念。

无论如何，与埃及历史上的其他时期相比，对于第三中间期，想要按照历史学家喜欢的那种基于一位国王统治一段时间然后由下一位国王（通常是一个儿子）继任的连贯事件进行叙述，已经成为一种挑战。

1973 年，利物浦大学的肯尼思·基钦（Kenneth Kitchen）出版了一部著作，试图纠正这个问题。他的书《埃及第三中间期（公元前 1100—前 650 年）》[The Third Intermediate Period in Egypt (1100-650 bc)] 汇集了大量的零散证据，并对法老的继承、埃及内外主要中心的重大事件进行了连贯的历史叙述。这是一部经典之作，是研究古埃及的历史学家最伟大的成就之一。对于研究该时期的学生来说，这本书是不可或缺的，部分原因在于它是对古埃及感兴趣的人们了解相关事件的权威版本，另外也没有其他描述这一时期的概述，能像这本书一样引用如此全面的原始资料。

然而，基钦的作品并非无瑕，尤其是他对第 21 王朝末期至另一个外国人——库施国王皮耶[Piye，又称皮安希（Piankhy）] 征服埃及期间，埃及国王顺序的排列，引起了争议。皮耶从他在努比亚的基地一直向北行至阿斯里比斯（Athribis），他的最终胜利标志着第 25 王朝统治的开始。

为了纪念皮耶的战役，库施人的故乡——现代苏丹的格贝尔巴卡尔（Gebel Barkal）的阿蒙神庙中竖立了一块石碑，石碑现存于开罗的埃及博物馆，详细描述了这次远征，以及当时埃及政治的"无政府状态"，据说正是这种状态触发了皮耶向北进军。在前进的过程中，他遇到了许多当地的统治者，关键是其中一些人被认为是"国王"。这有助于解释考古记录中证实的不同法老的数量，因为在皮耶征战期间，埃及有不止一位国王。

基钦提出，不包括皮耶在内，有多达四位国王同时统治，这是目前对皮耶入侵时的情况相对较新的进展。根据曼涅托的说法，第 24 王朝只有一个统治者，即塞斯（Sais）的博克乔里斯（Bocchoris），埃及学家们一致认为他应该和巴肯拉尼夫（Bakenranef）是同一个人，巴肯拉尼夫的信息存在于塞拉比尤姆的少量石碑和意大利一座古墓中的一个花瓶上，被认为是塞斯的泰夫纳克特（Tefnakht）的继承人，是皮耶石碑叙述中的主要对手。埃及学家们普遍同意这一点。

然而，再现之前的第 22 王朝和第 23 王朝，引起了许多讨论和争辩，并对我们寻找失踪的古墓产生了影响。

基钦认为曼涅托在这一点上是对的：这一时期有两个王朝的国王，而且他们分别在不同的地方进行统治——布巴斯提斯和塔尼斯；但曼涅托的错误之处在于他没有掌握所有的国王名字，而且没有意识到这两个王朝在时间上其实是重叠的。基钦提出，证据中的所有国王或多或少都应该被纳入第 22 王朝，他认为第 22 王朝的基地在布巴斯提斯，或者第 23 王朝的基地在塔尼斯，如曼涅托所言。基钦提出的这一论据令人信服，他的理论在十多年里几乎没有受到质疑。然后，帕特里夏（Patricia）和杰弗里·斯宾塞（Jeffrey Spencer）在 1986 年发表的一篇非常简洁的文章中指出，基钦认为的作为这两个王朝的一部分而驻扎在三角洲的一些国王实际上只在上埃及有记载。[23] 不久之后，安东尼·莱希（Anthony Leahy）在这一观察的基础上，发表了一种新的重构方案，从根本上改变了我们对这一时期埃及政治地理的看法。[24] 他提出，斯宾塞认定的底比斯而非三角洲的统治者压根不属于曼涅托的第 22 和第 23 王朝；事实上，莱希认为曼涅托根本不了解上埃及的国王，因为他的资料来源是北方的神庙档案，可能不包括任何关于南方统治者的记录，他们的影响只限于该国的这一部分。莱希声称，曼涅托列出的第 22 和第 23 王朝国王的数量和名字更准确，国王的名字并没有像基钦说的那样有所重叠，而是按照埃及的一贯做法依次列出。

在这个新的重构中，埃及出现政治上的分裂的时间比皮耶入侵早许多，是在第 22 王朝中期，比基钦推断的时间早了大约一个世纪；南方的国王系列（有时被称为"第 23 王朝"）大约在奥索尔孔二世作为三角洲的统治者被埋葬在塔尼斯的时候上台，并在皮耶入侵前的一个世纪里保持对埃及南部的影响。因此，在莱希的重构发表之前，我们认为可能会在塔尼斯或者三角洲其他地方找到的国王墓葬，现在应该另寻他地了。事实上，其中一些墓葬的遗迹构成了部分证据，证明这些南方的统治者确实与北方的国王同时存在。

底比斯的国王们

1927—1933 年，在芝加哥大学对卢克索的梅迪内特哈布神庙群（该遗址以拉美西斯三世的葬礼神庙为主）进行大规模发掘时，考古学家乌沃·赫尔舍（Uvo Hölscher）发现了法老赫德杰赫佩雷·塞特佩纳蒙·哈尔塞西·梅里亚蒙（Hedjkheperre Setepenamun Harsiesi Meryamun）的陵墓。哈尔塞西与北部的奥索尔孔二世同时在位，是一位重要的人物，因为他似乎是自第 21 王朝以来，第一个在底比斯拥有这种地位的人。在梅迪内特哈布的小型阿蒙神庙外围的托勒密路面下发现的这座陵墓令人印象深刻。在托勒密路面铺设时，可能是为其他神庙开采建筑材料，所有的上层建筑都已被拆除，留给发掘者调查的只有地下的隔间。与塔尼斯陵墓不同的是，这些墓室不是通过井室而是通过一段长约 11 米（36 英尺）的下行台阶进入。这段台阶通向一个前厅和一间墓室。所有的地下部分都是用砂岩建造的，墓室在一个用泥

从梅迪内特哈布的哈尔塞西墓里面向外看

砖砌成的坑里。在墓室内，发掘人员发现了一具花岗岩石棺，棺盖是人的形状，但有一个猎鹰的头，让人想起塔尼斯的墓葬。石棺槽原本属于拉美西斯二世的一位名叫赫努特美拉（Henutmire）的妹妹兼妻子[25]，它完全被墙围住，其边缘与墓室的地面持平，棺盖是在木乃伊躺到里面之后被盖上的。赫尔舍认为这是一种安全措施，旨在确保石棺"永远稳固、不可侵犯"[26]。然而，就像许多这样的措施一样，它失败了：盗贼通过墓室天花板上的井室和裂缝进入。尽管被入侵过，墓中仍有许多随葬品，包括4个写有国王名字的雪花石卡诺皮克罐和200多个沙布提俑，以及发掘者认为属于国王本人的木乃伊头骨和前臂。

没有证据表明哈尔塞西将王位传给自己的后代。但他确实有一个儿子（其名字现在已经不知道了），据说他的儿子曾成为卡纳克的阿蒙首席祭司[27]，这可能代表了哈尔塞西的一种意向性声明。当然，阿蒙首席祭司在第 21 王朝初期，是由南方统治者担

开罗埃及博物馆室外花园中的哈尔塞西石棺

任的职位，在随后的几十年里，担任职位的各类人最终都获得了法老的地位，这表明个别首席祭司是有可能披上王权的外衣，并宣布自己是法老的。此外，这也是一个由法老的众多儿子担任的职位，似乎是国王控制阿蒙神庙和神职人员的一种手段，是这些儿子成为法老的阶梯。哈尔塞西有一位儿子担任这个职务，表示这可能是他的策略，但如果他的儿子未能成为国王，就意味着策略失败了。

大约就在哈尔塞西死亡的时候，塔克罗斯二世可能成为上埃及的国王，而且这两个事件可能并非毫无联系。塔克罗斯的出身、家庭关系和权力范围已被广泛讨论过。在基钦的重构中，此人被列为布巴斯蒂特（Bubastite）第22 王朝的一员，是奥索尔孔二世的直接继承人[28]，但后来有人指出，塔克罗斯二世只在上埃及的纪念碑上有记载，包括卡纳克的一些铭文，并没有显示他的家族与下埃及的联系；而且族谱表明，他是在奥索尔孔二世死后整整一代人的时间里才兴盛起来的。[29]最后，他拥有"底比斯的神圣统治者"（netjer heka Waset）头衔。

因此，他的统治时期似乎是上埃及敌对派别之间的冲突时期，这可能解释了哈尔塞西和塔克罗斯二世之间没有任何家族联系的原因。与之前哈尔塞西的一样，塔克罗斯的儿子也是阿蒙首席祭司。《奥索尔孔王子纪事》（ *The Chronicle of Prince Osorkon* ）详细描述了在上埃及超过 30 年的时间段内，底比斯两个敌对派别之间为争夺霸权而进行的斗争，每个派别都由一位国王和他们选择的阿蒙首席祭司领导。斗争开始于塔克罗斯统治的第 11 年，当时他的儿子奥索尔孔王子对卡纳克进行了一次隆重的访问。[30] 经过长期的权力斗争，最终塔克罗斯二世的家族取得了胜利。

《奥索尔孔王子纪事》中描述的事件可以追溯到塔克罗斯二世和舍顺克三世的统治。如果像基钦提议的那样，他们是连续统治的，那么在叙述中就会有 20 年的空白期——在此期间没有任何事件的描述。另一方面，如果这两位国王不是连续统治，而是同时统治的，就不会有这样的空白——舍顺克三世的第 1 年相当于塔克罗斯二世的第 4 年，而这一变化可以解释为上埃及的权力从舍顺克三世一系转移到塔克罗斯二世一系。此外，《奥索尔孔王子纪事》中的奥索尔孔 B 王子，塔克罗斯二世的儿子，现在已经被确认为乌瑟玛特·塞特佩纳蒙·奥索尔孔三世国王，所以在这个例子中，国王的儿子确实先担任首席祭司，随后成为法老。

奥索尔孔三世的陵墓

我们知道哈尔塞西葬在底比斯，而塔克罗斯二世和奥索尔孔三世的家族似乎已经在底比斯站稳脚跟几十年了，因此有理由认为可能会在该地区发现他们的墓葬。有三份可以追溯到第 26 王朝末期［尼科二世（Necho II）和阿玛西斯（Amasis）统治时期］和第 27 王朝初期［大流士一世（Darius I）］的莎草纸，记录的都是土地转让的日常事务，其中都提到在底比斯河西有一座"奥索尔孔国王"的陵墓。[31]

　　在四位以奥索尔孔为名的法老中，有三位（一世、二世和四世）似乎是在三角洲的法老。奥索尔孔一世和二世属于第 22 王朝早期，如我们所见，后者被埋葬在塔尼斯，而奥索尔孔四世是库施国王皮耶在征服埃及时遇到的布巴斯提斯国王。现在大多数学者认为奥索尔孔三世的影响力仅限于上埃及，而且他与底比斯有着非常密切的联系，他似乎是这座墓唯一的疑似主人。

　　令人沮丧的是，三份莎草纸的作者之所以提到该墓，是因为当时它在景观之中是一座很有用的标志性建筑，用以对照记录其他纪念碑的位置。虽然到最后一篇莎草纸写作时已经过去了两个世纪，但该墓仍然非常显眼，而且众所周知，它是奥索尔孔的埋葬地。可惜记录中没有提到其他可以帮助我们确定方向的地标，该墓似乎很可能位于一座神庙的周边区域，类似于塔尼斯的王室陵墓、梅迪内特哈布的神庙外围的哈尔塞西墓，以及疑似特尔巴斯塔的法老舍顺克的墓葬。然而，复杂的是，在奥索尔孔三世去世时，底比斯西部有许多适合埋葬国王的神庙，其中大部分是作为新王国法老的纪念庙建造的。

埋葬在底比斯的其他王室成员

有大量证据表明，公元前 9 世纪和前 8 世纪，即底比斯第 23

王朝时期，底比斯神庙周围有墓地的证据。詹姆斯·奎贝尔于1896年在拉美西姆神庙后面发现了塔克罗斯二世的孙女讷赫姆斯巴斯特（Nehemsybast）的木乃伊盒碎片和一个沙布提俑盒。[32] 他的另一个孙女塔米特（Tamit）也被埋葬在同一地区，塔米特的儿子安赫帕赫罗德二世（Ankhpakhrod II）同样如此。

最近，在该区域又有一项关于第23王朝时期的重要发现，但这次是在神庙里。在19世纪，一些属于"阿蒙神妻"（Divine Adoratrice）卡洛玛（Karomama）的沙布提俑和其他葬具出现在文物市场上，被伟大的德国埃及学家、探险队队长卡尔·理查德·累普济乌斯购买。随后，奎贝尔在发掘拉美西姆神庙及周边地区的过程中，又发现了属于同一个人的沙布提俑。法国西底比斯考古团（The French Archaeological Mission in Western Thebes）和古埃及研究与文献中心（Centre for the Study and Documentation of Ancient Egypt）于2014年重新考察了该地区，并发现了卡洛玛的墓葬。它位于供奉拉美西斯二世的母亲图雅（Tuya）王后的小神庙北部，由一个5米（16英尺）深的井室通向一间墓室，其下部的挡板有一部分是完整的。墓室内发现了更多的沙布提俑碎片，从而证实了墓主的身份。有人认为，这位卡洛玛应该是奥索尔孔二世的一位叫卡洛玛的女儿，但这不过是一种猜测，而且似乎与北方的奥索尔孔二世家族和此时出现的上埃及统治者导致国家分裂的状态并不吻合。

奥索尔孔三世的儿子和继承人塔克罗斯三世的一些后代被埋葬在代尔巴里的哈特谢普苏特神庙地面开凿的井室里[33]，但国王本人的墓葬却难以寻找。

塔克罗斯三世的继任者可能是舍顺克六世a，然后是卢达蒙（Rudamun）。舍顺克六世 a 的女儿尼斯泰尔维（Nesterwy）被埋葬在梅迪内特哈布的拉美西斯三世的神庙之下。[34] 事实上，此地也是这一时期上埃及最著名王室成员——谢佩努佩特一世（Shepenwepet I）的墓葬所在地，她是奥索尔孔三世的女儿，也是阿蒙神妻卡洛玛的继承人。"阿蒙神妻"头衔最早出现在第 18 王朝初期，但其地位似乎在奥索尔孔三世时期就已经提升了，它曾由王室的一位女性成员担任，从这时起便由国王的女儿担任。从谢佩努佩特一世开始，神的妻子成为阿蒙神职人员中最重要的成员，地位甚至超过了首席祭司。神妻被赋予了与法老同等的特权，在卡纳克阿蒙神主导的区域，她通常是法老的副手，在精神和实质两方面的权力都很突出：神妻控制神庙的经济，能够拥有纪念碑，通过为她服务的大量官员队伍控制人力和资源。由于她们被认为是神妻，所以没有结婚生子，因而自身也没有可以传递身份的继承人。但这个头衔从一位法老的女儿传给下

梅迪内特哈布"阿蒙神妻"的小教堂

一位法老的女儿，从奥索尔孔三世开始，历代法老都以这个职位作为建立他们在卡纳克控制权的手段，任命一个女儿为当职神妻，或者如果这个职位暂时有人，那么法老的女儿就是神妻的继承人。

在拉美西斯三世的大神庙前，在贯穿神庙的东西向主轴线的稍南处，坐落着一些小教堂，这些小教堂不仅是谢佩努佩特一世的埋葬地，而且是她的继任神妻们的埋葬地：阿穆尼迪斯（Amunirdis）一世、谢佩努佩特二世、奈蒂克特［Neitiqert，又作尼托克利斯（Nitocris）］和安赫内斯费雷尔（Ankhnesneferibre）。小教堂按时间顺序从东向西建造，一个挨着一个，门洞朝北，朝向拉美西斯在 500 年前纳入大神庙群的小阿蒙神庙。谢佩努佩特一世的小教堂自然是第一个建成的，现在上层建筑几乎完全消失了，墙壁只剩下略高于地面的部分，但地下墓室却保存得好一些。墓室表面是石头，上面有一个石拱顶，在古代曾被抢劫过，留下的东西很少。教堂墙壁上保留了黄底黑字的圣书体文字的遗迹，但都无法识别。事实上，没有确凿证据能够说明这里是谢佩努佩特的墓室，是发掘人员根据接下来的墓室都属于她的继承人这一基础，推断出该墓室属于她。

阿穆尼迪斯一世和谢佩努佩特二世的小教堂是用石头建造的，至今仍在使用。谢佩努佩特二世的小教堂也是她的继任者尼托克利斯及其母亲梅赫腾维什克特（Mehytenweshket）这对母女的埋葬之地。对于我们所期待的这一时期上埃及王室陵墓的结构类型，这些遗迹可能提供了最为清晰的范式。从本质上讲，这些都是陵墓式教堂（tomb-chapel），每座陵墓都有一个入口塔，通向一系列装饰好的祭祀墓室，这些墓室建在有拱形屋顶的地下墓室之上（除了阿穆尼迪斯一世的墓室）。³⁵所有墓室的石棺都被移走了，其中两具石棺被重新用于代尔梅迪那的托勒密王朝墓葬中，尼托克利斯的石棺现藏于开罗的埃及博物馆，安赫内斯费雷尔的石棺则存于大英博物馆。³⁶

寻找失踪的底比斯古墓

鉴于哈尔塞西、卢达蒙的女儿尼斯泰尔维和奥索尔孔三世的女儿谢佩努佩特的墓都是在梅迪内特哈布发现的，人们可能会认为这里是埋葬当时国王的不二之选。然而，后来的莎草纸文本记录中说，读者可以通过奥索尔孔三世墓来确定方位，这表明它是周围环境中最明显的标志；很难想象，如果它位于梅迪内特哈布神庙周围的广阔区域，是否能成为地标？因为在梅迪内特哈布有许许多多其他可以作为地标的建筑，而这一点在莎草纸中并未提及。

此外，其中一篇文献中提到的拟建房屋，以及另一篇文献中提到的"Wsr-tn（奥索尔孔）国王墓中的荒地"[waste land in the tomb of the king Wsr-tn（Osorkon）]，都很难让人联想到神庙区域内那块面积较大但受到限制、可能价值很高的土地。该墓似乎更有可能位于一个远离任何特点鲜明的纪念碑的地方。

无论如何，哈尔塞西葬于该地区，不应该意味着所有上埃及国王都会葬在梅迪内特哈布，他与奥索尔孔三世不属于同一王系。还应牢记的是，第25王朝的神妻们肯定不会与她们的国王葬在同一个地方，即国王们在故乡纳帕坦（Napatan）的王室墓地。

失踪的第 26 王朝法老

尽管皮耶表面上战胜了埃及各个地方的统治者，但根据曼涅托的说法，第 25 王朝国王的统治直到沙巴卡（Shabaqo）时期才开始。根据庆贺胜利的圣甲虫上的铭文，沙巴卡在埃及发生叛乱后被迫重新确立了库施人的控制权 [37]，这表明独立的地方统治者并没有被完全镇压。库施人的权力也受到了亚述帝国（Assyrian Empire）的挑战，亚述帝国担心失去对黎凡特领土和经济的控制，害怕控制权落入库施人手中，从公元前 6 世纪 70 年代开始，多次入侵埃及。随后的几年里，两组外国人：合法的法老库施人和对成为法老不感兴趣的亚述人为控制国家展开了争斗，亚述人在公元前 664 年取得了决定性的胜利，迫使库施人的最后一位法老坦维塔玛尼（Tanwetamani）退到了底比斯以南，并洗劫了底比斯。[38] 然而，坦维塔玛尼似乎继续统治着他在库施的领土，其家族还在那里繁衍。第 25 王朝的国王，以及该家族库施国王的前任和继任者，都被埋葬在纳帕坦王室墓地，主要位于现代苏丹的库鲁（el-Kurru）和努里（Nuri）。

亚述人奉行的政策是任命或批准效忠于他们的当地统治者执政。其中一个主要的权力中心位于三角洲西部的塞斯。在这里，一位名为尼科的傀儡国王是亚述人的宠儿。继尼科之后，公元前 664 年，普萨美提克（Psamtek, Psammetichus）一世继位。在此期间，塞斯的影响力开始增长，公元前 656 年，即普萨美提克的第 9 年，他与底比斯当局达成协议（当时没有库施人法老在场，这一点很特别），推举他的女儿尼托克利斯作为阿蒙神妻的继承

191

塞斯古城遗址萨哈格尔的概貌

人。这标志着底比斯的权力转移到塞伊斯（Saite）家族。至此，
埃及在塞特国王的统治下实现了有效的统一，与之前几个世纪
的分化形成鲜明对比。同早期的中央集权统治一样，在接下来
的一个半世纪里，塞伊斯人的统治似乎带来了国运昌隆的繁荣
景象。

　　尽管如此，塞斯古城的遗迹却很少，有关法老的陵墓也没有
被找到。我们知道这些国王葬在他们的首都，这要归功于希腊历
史学家希罗多德（Herodotus）于公元前 4 世纪的描述。他提到第
四位法老阿普利斯（Apries）的命运，当阿普利斯军队中的一支
特遣队叛变，将军阿玛西斯宣布自己为法老并得到拥护时，阿普
利斯 19 年的统治就结束了。希罗多德写道：

　　　　埃及人把他抓起来，掐死了他，但这样做之后，就把他埋在他父亲的陵墓里。这座陵墓在密涅瓦（Minerva）神庙里，离圣殿（sanctuary）很近，在进门的左手边。塞伊斯人将所有属于他们这个区域的国王都埋葬在该神庙里；因此神庙里面甚至有阿玛西斯的墓，以及阿普利斯和他家人的墓。后者不像前者那样靠近圣殿，但仍然在神庙之内。它矗立在庭院中，是一个宽敞的回廊，由石头砌成，装饰着雕刻得像棕榈树的柱子，并配以一些奢华的饰物。回廊内有一个带折门的墓室，后面是国王的陵墓。[39]

这里的罗马女神密涅瓦等同于塞斯的守护神尼特（Neith），所以这里提到的神庙可能是该城市的主要圣殿。在希腊化时代，托勒密王朝奉行一种刻意的政策，将埃及的神祇与希腊的神祇相对应，有时还创造出融合两者的混合版本，如宙斯 – 阿蒙（Zeus–Amun），他在亚历山大大帝吞并埃及时变得非常重要（见第六章）。这种做法使得本地埃及人和外来的希腊人能够和谐地生活和崇拜神祇，并在彼此的雕像和宗教建筑中看到自己的神和信仰。将埃及神祇和地中海神祇联系起来的做法一直持续到罗马时代。不幸的是，尼特／密涅瓦神庙几乎没有任何东西存留至今，因此，如果希罗多德的描述是正确的话，找回王室陵墓的机会似乎非常渺茫。

他的描述似乎大体上符合我们所知道的前几个世纪全国各地不同地点的做法，即王室成员被埋葬在神庙范围内，多位成员占据一座建筑，或一系列建筑挨得很近。"由石头砌成、用柱子装饰的宽敞回廊"可能是一个专门用于阿普利斯停尸仪式的小教堂（如果在他被阿玛西斯夺权后依然存留的话），而墓葬本身

193

显然是在希罗多德描述的折门后面，按照其他地方的传统，也许是在地下。[40]

1822 年，让·弗朗索瓦·商博良在破译圣书体文字的铭文上取得了突破性进展，并因此而知名，他于 1828 年访问了该遗址，记录了两个围墙的存在；在村庄北部的围墙中心，他观察到一个"纪念碑"，或曰墓地。他还注意到了两个土丘，认为可能是阿玛西斯和阿普利斯的墓。[41]

在现今位于萨哈格尔（Sa el-Hagar）的村落，其边缘的"大坑（Great Pit）"是由塞巴兴（sebakhin）制造的，塞巴兴指的是在 19 世纪挖出古代泥砖用作肥料的本地人。"大坑"似乎属于古城郊区，而"北围墙"现在被认为是尼特主神庙和王室陵墓的所在地。[42]

尽管塞斯非常重要，但该遗址在很大程度上被考古学家忽视，直到 20 世纪末，埃及考察协会在杜伦大学（University of Durham）的佩内洛普·威尔逊（Penelope Wilson）博士的指导下，开始了对它的新考察。到目前为止，塞斯缺乏关注的原因可能在于其外观：乍一看，几乎没有任何古代遗迹，与其他一些三角洲中心，如塔尼斯、布巴斯提斯或贝赫贝特哈格尔（Behbeit el-Hagar）形成鲜明对比。然而，在过去的 20 年里，威尔逊和她的团队对第 26 王朝城市中心及其周围的广大区域进行了调查，发现了从史前到古典时代晚期（Late Antique times）[1]的人类活动证据。该项目最初的目的是揭示塞斯在第 26 王朝全盛时期的新信息，甚至期

----

〔1〕古典时代晚期，3—7 世纪这段时间，是历史学家用来描述欧洲大陆和地中海世界从古典古代到中世纪的过渡时期，一般从罗马帝国 3 世纪危机结束（约 284 年）到伊斯兰征服和赫拉克利乌斯领导的拜占庭帝国重组。

待发现希罗多德描述的王室陵墓的相关信息。项目组几年来的一些发现，能够增进我们对情况的了解。

2003 年 4 月，项目组在萨哈格尔以北不到 5 千米（3 英里）的加纳格（Ganag）村发现了一大块红色花岗岩石块，上面装饰着图像，是荷鲁斯的四个儿子（这些神的头部通常装饰在卡诺皮克罐上），表明该物用于葬礼。石块的材质和尺寸意味着它必定是一个大型物体或墙壁的一部分，而一侧的凸起形状表明它可能是某种容器，如石棺或棺盖。[43]

2007 年，在遗址的"大坑"东边，主围墙的南边，项目组发现了一件写有"上下埃及国王普萨美提克"的精美彩陶沙布提俑。它是在一座古典时代晚期的教堂地基中被发现的，因此并不在原来的环境，即王室陵墓中，但离北面围墙不远，可能原本就放在那里。[44]

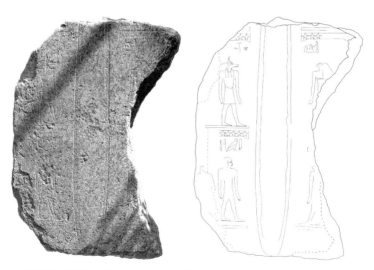

加纳格村的花岗岩石块，可能是王室石棺的一部分

目前还不清楚这个沙布提俑属于三位名叫普萨美提克的国王中的哪一位，但有人认为是应该普萨美提克一世；作为使用这个名字的第一位国王，他没有必要用加冕名瓦西布雷（Wahibre）来与其他人做区分。[45]

事实上，现在已知有 14 件普萨美提克国王的沙布提俑，还有 2 件尼科（一世或二世）的、3 件阿普利斯的和 5 件阿玛西斯的。[46] 19 世纪末，塞巴兴在萨哈格尔地区进行密集发掘，其中许多沙布提俑似乎是在那时进入博物馆收藏的。[47] 令人惋惜的是，在商博良时代，这些陵墓在一定程度上可能确实是完整的，但在安全地度过 2500 年后，它们消失了。大多数物品出处不明，但有些沙布提俑完全是在其他地方发现的，这表明至少有些物品可能是在孟菲斯制造的，甚至没有运到塞斯，又或者是作为前祭品（ex-voto）从塞斯运到了孟菲斯。[48]

还有更多的葬具碎片留存下来，包括一块现藏于巴黎的普萨美提克二世的花岗岩石棺碎片、一个尼科二世的心形圣甲虫，以及阿普利斯的两个卡诺皮克罐。这两个卡诺皮克罐发现于次生环境中，一个重新用作木乃伊猎鹰的容器，另一个在伊特鲁里亚人

195

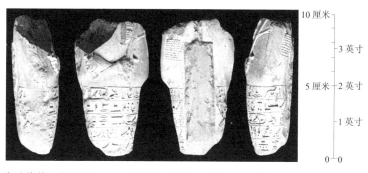

佩内洛普·威尔逊于 2007 年发现的普萨美提克的沙布提俑

（Etruscan）的墓中，表明它们是从古代墓葬中取出的。[49]

在塞斯的最后一项发现值得注意。项目团队发现了三个相当于半个纪念碑大小的花岗岩棕榈柱顶，让人想起希罗多德的描绘："雕刻得像棕榈树的柱子"。它们似乎不在原来的位置，但可能是现存的、唯一可识别的陵墓建筑碎片。[50]普萨美提克的沙布提俑被发现时，与第 26 王朝的其他材料混合在一起，作为后来的罗马建筑填料，那是一间公元前 1 世纪至公元 3 世纪的澡堂，其填料可能是第 26 王朝的花岗岩和沉积石英岩碎片；在其他地方，有罗马陶器堆覆盖在被拆除的法老建筑上面。总的来说，这些证据表明，塞伊斯时期的主要建筑在罗马时代已经被摧毁，包括神庙和王室陵墓。[51]可能还有更多的碎片，威尔逊在最近一篇关于此问题的文章中，以一种诙谐而乐观的口吻写道："希望不要再过一个世纪才发现下一个碎片。"[52]

2014 年，埃及媒体报道称，在三角洲达卡利亚（Dakahlia）省特尔特比拉（Tell Tebilla）遗址发现的一座马斯塔巴中有普萨美提克一世的墓葬，这一度点燃了关于一个轰动性发现的希望。然而，这些报道还为时过早。那次发掘发现了几个人的墓葬，以及他们的一些陪葬品，包括大量的彩陶沙布提俑和护身符、一个非常精美的铜制鸟类护身符和两个人形石灰岩石棺。里面有一个严重腐烂的木乃伊盒被镀过金，在黄金表面所刻的铭文中，人们看到了普萨美提克的王名框。[53]但王名框只是指代法老，估计是死者生前或死后在位的国王，而不是墓主的名字。虽然头条新闻可能会让一些埃及学家心跳加速，但文中所提出的证据并不足以证明所发现的是一座王室墓葬，它的说法显然是错误的。这是一个有趣的例子，当一个新发现的消息首先通过新闻媒体，而不是更学术的渠道传播时，就可能出现错误。

结 论

在某种程度上，能否再次出现与图坦卡蒙墓相媲美的发现，这一问题支撑着本书。可以说，蒙特在塔尼斯发现的"法老的黄金"（Gold of the Pharaohs）正是这样的发现，但比之图坦卡蒙墓，却几乎无人知晓。部分原因应归至媒体，当时媒体将注意力集中在不断加剧并导致第二次世界大战的危机上，也正因此，蒙特的发掘工作不得不中断。而媒体曾经是向世界传播卡特的发现的功臣，并为图坦卡蒙的名字建立了国际知名度。

的确，塔尼斯墓葬出土了一些非同寻常的材料，是埃及乃至古代世界任何地方发现的最精美的材料之一。即使是图坦卡蒙最197有代表性的宝物——黄金死亡面具，在塔尼斯也有一个非常相似之物可与之比拟，即普苏森内斯一世的面具（见彩色插图 xii）。后者很少受到公众的关注，这确实令人奇怪，甚至不公，但有很多原因。尽管第二个黄金死亡面具很特别，但到 1939 年，世人已经见过了这样的东西。蒙特所发现的财宝与 KV62 中的并不完全相同，而且，我敢说，至少在我眼里，尤其是普苏森内斯的面具对国王面部形象的塑造，并没有达到与图坦卡蒙面具同样完美的程度。

人们的关注也会被墓群冲淡，整个墓群代表的是一系列法老的陵墓，而不是可能吸引全部注意力的一位法老的。塔尼斯国王在位的时期，在当时公众的脑海中并没有留下多少印象，现在也是如此。而尽管图坦卡蒙相对来说并不为人所知，他本人也没有什么成就，但他的前辈和继任者却更知名。国王谷本身已经因作为王室墓地而闻名，所以被公认为可能发现新的伟大宝藏；而且媒体、王室成员和重要人物在访问该遗址时都会抢占头条新闻，他们来访时，当地通常会提供良好的酒店……如此种种，都是图坦卡蒙墓出名的原因。塔尼斯则很难达到这么高的地位，它作为考古发现的背景，形象也许不那么浪漫。

这一章涉及了这几个世纪的诸多法老，其中许多人的统治时间很短，而且统治的地区比之前统一的埃及要小得多。他们的陵墓装饰和建筑似乎没有之前的新王国陵墓那么精致，也许可以通过当时的一些情况和这一时期埋葬方式的某些特点，来解释许多陵墓依然未能找到的事实。

这些国王可能没有获得建造更多实质性纪念碑所需的资源（尽管在塔尼斯发现的墓葬用品说明他们获得了大量财富，这表明在神庙范围内采用不同类型的墓葬并不仅仅是出于经济压力）。这一时期的许多法老可能被埋葬在三角洲，那里的条件对于保存考古材料来说，远不如尼罗河谷的沙漠墓地。证据还表明，失踪的陵墓应该在神庙范围内寻找，但这使得它们保存下来的可能性更小，因为在整个埃及历史上，主要的崇拜神庙一直在使用，并经历着建筑、重建、拆除和翻新的长期循环。因此，建在神庙范围的陵墓的上层建筑无疑经常被拆除，地下部分也会丢失，塔尼斯陵墓和梅迪内特哈布的哈尔塞西陵墓似乎就是这种情况。此外，从蒙特在塔尼斯的发掘中可以看出，它们的上层建筑是由可移动的石块建成的，很容易被拆除并重新使用，而这个问题绝不会影响到新王国的岩窟墓（rock-cut tomb）。因此，如果第三中间期和第26王朝陵墓的上层建筑没有被保存下来，我们也许不应该感到惊讶。

　　尽管如此，最近在拉美西姆神庙和达卡利亚省的发现表明，陵墓可能仍然有待发现。而且，正如我们对第三中间期政治地理的理解被全面修正，任何新的发现都有可能大大改变我们对这个混乱时期的理解。

第六章

在埃及被埋葬三次：亚历山大大帝的陵墓

　　亚历山大大帝是历史上最重要的人物之一。他是马其顿国王菲利普二世（Philip II）的儿子，30岁就征服了北非，其领土向西远至希腊的昔兰尼加（Cyrenaica，今利比亚）的边界，向东远至印度和巴基斯坦，建立了古代世界最大的帝国之一。亚历山大年轻时曾接受过亚里士多德的指导，公元前336年，20岁的他接替父亲成为马其顿的国王。他几乎将余生都花在了一段连续的征服战役中，起初，是为了打败波斯帝国，但后来演变为到达"世界的尽头和广阔的外海"计划。公元前331年，他在高加米拉（Gaugamela，位于今伊拉克）的一场最终决定性战役中击败了波斯皇帝大流士三世（Darius III），将埃及从波斯的统治中解放出来，然后进军占领巴比伦、苏萨（Susa）和波斯波利斯（Persepolis）。公元前327—前325年，亚历山大在印度次大陆发动了一场雄心勃勃的战役，取得了一系列胜利并建立了新的城市。届时，他的军队恳求回乡探亲，为此他暂时停止了帝国的扩张，并回到巴比伦。公元前323年，他于巴比伦逝世。在统治期间，亚历山大建立了大约20座城市，并试图将希腊的文化元素引入他所征服的领土，这是一个希腊化的过程，其影响在远离希腊的印度和阿富汗都可以看到。他的功绩激励了无数后来的统治者，特别是罗马皇帝，其中一些人在他死后几个世纪还前往他最后的安息之地向他表达敬意。

亚历山大在埃及

公元前 343 年，波斯皇帝阿尔塔薛西斯三世（Artaxerxes III）入侵埃及。在此之前，波斯人曾经作为第 27 王朝统治者，从公元前 525 年开始统治这个国家，一个多世纪后，在公元前 404 年被埃及人、第 28 王朝的唯一统治者——塞斯的阿米尔泰斯（Amyrtaeus）赶走了。从那时起，波斯人认为埃及是一个反抗行省（satrapy，由波斯人任命的总督领导的行省），他们不可避免地试图重新征服这个国家。时任法老内克塔内布二世的统治始于公元前 360 年，他见证了埃及艺术和建筑的繁荣，随着阿尔塔薛西斯的到来，这些活动戛然而止。内克塔内布被迫撤出他在三角洲的据点，并从孟菲斯逃到努比亚，他可能去了库施人国王纳斯塔森（Nastasen）的宫廷中寻求庇护。波斯人不受当地居民的欢迎，因为他们不尊重埃及的古老宗教和传统。公元前 338—前 335 年，塞伊斯人国王卡巴什（Khababash）再次领导起义，反对波斯人的统治，但以失败告终。

亚历山大大帝的目的是让埃及永远摆脱波斯人的统治。他于公元前 332 年到达埃及，正值阿尔塔薛西斯的继任皇帝大流士三世在位，他征服了小亚细亚（Asia Minor）和叙利亚 – 巴勒斯坦（Syria–Palestine）沿岸的波斯海军基地。波斯总督马扎斯（Mazaces）别无选择，只能投降，亚历山大得以不受阻碍地穿越三角洲前往孟菲斯，沿途经过位于赫利奥波利斯的太阳神拉（Ra）

的崇拜中心和吉萨的金字塔。到达首都后，蔑视波斯政权的民众拥护他为法老。亚历山大花了两个月时间在孟菲斯学习这个民族的信仰和习俗，他非常钦佩他们对其神灵的奉献。亚历山大也是虔诚的信徒，他让自己的信仰适应当地人的信仰，看到了希腊和埃及世界的神灵之间的相同点，尤其是宙斯和阿蒙的等同性。正是在这一时期，他下令在埃及的神庙修建新的内容，在卢克索神庙为阿蒙神的船造了一个新的圣祠（shrine），上面布满了亚历山大向神献祭的图像（见彩色插图 xvi）。亚历山大的名字贯穿始终，与传统称谓和新的王位名一起用圣书体文字写在一个王名框内："上下埃及之王，两地之主，梅里亚蒙·塞特彭拉（Meryamun Setepenra，意为'阿蒙的挚爱，拉的选择'），拉之子，阿里星斯（Arisings）之主，亚历山大。"

为了展开地中海行动，亚历山大想要寻找一个更合适的埃及新基地，他再次沿着三角洲的西部边缘向北行进，在地中海沿岸的小镇拉科提斯（Rhakotis）安顿下来，他决定在那里建立一座新城市。这座城市就是后来的亚历山大港，古代世界的伟大城市之一，以其灯塔和图书馆而闻名，也是交流艺术和知识的国际中心。它在亚历山大时代还停留在构思阶段，主要建筑是在亚历山大的继承人，特别是托勒密一世和二世时期建造的。亚历山大迫切渴望去锡瓦（Siwa）拜访宙斯‑阿蒙神谕殿（oracle），他沿着海岸线旅行，在马拉马特鲁（Mara Matruh）转入内陆，沿着沙漠路线，通过一系列绿洲穿越撒哈拉到达非洲中部，其中第一个绿洲，即锡瓦绿洲，是著名的神谕殿所在地。尽管刚刚经历了危险而艰辛的沙漠之旅，亚历山大一抵达就立即拜访神庙。一位祭司接待了他，对话时不小心弄错了一句希腊语，把他问候为"神的儿子"，这个无心之错使得亚历山大非常高兴。他拒绝向任何人重复他与神谕的对话，只愿意告诉他的母亲奥林匹娅丝（Olympias）（碰巧他在死之前再也没有见过母亲），但他透露了足够多的内容，表明他已经清楚地意识到他的父亲不是凡人，他是神的儿子。随后，亚历山大回到孟菲斯，他在那里向宙斯－阿蒙神献上了更多供奉，并为执掌这个令他印象深刻的国家做了最后的安排。他于公元前331年离开埃及，再也没有回来，他在余生中依旧向阿蒙神庙和锡瓦神庙送去祭品，甚至要求那里的祭司保证，在他的密友赫费斯提翁（Hephaestion）死后，将其奉为英雄崇拜。[1]

亚历山大之死

与本书重点讨论的其他古代人物不同，亚历山大的死因，我们是有所了解的，他于公元前323年在巴比伦尼布甲尼撒二世（Nebuchadnezzar II）的宫殿里去世，时年仅32岁。古典记载的细节各不相同，归结起来似乎是因为亚历山大吃了或喝了某种东西，导致他在数天内发烧或遭受了某种疼痛的折磨，然后痛苦地死去。当然，关于他被毒死的说法层出不穷。主要的嫌疑人指向安提帕特（Antipater），安提帕特之前曾被委任总督，在亚历山大东征时期执掌马其顿，而亚历山大去世前不久，他刚刚被解除职务。但是有些古典资料对这一说法持怀疑态度。

我们还知道一些随后的争论：亚历山大的遗体葬在哪里，以及他最终如何在埃及安息。亚历山大之死以及随后发生的事件也许与他的征服事迹一样，对古代世界产生了深远的影响。他的几个将军、朋友和对手，在他死后为夺权展开了争斗。这些人被统称为"迪亚多奇"（Diadochi），意思是"继承者们"。在诸位"迪亚多奇"中，有两个人在决定亚历山大遗体的安排上，起了特别重要的作用。

佩尔狄卡斯（Perdiccas）是亚历山大的朋友，他在亚历山大的宫廷中步步高升，先是王室保镖，然后是骑兵总指挥，最后在亚历山大的宠臣赫费斯提翁死后被任命为宫廷维齐长（Grand Vizier）。亚历山大死后，佩尔狄卡斯成为亚历山大的妻子罗克珊娜（Roxanne）和他们的幼子（也叫亚历山大）的官方保护者。当亚历山大大帝去世时，人们同意他同父异母的长兄菲利普三世阿里达乌斯（Philip III Arrhidaeus）和他的儿子——新生儿亚历山大，成为马其顿的共同君主，并执掌亚历山大的其他领土（他的儿子是马其顿的亚历山大四世和埃及的亚历山大二世）。但由于阿里达乌斯患有学习障碍，其智力不足以统治国家，而亚历山大只是个婴儿，佩尔狄卡斯遂成为摄政者。在塞琉古（Seleucus）等几位亚历山大最亲密的盟友的支持下，佩尔狄卡斯相信他能以亚历山大和阿里达乌斯的名义行使帝国权力，从而保持帝国的稳定。[2]

在埃及被埋葬三次

我们感兴趣的"迪亚多奇"中的第二位是亚历山大的另一位马其顿将军，他曾在皇帝身侧，陪伴他骑马经过亚洲，并穿越埃及沙漠到锡瓦绿洲的危险旅程，亚历山大曾在那里向伟大的阿蒙神谕殿咨询问题。他的名字是托勒密。

在亚历山大死后的一段时间里，佩尔狄卡斯、托勒密和其他人讨论了处理亚历山大遗体的问题，每个人都希望将其据为己有。这将是帝国权力形成的一个决定性因素：亚历山大的安息之地很快就会成为一个宗教圣地，已故的皇帝在亚洲被尊为神，在埃及被尊为法老，至少是一位半神。此外，"迪亚多奇"中的每一位都知道，埋葬伟大皇帝这一任务将赋予责任人以荣誉，也将大大有助于他们为了各自的领导权，合法地提出任何要求。赢得对亚历山大遗体的处置权也许就是赢得继承权的关键。

在此阶段，埃及显然不会是亚历山大遗体的最终归宿。他可能暂时被安葬在巴比伦，因为他死在那里，遗体也被保存在那里，同时"迪亚多奇"则继续争论。也许最明确的埋葬地是他祖先的王室墓地，位于马其顿的伊盖 [Aegae，今维吉纳（Vergina）]。但也有可能亚历山大本人希望被葬在锡瓦，靠近他"父亲"宙斯－阿蒙的神谕殿。[3] 无论如何，从一开始他的遗体就按照埃及的传统方式进行处理：没有像马其顿的习俗那样火化，而是按照埃及的程序，做了防腐处理——木乃伊化。[4] 尚不确定这样做是出于宗教还是现实的考虑，也许是因为在讨论如何埋葬以及在哪里埋葬他的时候，需要暂时先保存遗体。不管怎样，遗体后来被放进了一具金棺里，这让人想起埃及的另一个传统。[5]

公元前 321 年秋，遗体的最终安葬地悬而未决两年多之后，事情开始迅速进展。这段时间，佩尔狄卡斯去卡帕多西亚（Cappadocia）平息了一场叛乱。尽管亚历山大的最终安葬地尚未确定，但在巴比伦已经建了一个精心设计的灵柩台来运载他的遗体，阿里达乌斯也一直在等待佩尔狄卡斯发出指示。几个月之前，佩尔狄卡斯收到了大量通过联姻结盟的提议，因为各地的贵族家庭都在寻求保障，以期在新帝国成形后得以生存和繁荣。与此同时，阿里达乌斯决定与托勒密结盟，等到佩尔狄卡斯离得较远，无法阻止他的那一刻，他带着亚历山大的遗体离开了巴比伦。佩尔狄卡斯发觉了，并派了一支中队去干预，但阿里达乌斯有了托勒密这个盟友，一直遵照其指示行动，且指挥着一支更大的军队以确保送葬队伍前进。[6] 现在托勒密负责带领队伍向南朝埃及行进，于公元前 321 年末达到孟菲斯。[7]

古典资料也许可以让我们洞悉此类事件背后的动机。特别是《亚历山大罗曼史》(Alexander Romance)。这是一部关于亚历山大的故事集，其中包括皇帝死后立即发生的一些事件，但我们应该谨慎对待这部作品，因为它被认为是由亚历山大的宫廷历史学家卡利斯提尼（Callisthenes）撰写的，但事实上他比亚历山大本人更早去世。因此这本书现在通常被称为"伪卡利斯提尼"(Pseudo-Callisthenes) 的作品。无论如何，根据其中的一个传说，托勒密曾向锡瓦的宙斯神谕殿询问应该把遗体运到哪里，答案是孟菲斯。[8] 这样的指令对托勒密来说，几乎没有任何不便：虽然佩尔狄卡斯渴望控制整个帝国，但托勒密只对统治埃及感兴趣，在他的国家主持大帝的葬礼，有助于他合法、权威地实现抱负。

孟菲斯的亚历山大墓

托勒密对这一时刻的把握是至关重要的。关于亚历山大的埋葬问题一直没有达成共识，他必定知道佩尔狄卡斯，可能还有其他人，会不惜一切代价在遗体下葬前将其追回。佩尔狄卡斯对埃及的进军是可以预见的，他被打败了，最终被自己的士兵刺死，这些人因领袖在外交和军事上的失败而感到沮丧。[9]托勒密一直以来的打算显然是将亚历山大葬在亚历山大港，现在他发现自己没有遭到反对，但是在一座合适的陵墓，甚至是城市本身建成之前，他还无法实现自己的雄心壮志。古典资料在这方面的记录是模糊的，有时还相互矛盾，但它们暗示了这样一种可能：托勒密将亚历山大暂时安葬在孟菲斯[10]，以便确定埃及为亚历山大遗体的最终安息地，并巩固他自己作为遗体监护人的地位，在将遗体移至亚历山大港之前，有效地遏制了其对手对遗体的进一步转移。根据保萨尼亚斯（Pausanias）的《希腊志》(*Description of Greece*)，这个孟菲斯的葬礼是以马其顿仪式进行的[11]，但《亚历山大罗曼史》中讲述的事件顺序则有所不同：

> 在巴比伦有一个巴比伦宙斯的神谕……神谕如下：……"埃及有一座城市叫孟菲斯；让他（亚历山大）在那里登基。"没有人反对神谕的宣告。他们给托勒密的任务是把经过防腐处理的遗体装在铅制的棺椁里运到孟菲斯。于是托勒密把遗体放在马车上，开始了从巴比伦到埃及的旅程。孟菲斯的人们听说他要来，纷纷出来迎接亚历山大的遗体，并护送它到孟菲斯。但孟菲斯神庙的首席祭司说："不要把他葬在这里，要葬在他在拉科提斯建立的城市（亚历山大港）。无论他的遗体安放在哪里，那座城市都会不断地受到战争的惊扰。"[12]

那么，事实上亚历山大是否被拒绝埋葬在孟菲斯？撰写《亚历山大大帝传》(*Historiae Alexandri Magni*)的罗马历史学家库尔提乌斯（Curtius）回应了伪卡利斯提尼的说法，即亚历山大的遗体先被带到孟菲斯，几年后转移到亚历山大港，但他没有评论遗体在孟菲斯所受的对待。无论如何，最终，根据狄奥多罗斯·西库卢斯（Diodorus Siculus）的说法：

> 他（托勒密）决定暂时不把它（遗体）送给阿蒙，而是葬在亚历山大自己建立的城市里，作为地球上有人类居住的最著名的城市，它几乎没有任何不足之处。他在那里建造了206一堵圣墙，其规模和结构配得上亚历山大的荣耀。[13]

埋葬在阿庇斯公牛旁边：塞拉比尤姆中的墓？

虽然没有找到孟菲斯的亚历山大陵墓，但与他的墓葬相关的一些背景情况，使人推测墓葬可能位于这座伟大的城市中。

托勒密在确立了自己成为埃及统治者的地位后，开始着手将其改造成一个新的埃及和希腊混合的王国。作为他成就的一部分，他赞同将亚历山大神化，这使得他自己和他的王室家族——托勒密王朝的权威因神授而变得合法。孟菲斯最重要的崇拜之一是阿庇斯公牛崇拜，它的一种化身表现为奥西里斯，即奥西里斯 – 阿庇斯（Osiris–Apis），或希腊语塞拉皮斯。亚历山大在造访孟菲斯时曾向阿庇斯公牛献祭，托勒密现在为阿庇斯公牛创造了一个新的、典型的古典形象，并为他的崇拜建造了神庙、圣祠，制定了礼仪，并安排了专门的神职人员。[14] 塞拉皮斯的神庙最终包含了托勒密三世在亚历山大港建造的塞拉比尤姆，但更古老、更著名的塞拉比尤姆——从第 18 王朝开始用于埋葬阿庇斯公牛的迷宫式地下墓穴网络——在萨卡拉（见第 33 和 45 页）。这座塞拉比尤姆位于萨卡拉公墓的中心地带，距离左塞尔的阶梯金字塔西北方向几百米。

起初，公牛被埋葬在各个墓穴中，上面有装饰过的小教堂，但在拉美西斯二世统治的第55年，两座主要地下墓穴系列中的第一座启用，现在被称为"小墓室"（Lesser Vaults）。后来，在第26王朝期间，整个建筑群似乎都被改造了。一座新的、更大的地下墓穴系列——"大墓室"（Greater Vaults）开始修建，也正是在这个时候，一条让游客可以从尼罗河谷的耕地去往神庙的礼仪大道——塞拉比尤姆路建好了。在第30王朝时期，通往地下墓穴的要道东部建了一座新的神庙，位于天然的悬崖边上，也许是取代了更早的第26王朝的建筑。[15] 此外，从这个位置出发，通往东

20世纪40年代，在里兹卡拉－纳吉布－马克拉马拉（Rizkallah Naguib Makramallah）发掘期间拍摄的照片，照片上是通往塞拉比尤姆的通道，左前方是哲学家们的半身像

部、远离地下墓穴的礼仪大道两边都有狮身人面像，共计134个，是奥古斯特·马里耶特于1850年重新发现塞拉比尤姆时找到的。许多狮身人面像后来被移到开罗、柏林、巴黎和其他地方的博物馆。[16]

如今，塞拉比尤姆建筑群这部分唯一可见的考古遗迹是一座希腊化雕像。在托勒密时代，游客们会沿着狮身人面像大道行走，这条大道沿着祭庙（funerary temple）的一侧向左（向南）转，在路的尽头，人们会看到一座半圆形（"半边形车"）的雕像，塑造的是一些伟大的希腊哲学家和诗人，包括柏拉图和荷马。尽管并不知道雕像建造的精确日期，但很可能早在托勒密一世时期就建好了。

从托勒密推广塞拉皮斯崇拜可以看出，在托勒密时期，人们对塞拉比尤姆区域很感兴趣，哲学家半身像的建立证实了这一点。

208也许最有趣的是，马里耶特在塞拉比尤姆还发现了几座酒神狄俄尼索斯（Dionysus）骑着孔雀的雕像。在亚历山大死后大约500年，罗马作家艾利安（Aelian）写道，皇帝在巴基斯坦时，被他看到的第一批孔雀迷住了，并将它们置于王室保护之下。公元前275—前274年，在亚历山大港举行的托勒密二世的盛大游行中，也有孔雀的身影。[17]

塞拉比尤姆，特别是托勒密的祭祀建筑，其入口位于狮身人面像大道的尽头和哲学家半圆雕塑之间，这里会不会被用作亚历山大的临时墓？关键可能在于亚历山大、他的继任者托勒密试图建立的新王国，以及他们的前任——埃及最后一位本土法老这三者之间的联系。

亚历山大和他传说中的父亲的石棺

根据狄奥多罗斯·西库卢斯的说法，第 30 王朝的内克塔内布二世在反抗阿尔塔薛西斯的波斯军队时，意识到抵抗是徒劳的，王位也会丢掉，因此他逃到了努比亚。[18] 然而，内克塔内布的石棺在亚历山大港被发现，于 1803 年作为国王乔治三世的礼物进入大英博物馆收藏。[19] 因此，也许狄奥多罗斯是错误的，内克塔内布并没有逃离埃及；也许他回来了，并且被埋葬于此，尽管他落败于波斯人之后，似乎不太可能以法老的身份被埋葬。事实上，石棺更有可能是在他统治的早期为他准备的，如此看来，我们没有理由怀疑狄奥多罗斯的说法：内克塔内布确实逃走了，他的石棺从未使用过，至少没有用于其最初的目的。有意思的是，它被

伦敦大英博物馆的内克塔内布二世石棺

移走的时候，当地的传说是它将被重新用于安葬亚历山大。

狄奥多罗斯告诉我们，内克塔内布一直在孟菲斯，直到他投降的那一刻，似乎可能因为孟菲斯是他的首都，所以也是他想要的埋葬之地，尽管他可能更喜欢他在三角洲的家乡塞本尼托斯（Sebennytos）。《亚历山大罗曼史》也记述了内克塔内布战败后的情况，但有一个关键的不同：内克塔内布不是逃到努比亚，而是以埃及魔术师的身份逃到亚历山大的父亲菲利普二世的马其顿宫廷。他说服了菲利普的妻子奥林匹娅丝，说他是埃及的阿蒙神，而且他们会一起生一个孩子。这个孩子就是亚历山大。[20]

对托勒密来说，试图围绕亚历山大和他与埃及的关系创造一个传说，这再方便不过了。事实上，有人认为是他编造了像这样的故事和传说。[21] 无论起源如何，亚历山大和内克塔内布之间的强大联系已经建立起来。这种联系会不会延伸到他们遗体的命运上？也许托勒密将亚历山大埋葬在孟菲斯是为了推动他自己的政治进程，他抓住机会将亚历山大安葬在原来为亚历山大前任——埃及合法法老兼其传说中的"父亲"所制作的、未使用的石棺中，然后在第二座墓建成后，将亚历山大的遗体运往亚历山大港。[22]

如果这是真的，我们只能猜测，在孟菲斯的时候，石棺和里面的亚历山大的遗体会在哪里。萨卡拉，特别是塞拉比尤姆区域，似乎是一个合理的安放地。有人认为，内克塔内布二世建造的祭祀神庙的入口可能不仅通向主圣殿区，还通向南面的一个侧室，那里可能存放着石棺。通往这个侧室的第二个入口由四座希腊风格的狮子雕像把守，这是马其顿王室的象征。[23]

全面清理过的塞拉比尤姆范围内，虽然还没有发现托勒密一世统治时期的确凿活动证据，但在塞拉比尤姆之外，还有一些地区尚未被彻底发掘（见第一章）。人们可能不会指望一座被遗弃的墓能像一座打算永远存放死者遗体的墓那样幸存下来；也许可能会留下一些东西，但鉴于20世纪或更久以来该地区的所有考古活动，不太可能会发现任何结论性证据。

遗体被转移到亚历山大港

在佩尔狄卡斯战败后的几年里，托勒密的地位因帝国其他地方的事件进一步得到巩固。公元前317年，亚历山大大帝同父异母的兄长菲利普三世阿里达乌斯被他的母亲奥林匹娅丝杀害。第二年，奥林匹娅丝也被谋杀，在卡桑德（Cassander）的命令下被用石头砸死。卡桑德是另一位"迪亚多奇"，也是亚历山大死后马其顿的总督。七年后，亚历山大的妻子罗克珊娜和他们的小儿子亚历山大四世被毒死，亦卡桑德所为。最后，在佩尔狄卡斯的授意下，亚历山大的妹妹克娄巴特拉被一群女人陷害并杀死。当时她正在去见托勒密的途中，之前她已经开始与托勒密通信，可能是想通过与他结盟来保护自己。[24] 在托勒密的其他竞争对手中，亚历山大留下来控制小亚细亚的"独眼"将军安提戈努斯（Antigonus）在公元前306年宣布自己为"巴西琉斯"（*basileus*），意为国王，他认为自己是亚历山大所有领土的合法继承人。然而，帝国不再是一个统一的整体：托勒密控制了埃及；卡桑德成为马其顿的国王；塞琉古成为巴比伦的国王；利西马科斯（Lysimachus）成为色雷斯（Thrace）的国王。公元前305年，之前都很克制的托勒密自封为法老，并迅速着手建设亚历山大港，作为他的新首都。此前，该城市由亚历山大建立，但尚未开发。

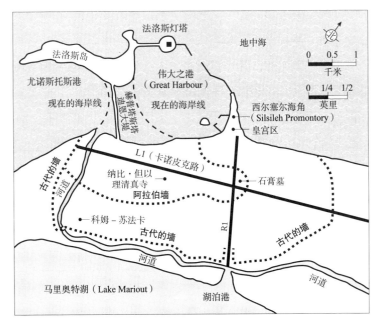

亚历山大港地图展示了以下地点：皇宫区；石膏墓（Alabaster Tomb）；纳比·但以理（Nabi Daniel）清真寺；南北和东西向主要街道的交叉口

　　这座城市建在一处岩石地带，南边是马里奥特湖，北边是地中海。前者可通往尼罗河，因此也是去往整个埃及的通道，后者则将这座城市与希腊化世界（Hellenistic world）的其他地方连接起来，亚历山大港将成为其中的一个重要中心。离岸约1千米（0.5英里）处有一座岛屿，希腊人称之为法洛斯岛（Pharos），该岛为抵御海上入侵者提供了自然的保护；著名的灯塔即建于此。法洛斯岛通过一条1200米（3940英尺）长的人工堤道，或曰赫普塔斯塔迪恩大堤（Heptastadion）与大陆相连，这条大堤可能是托勒密一世和二世下令建造的，它将法洛斯岛和亚历山大港海岸之间的区域分为两个港口：西边的尤诺斯托斯港（Eunostos），主

212

要用于商业；东边的马格努斯港（Portus Magnus），又称"伟大之港"或"皇家之港"。

希腊地理学家斯特拉博（Strabo）对该城市的描述堪称当代最佳：

> 这座城市包含了最美丽的公共区域和王室宫殿，它们占据整个城市的四分之一甚至三分之一面积；因为每一位国王，出于对辉煌的热爱，都会在公共纪念碑上增加一些装饰物，所以也会在已经建成的住宅之外自掏腰包为自己建一座住宅，所以现在的情形，引用诗人的话说，是"建筑连着建筑"……塞玛（Sema）也被称为王室宫殿的一部分，它是一堵包含了国王们陵墓的围墙，亚历山大陵墓也在其中。[25]

亚历山大的遗体最终到达了亚历山大港，他的陵墓和对他的崇拜将成为这个不断发展的城市的中心，这一点很清楚。[26]

公元前311年，亚历山大港正式成为埃及的首都，公元前283—前282年，托勒密一世去世，他的儿子托勒密二世费拉德尔福斯（Philadelphus）继位，在这期间，亚历山大的祭祀活动开展起来，并设有祭司。[27]目前尚不清楚托勒密一世最终是否实现了将他的国王埋葬在其所建立的城市的抱负，抑或让他的儿子和继承人负责此事；他自己对埃及的控制得到巩固之后，可能认为命令他的继承人来负责此事的好处会更多，并且，他应该也希望后世子孙绵延不息。如果是这样，而且是费拉德尔福斯将亚历山大的遗体带到了亚历山大港，那么这件事可能是公元前275—前274年托勒密节（Ptolemaia）庆祝活动的一部分。托勒密节是费拉德尔福斯为纪念他的父亲而举办的节日，他的父亲后来被称为托勒密索特（Ptolemy Soter），即"救世主"，并在死后被神化。庆祝活动颂扬托勒密王朝及其与亚历山大的关系，活动内容包括体育、音乐、戏剧的比赛及游行，在游行中，男人、女人和动物在大量黄金、珠宝、华服的映衬下，出现在费拉德尔福斯和他的姐姐兼妻子阿西诺二世（Arsinoe II）面前，他们自己和几十位客人也身处更多珍贵材料装饰的华盖和坐榻中。为了与奥林匹克运动会相呼应，托勒密节每四年举行一次，邀请来自世界各地的政要参加，以展示托勒密王室的财富、权力和神话意义。[28]

如果托勒密节的开幕式包含了亚历山大遗体运抵亚历山大港的仪式，那么遗体之前已经在孟菲斯有半个世纪之久。[29]我们对亚历山大在亚历山大港下葬的情况几乎一无所知，但无论如何，资料显示这可能只是两次下葬中的第一次。

第二座亚历山大的陵墓："塞玛"

根据希腊地理学家斯特拉博在公元前 30 年撰写的文章：

> 所谓的塞玛，也是皇宫的一部分。它是一堵围墙，里面有国王们的墓地，包括亚历山大……亚历山大的遗体被托勒密运走，并安葬在亚历山大港，现在仍在那里。[30]

因此，大约在屋大维（Octavian）征服的时候，距离亚历山大遗体首次运到亚历山大港的近三个世纪后，亚历山大和"国王们"（估计是托勒密们）的遗体一起被保存在一座叫作塞玛的陵墓中。这个名字来自希腊语，意思是"墓"，但这座陵墓有时也被称为"索玛（Soma）"，意思是"尸体"，这两个词在古典文献中互相交替使用。[31] 如果是这样的话，那么要么是亚历山大的陵墓扩大了，以容纳他的继任者，要么是他的遗体从原来的墓转移到一个更大的、旨在安葬多位王室成员的纪念碑。事实上，第二种可能性似乎更大：塞玛陵墓并不是托勒密（或许是他的继任者费拉德尔福斯）最初安葬亚历山大的陵墓，这一点见于另一位作家泽诺比乌斯（Zenobius）的描述：

> 托勒密［费洛帕特尔（Philopator）］在城市中央建造了一座姆那玛（*mnema*），也就是现在的塞玛，他把他所有的祖先和他的母亲都安放在那里，也把亚历山大安放在那里。[32]

托勒密四世费洛帕特尔于公元前221—前204年在位，距离托勒密一世统治结束有一个多世纪，泽诺比乌斯的话表明，费洛帕特尔建造的新墓——姆那玛或塞玛，与原来的墓不在同一个地方，排除了他只是扩大原来陵墓的可能性。[33]

我们无从知晓费洛帕特尔何时建造了这座新的陵墓，有人认为可能是在公元前215年或前214年左右，当时他在一次暗杀行动中幸存下来，不久之后，他在位于现代加沙（Gaza）附近的拉斐亚（Raphia）战斗中，打败了安条克三世（Antiochus III）——向前进军的塞琉古国王。根据这一说法，费洛帕特尔看到了机会，将其托勒密家族的国王们与亚历山大会合在一起，修建一处新的埋葬地，重新树立两者之间的联系，从而使他自己和他的王朝获得合法地位。这也与公元前215—前214年间，四年一次的托勒密节庆祝活动相吻合。[34]

一个古代的旅游景点？

塞玛似乎吸引了许多重要的游客。罗马人卢坎（Lucan）未完成的史诗《法沙利亚》（*Pharsalia*）讲述了恺撒大帝到访亚历山大港的故事：

> ……他急急忙忙地下到那凿出来做陵墓的石窟里。那里躺着佩拉（Pella）的疯儿子菲利普……死去的托勒密们和他们不配拥有的王朝，被愤懑的金字塔和陵墓覆盖。[35]

恺撒之后是屋大维，两位古典作家曾作详细描述，苏埃托尼乌斯（Suetonius）写道：

> 大约在这个时候，他（屋大维）让人把亚历山大大帝的石棺和遗体从圣陵里抬了出来，他凝视着石棺，在上面放上黄金王冠，撒上鲜花，以示尊重；然后有人问他是否也想看看托勒密们的墓，他回答说："我希望看到的是一位国王，而不是尸体。"[36]

另一位作家卡西乌斯·狄奥（Cassius Dio）的叙述也反映了这一连串的事件，并增加了一个令人有些毛骨悚然的细节，即屋大维在抚摸亚历山大的脸时，不小心弄断了他的鼻子。[37]

卢坎提到的"石窟"和苏埃托尼乌斯提到的遗体被"抬出来"，表明遗体可能位于一个从地面向下凿开的墓室里。关于塞玛的进一步描述非常少。屋大维不想看到尸体的评论，意味着其他的托勒密也像亚历山大那样，被做成了木乃伊。我们知道，费拉德尔福斯和他的共同统治者——姐姐兼妻子阿西诺二世是按照马其顿的传统进行火化的[38]，但我们没有其他托勒密的此类信息记录，他们可能希望依照亚历山大的方式进行埋葬，这种想法似乎也是合理的。

更多的古代记载披露了一些关于亚历山大遗体本身的细节。斯特拉博告诉我们：

> ……不过，不是在以前的石棺里，因为现在的石棺是玻璃做的，而托勒密的石棺由黄金制成。后者被冠以绰号"寇塞斯"（Cocces）和"帕里萨塔斯"（Pareisactus）的托勒密掠夺[39]，此人从叙利亚过来，但立即被驱逐，所以掠夺的东西对他并没有用。[40]

我们还知道，克娄巴特拉七世从塞玛取走了黄金，用于她与屋大维的战争开销[41]；而卡利古拉（Caligula，公元37—41年在位的罗马皇帝）来访时，带走了亚历山大的胸甲。[42]之后的来访记录表明，需要采取行动来修复这座墓葬。下一个有记录的皇帝来访是塞普蒂米乌斯·塞维鲁（Septimius Severus），他把陵墓锁了起来；[43]塞普蒂米乌斯的儿子卡拉卡拉（Caracalla）也来过。历史学家希罗狄安（Herodian）告诉我们，他（卡拉卡拉）：

去了亚历山大的陵墓，他把身上的紫色斗篷、宝石戒指、腰带，以及所携带的其他值钱的东西都脱下来，放在墓上。[44]

一些皇帝很自然地受到了亚历山大的启发，试图找到自己与这位伟大的马其顿皇帝的相似之处。卡拉卡拉相信自己是亚历山大的活化身，但却被亚历山大港的人嘲笑，为了报复，他派士兵在街上寻衅滋事，杀害城里的年轻人。在这之后，他将宫殿区置于一道名为布鲁切姆（Brucheum）的围墙的保护之内，塞玛可能也在其中。[45]

塞玛消失了

布鲁切姆是罗马帝国行政机构的所在地，因此在动乱时期处于行动中心。公元262—264年，在马可·朱利叶斯·埃米利安努斯（Marcus Julius Aemilianus）和西奥多特斯（Theodotus）两位皇位竞争者的战斗中，它被包围。然后，在269年，它再次遭到攻击，这次是被泽诺比娅王后（Queen Zenobia）领导的巴尔米拉（Palmyra）军队入侵。她的儿子华波拉特（Wahballath）接管了城市，但很快就被新的罗马皇帝奥勒良（Aurelian）的军队驱逐了。泽诺比娅的盟友菲尔姆斯（Firmus）随后掌管了该城，但他也被奥勒良击败，在此过程中，奥勒良的军队摧毁了布鲁切姆。298年，戴克里先（Diocletian）洗劫了这座城市，以回应当初亚历山大港的人反抗罗马统治。正是在此时，戴克里先在亚历山大的塞拉比尤姆竖起了一根巨大的、25米（80英尺）高的红色花岗岩石柱。它至今仍蓥立在那里，更为人知的俗称（是错误的）

是"庞贝柱"（Pompey's Pillar）。[46]

　　以上事件的任何记录中都没有提到塞玛。有人认为，它的毁灭会让罗马人高兴，因为他们崇拜亚历山大，但鄙视托勒密们和亚历山大港人，以及他们对亚历山大遗体的占有[47]，但此时，塞玛可能只是从视野和记忆中消失了。

　　公元365年7月21日，一场灾难性的海啸袭击了亚历山大港，可能当时整个宫殿区都被淹没在海岸线之下。[48]尽管遭受了这次破坏，但有关亚历山大墓的记忆，似乎在当地居民中延续了许多年，从17世纪开始，来自欧洲的旅行者们记录了他们听到的各种说法，即这个或那个地方是这位伟大英雄的遗体所在地。

阿塔林清真寺

　　16世纪的外交家和旅行家莱奥·阿非利加努斯（Leo Africanus）在1550年出版了《非洲纪行》（*Descrittione dell'Africa*）一书，他写到了访问埃及时的情形：

> 　　在亚历山大港的废墟中，仍有一座小建筑，像个小教堂，值得注意的是，伊斯兰教徒对这座引人注目的坟墓非常尊敬；他们声称，这座墓中保存着亚历山大大帝的遗体……大量的陌生人甚至从遥远的国家来到这里，为了崇拜和敬仰这座墓，他们也经常为这座墓大笔捐款。[49]

　　阿非利加努斯没有提供关于这座建筑的确切信息，但1610年访问亚历山大港的英国旅行家乔治·桑兹（George Sandys）记录了一个类似的故事。他在阿塔林清真寺（The Attarine Mosque）的院子里找到了这座小教堂，该清真寺建在圣亚他那修斯（St Athanasius）教堂的旧址上。1670—1682 年，奥斯曼帝国探险家艾弗里雅（Evliya Çelebi）访问了亚历山大港，这是他在奥斯曼帝国 40 年旅行中的一部分，他出版了一部由 10 个部分构成的《旅行之书》（Book of Journeys）。在该书中，他描述"亚历山大墓"的装饰包括人、动物和超自然的生物。他还注意到，该墓曾作为浴场或类似的地方，用于净化仪式。[50]

艾弗里雅看到的是一具法老式的埃及石棺。多米尼克·维旺·德农（Dominique Vivant Denon）进一步给出了细节，他是 18 世纪末陪同拿破仑远征埃及的专家之一。他在 1798 年参观了阿塔林清真寺，并做了如下描述：

> 在这个庭院的中心，有一座小八角形神庙包围着一个埃及工艺的蓄水池，无论从形式还是从其内外遍布的无数圣书体文字来看，都美得无与伦比。这座纪念碑……似乎是一具石棺。[51]

专家们可能知道石棺与亚历山大墓相关的故事，他们将石棺移到一艘法国船上。然而，到了 1801 年夏天，法国人在埃及被英国人打败了，作为停战谈判的一部分，英国人坚持要求他们的对手交出收集的古物，其中最有名的可能是罗塞塔石碑（Rosetta Stone），还包括阿塔林清真寺的石棺。[52]在大英博物馆的收藏中，罗塞塔石碑现在是观众参观次数最多的文物。而石棺只在不远处的埃及雕塑展厅展出，吸引的注意力要少得多，但它却具有相当重大的历史意义，至少就我们的探索而言。尽管罗塞塔石碑的发现和它的铭文使得破译圣书体文字成为可能，铭文内容是用两种埃及语和希腊语写的同一段话，但还是在 20 年之后，让·弗朗索瓦·商博良才破译了密码，使学者们第一次能够阅读埃及文，所以此时石棺上的装饰在很大程度上仍然无法破解。一位英国特工爱德华·丹尼尔·克拉克（Edward Daniel Clarke）被派往亚历山大港，去确定法国人拥有哪些文物，以及哪些文物应该带到英国去。他曾听说文物中有一具巨大的石棺，但直到他到达并与当地人交谈时，才知道其中包括"亚历山大的墓"。克拉克自然热衷于赞同这一观点，并强调石棺一直受到当地人的敬仰，以证明这对英国人来说是多么大的成功[53]，但他似乎也真的相信清真寺就建在塞玛的遗址上[54]。

目前还不清楚德农是否认为石棺与亚历山大有任何真正的联系。石棺无疑是一件极其精美的作品，它由一块砾岩切割而成，长度超过 3 米（10 英尺），深度为 1 米（3 英尺），外部装饰有拉神、奥西里斯的场景细节，还有《冥世之书》中的文字，内部则是荷鲁斯的四个儿子、阿努比斯和其他丧葬神灵。1806 年，理查德·拉姆斯登（Richard Ramsden）指出，马其顿皇帝被埋葬在一具饰埃及传统图案和圣书体文字的石棺中是很奇怪的事（而且任何如此重要的石棺都应该有棺盖）[55]，但大英博物馆的描述并没有提到石棺与亚历山大之间的联系。当商博良在罗塞塔石碑上取得的进展使人们能读懂碑文，并发现石棺实际上属于内克塔内布二世时，这样做似乎不失审慎。然而，它是晚期纪念碑式石雕的一个非常好的例子，不难想象，当亚历山大的遗体在孟菲斯等待安葬时，它会被认为是安放其遗体的一个最合适的纪念碑。

纳比·但以理清真寺

亚历山大港的第二座清真寺，即纳比·但以理清真寺，也与亚历山大的墓有关。这座清真寺所纪念的先知但以理，被两位阿拉伯天文学家阿布·马伊沙尔（Abu Ma'shar）和穆罕默德·伊本·卡西尔·法尔加尼（Mohammed ibn Kathir al-Farghani）认定为是亚历山大。他们故事中的但以理征服了亚洲，建立了亚历山大港，并被埋葬在那里，最初是葬在一具金棺里，后来又葬在一具石棺里。[56] 现在的清真寺建于 18 世纪末，但位于一个更古老的建筑遗址之上。它覆盖着一个地下室，据说但以理本人和他的同伴、宗教故事家西迪·洛克曼·哈基姆（Sidi Lokman el Hakim）的遗体就在里面。[57]

220　　1850 年，在俄罗斯领事馆工作的希腊裔人安布鲁瓦兹·斯基

亚历山大大港的纳比·但以理清真寺，摄于 1905 年

亚历山大港城内，纳比·但以理清真寺中的地下室

利齐（Ambroise Schilizzi）宣布，他在清真寺下面发现了一个秘密的地下室，并在里面看到了一具水晶石棺，里面有一具戴着黄金王冠的木乃伊。然而，所有想要验证他说法的行为都失败了；这似乎只是与这位著名皇帝有关的众多虚构故事之一。[58]

马哈姆德·贝伊·法拉基的地图

1865 年，奥斯曼帝国埃及总督的宫廷天文学家马哈姆德·贝伊·法拉基（Mahmoud Bey el-Falaki）绘制了一幅亚历山大港地图。他绘制地图的时间非常重要：这座城市正在迅速扩张，从古老的图伦（Tulunid）城墙向东，到托勒密时代、罗马时代和拜占庭时代曾经占领过的地区，法拉基观察到的大部分东西很快就会消失。第二年，他开始发掘，试图描绘这座古城的各种历史版本。

在法拉基绘制地图的时候，亚历山大港已经有两千多年的历史了。相比它在托勒密和罗马时代的全盛时期——当时它的规模和财富仅次于罗马本身，这座城市已大幅缩小。

公元 641 年，穆斯林征服埃及后，在福斯塔特（Fustat，如今是现代开罗的一部分）建立了一个新的首都，使得亚历山大港财富锐减。原本用于建造亚历山大港建筑的大部分石头，成为该城在中世纪早期防御工事的一部分，还有大量的石头被全部移走，用于建造新的首都和其他城市，远至萨马拉（Samarra，即伊拉克）和伊斯坦布尔。[59] 因此，亚历山大港缩小了，在中世纪早期只占据了赫普塔斯塔迪恩大堤底部的一小块区域。堤道已经淤塞，并被大肆修建，艾哈迈德·伊本·图伦（Ahmad ibn Tulun）在公元881 年修建了防御性城墙。在奥斯曼帝国时期，城市的中心完全转移到了赫普塔斯塔迪恩大堤，古老的区域基本上被遗弃了。

现代的亚历山大港跨越了历史上曾占据的区域，但在 19 世纪下半叶，现代复兴之前，可以看到的古城远比如今要多。古代的街道规划、城墙、蓄水池、墓地和纪念性建筑的遗迹仍然存在，而且东西向和南北向核心街道两旁的一些柱子也还在。现存的纪念碑标示了城里两座主要神庙的位置：戴克里先的柱子标示着塞拉比尤姆，两座方尖碑——克娄巴特拉之"针"标示着恺撒瑞姆（Caesareum）[1]，这两座方尖碑后来被运往海外，分别到了伦敦和纽约。[60]

---

〔1〕最初由克娄巴特拉为情人恺撒兴建的纪念神庙。——编注

马哈姆德·贝伊·法拉基绘制的亚历山大港

法拉基无法进行彻底的发掘，只能在现代建筑可容许的地方进行探测——这在考古学上相当于微创手术（keyhole surgery）。在科学考古学尚未发明的时候，他无法厘清密集的地层，也无法确定城市的托勒密时期、罗马时期和阿拉伯时期的区别，特别是街道规划和外墙的时期，因此他制订的计划受到了质疑。他意识到了自己的局限，并诚实地面对不足，最近的发掘工作也普遍证实了他的发现。[61]

法拉基清晰地勾画了城市网的轮廓，将主要的东西向街道——卡诺皮克路确定为"L1"，将主要的南北向街道——从古代的洛奇亚斯半岛（Lochias Peninsula）的底部到南部马里奥特湖的贯穿内陆的一条确定为"R1"。塞玛位于这两者相交的地方。卡诺皮克路似乎在现代的沙里亚－霍雷亚（Shariya el-Horreya）（自由街）下面，但南北大道的路线则更难辨认。

与R1一起，法拉基将"R5"街确定为卡诺皮克路的一个主要交叉口，由于纳比·但以理清真寺位于同一区域，他确信该清真寺是在塞玛的遗址上建造的。[62]他和后来的意大利考古学家、亚历山大港的希腊罗马博物馆（Graeco-Roman Museum）第二任馆长埃瓦里斯托·布雷恰（Evaristo Breccia）都进行了调查，但均未能发现任何古代王室墓葬的证据。[63]布雷西亚、他的前任朱塞佩·博蒂（Giuseppe Botti）和继任者阿奇尔·阿德里亚尼（Achille Adriani）在该城进行了第一波科学发掘，并在不同地点发现了托勒密时期和罗马时期的墓地，墓主包括安福诗（Anfushi）、沙特比（Shatby）、科姆·苏卡法（Kom es-Shoqafa）、哈德拉（Hadra）和莫斯塔法·帕夏（Mostafa Pasha）。[64]

1907年，布雷恰在伊布拉希姆亚（el-Ibrahimya）区的罗马天主教特拉桑塔（Terra Santa）公墓的地表上发现了一系列石膏板，该墓离海岸不远，位于西尔塞尔（Silsileh）海角的东部。他一直没有对外公布这一发现，直到七年后，他才在一份亚历山大港古遗址指南中提到，他似乎认为这不值得进一步调查。他的继任者阿德里亚尼却意见相左，1936年，阿德里亚尼恢复了发掘工作。

他发现了一个大的长方形井室，并提出高度抛光的大雪花石膏板构成了陵墓的底板。最终，阿德里亚尼重新组装了一座马其顿风格的陵墓，并认为它有两间墓室和一个神庙外立面。如果陵墓是在托勒密时代初期建造的，正如它的风格所示，那么它应该位于城市的东墙地区，甚至可能在东墙之外，比泽诺比乌斯定位的塞玛所在的"城市中心"更靠东一些。它似乎最有可能是托勒

科姆·苏卡法地下墓穴内的主要墓室。其建筑和装饰结合了埃及风格和希腊化风格，或许能提供亚历山大第一座墓的某些线索

石膏墓

密时代初期一个地位很高的马其顿人的墓。[65] 这会是托勒密一世
或二世为亚历山大建造的陵墓吗？阿德里亚尼确信他已经掌握了
塞玛的位置，但这似乎不太可能，不仅是因为位置不太正确——
224 在城市的东部，而不是在中部，更接近洛奇亚斯半岛，还因为在
费洛帕特尔建造塞玛的时候，这种类型的马其顿墓已经略显过时
了。事实上，该墓在亚历山大港是独一无二的，但那时的人们也
许并不希望亚历山大的墓是独一无二的。最近，20 世纪 90 年代
和 21 世纪初，对该地区的进一步调查未能为阿德里亚尼的假设
提供任何证据，但这座墓，以及在该城发现的其他地位较高的希
腊化墓葬，如科姆·苏卡法地下墓穴中的主墓，则可能为我们确
定亚历山大墓的形式提供依据。然而，到目前为止，还没有任何
证据表明这些墓中有他的第一座墓或塞玛。

锡瓦的墓？

斯基利齐、法拉基和阿德里亚尼的说法各有不同的可信度，但最终没有一个经得起推敲。这三人有一个共同点，那就是不够科学地把他们所发现的东西认定为亚历山大的陵墓，他们把这种大胆的断言放在首位，而不是对所发现的东西做出更谨慎、缜密的陈述。当然，斯基利齐不是学者，但其他人是，他们从事着严肃的科学工作。有时候，考古学家的工作似乎颠倒了次序，在有了结论之后才去寻找证据，他们确信要找的东西就在某个地方，即使已经有很好的证据表明并非如此。这种现象还有另一个例子，是一个不周全的计划，即在埃及的第三个地点寻找古墓。

20 世纪 90 年代初，一位名叫利亚娜·苏瓦利特兹（Liana Souvaltzi）的希腊考古学家，在都灵举行的国际埃及学家大会（International Congress of Egyptologists）上描述了她在锡瓦绿洲指导的得到文物局正式许可的发掘工作。

根据古典作家库尔提乌斯和贾斯汀（Justin）的说法，亚历山大在死前表示希望葬在锡瓦的宙斯–阿蒙神庙，众所周知，他曾在那里咨询过阿蒙神谕。[66] 根据狄奥多罗斯的说法，托勒密原本打算实现亚历山大的愿望，但后来决定不这么做。[67] 因此，锡瓦是亚历山大死亡和埋葬故事的一部分，但没有什么能说明他葬在那里；相反，据说尽管这是他的愿望，但并未达成。

苏瓦利特兹宣布，她正在根据一种假设进行调查，这个假设与之前的说法相反，即亚历山大确实葬在锡瓦。她所发掘的地点是公元前 1 世纪的希腊罗马神庙，她做出了一系列发现来证明自己的假设，包括与亚历山大相关的雕刻符号（显然是托勒密写的文本，解释他把遗体带到锡瓦）的图像，以及一个木乃伊化的马其顿人头，结果证明，这些都是被曲解的，甚至是伪造的。当有报道说她在寻找过程中受到一对会说话的蛇的指引时，她曾经的言论便不再具备可信度。1996 年之后，她在埃及工作的许可没有得到延续，但她还是在 2002 年出版了一本名为《锡瓦绿洲的亚历山大大帝之墓》（*The Tomb of Alexander the Great at the Oasis of Siwa*）的书，而且似乎从未承认过失败。[68]

在寻找亚历山大墓的过程中，苏瓦利特兹事件只不过是一种转移焦点的做法[1]，但它可以说明当有可能取得轰动性的发现时，考古学界和广大公众可能被误导到何种程度。很难看出苏瓦利特兹有什么合理解释来提出亚历山大被葬在锡瓦这一假设，但她还是被允许在一个重要的考古遗址上进行可能会造成破坏的工作，而且在找到证据之前，她就提出了耸人听闻的说法，这与科学的方法相悖，但她依然能够在运气花光之前继续工作好几年。人们不禁要问，她的主张在多大程度上被某些人认真对待？以及是否有人偶然发现了她的书，也可能同样被误导？在寻找亚历山大陵墓的过程中，这样的奇思妙想并不罕见，也许，令人遗憾的是，它将继续构成这类陵墓探索的特征之一。

226

---

[1] 原文为 red herring，英文俗语，本意"红鲱鱼"，借指以修辞或文学等各种手法转移焦点与注意力，是一种政治宣传、公关及戏剧创作的技巧。

结　论

归根结底，本章所讨论的陵墓在几个方面与前几章的有些不同。著名的死者不是埃及人，而是马其顿人。亚历山大的第一座和第二座陵墓可能都不是传统的埃及风格，考虑到亚历山大港是一个容纳各种活动的繁华中心，特别是兴建和重建活动，也经常遭受暴力围攻，因此相对于那些建在较偏远地区或者从未被占领过的地方的墓葬，这两座陵墓幸存下来的可能性较小。关于亚历山大墓的文字资料比我们在本书中讨论的其他墓葬的资料要多，但它们并不精确，而且可靠性往往令人怀疑。

亚历山大陵墓中的一座，甚至两座的遗迹仍有待发现，这并非不可能，但我们不太会完整地找到它们：我们知道，在他的首都为他建造的第一座陵墓被废弃了，而第二座陵墓尚保持原样的可能性也非常小。如果有任何遗迹经历了古代的重建浪潮、围攻、公元 365 年的地震和海啸、中世纪城市大部分地区的逐渐废弃，以及最近的重建，依然能幸存下来，那么它们现在应该被深深地埋在 21 世纪拥挤的伊斯坎达里亚（al-Iskandaria）的街道之下，而这座城市还有着其他故事。

第七章

失踪的克娄巴特拉之墓：遗失在水下的陵墓还是等待被发现的秘密墓葬？

在古代世界的所有人物中，鲜少有人的名气能像克娄巴特拉那样经久不衰。当然，作为埃及女王，她在生前就备受赞誉，又由于公元 1 世纪末 2 世纪初的古典作家的记载，特别是普鲁塔克（Plutarch）和苏埃托尼乌斯，确保了她的故事没有失传，关于她的记忆似乎从未消逝。近代的威廉·莎士比亚、萧伯纳及其他一些作家和剧作家巩固了她在西方人心中的地位。

克娄巴特拉是托勒密王朝的最后一位统治者，托勒密一世索特的后代法老。因此，她是马其顿的希腊人，而不是埃及人。克娄巴特拉从公元前 51 年到前 30 年统治埃及，在托勒密一世称帝 250 多年之后，才登上王位，她的埃及化程度可能比她的任何一位前辈都要高。托勒密时期因其融合了埃及和希腊化的文化而令人神往，从托勒密一世登基到克娄巴特拉统治末期，埃及被纳入罗马帝国的三个世纪中，其艺术和建筑风格、语言、文字和宗教习俗都有明显的发展。亚历山大死后，托勒密一世在上埃及的托勒密赫米乌［Ptolemais Hermiou，今索哈杰省（Sohag）的明沙（Minsha）］建立了一个希腊殖民地，他的继任者托勒密二世费拉德尔福斯和托勒密三世厄尔吉特斯（Euergetes）统治期间，马其顿老兵得到了土地作为奖励，开始在尼罗河流域定居。一些定居者与埃及人结婚，因此创造了大量希腊－埃及精英。但这种文化融合有其局限性：希腊人继续生活在希腊法律之下，接受希腊教育，作为希腊城市的公民在希腊法庭受审，他们仍然是少数享有特权的人。

由于亚历山大大帝死后为分割其帝国而发生的一系列战争，托勒密一世在他所选择的王国里有所受限，未能发起大的建设项目。他的儿子托勒密二世则有能力实现更多的文化追求，在他统治期间，亚历山大港和托勒密一世建立的图书馆作为科学、学术和艺术的中心，达到了某种程度的高峰。托勒密三世使王国重新卷入与叙利亚的战争，并成功地进军巴比伦，将王朝统治的领土扩至最大。在这场伟大的胜利之后，托勒密三世集中精力处理国内事务，在这方面他也很有影响力。他在埃及的神庙和宗教上投入大量资金，在该国的大型宗教圣地留下了比他的前任更多的痕迹，从而加速了王室的"埃及化"。

从这时开始，王朝进入了衰落期。托勒密四世费洛帕特尔在位期间取得了进一步的军事胜利，但他授予两个大臣——索西比奥斯（Sosibios）和阿加索克勒斯（Agathokles）全面管理埃及的权力，并受到后者的妹妹、自己的情妇阿加索克莱亚（Agathokleia）的影响。他的继任者，托勒密五世埃皮法尼斯（Epiphanes），从小就继承了王位，他发现自己不仅要面对该国南部地方继任统治者的叛乱，还要面对三角洲地区的叛乱；罗塞塔石碑记载，他曾在三角洲地区平定了一场叛乱。这些当地居民的抗议表明，此时王室家族正在失去该国大部分地区的控制权。托勒密五世的继任者是他的幼子托勒密六世费洛梅托尔

（Philometor），但十年后，费洛梅托尔被塞琉古王国的统治者安克条四世打败，从此，这两个王室之间和各自内部为了继承权展开了多年的斗争。又有一些托勒密和几个克娄巴特拉相继登基，对抗不断增强的罗马帝国。到托勒密十二世统治时期，埃及已经成为罗马事实上的保护国。公元前 58 年，这位国王被亚历山大港的一群暴徒赶下台，三年后被罗马人复辟，然后在公元前 51 年去世，把王位留给了他的儿子——十岁的托勒密十三世费洛帕特尔，他和他的姐姐兼妻子克娄巴特拉七世一起统治，就是那位埃及艳后。

克娄巴特拉的统治就这样开始了，当时埃及和托勒密王国的其他地区已经快要成为罗马的囊中之物，同时还受到东方的马其顿塞琉古王国的威胁。

罗马共和国的将军和执政官庞培（Pompey）向法老托勒密十三世提供保护，直到公元前 48 年，他在法萨卢斯（Pharsalus）战役中被尤利乌斯·恺撒击败。庞培试图逃往埃及，但在亚历山大港上岸的路上被暗杀，托勒密十三世和他的参谋们都知道，恺撒离他们不远了。此时，克娄巴特拉正在与托勒密十三世和另一个妹妹阿尔西诺伊四世（Arsinoë IV）争夺权力，并看到了一个将危机转化为自己优势的机会。当尤利乌斯·恺撒到达时，她不失时机地拜访了他（据普鲁塔克说，她是裹着毯子去的），并确保他忠于自己，反对托勒密十三世。年轻的法老托勒密十三世后来被打败了，不久后淹死在尼罗河中，而克娄巴特拉则无可争议地成为埃及法老。

两个经典故事：一个是爱情，一个是死亡

故事的其余部分众所周知。克娄巴特拉和她的弟弟托勒密十四世结婚了，并指定其为共同统治者。但她和恺撒成了恋人，并有了一个孩子，恺撒里昂（Caesarion）。她、托勒密十四世和她的儿子拜访了罗马，恺撒在那里为他们提供了豪华的住宿，还在罗马恺撒广场（Forum Julium）的母神维纳斯（Venus Genetrix）神庙为她竖立了一座伊西斯样式的金色雕像。公元前44年，恺撒被暗杀。托勒密十四世不久也死了，可能是被克娄巴特拉毒死的，随后克娄巴特拉指定恺撒里昂为继承人。公元前41年，克娄巴特拉与马克·安东尼（Mark Antony）结盟，并说服他杀死了她的妹妹、前对手阿尔西诺伊。公元前40年，克娄巴特拉与马克·安东尼成为情人，并生下一对双胞胎，即亚历山大·赫利俄斯（Alexander Helios）和克娄巴特拉·塞勒涅二世（Cleopatra Selene II），这件事也非常有名。四年后，安东尼回到埃及，与克娄巴特拉结婚，并与她生了另一个孩子托勒密·费拉德尔福斯（Ptolemy Philadelphus）。随后，他将领土赠予他们的孩子：孪生哥哥亚历山大·赫利俄斯成为亚美尼亚（Armenia）、米提亚（Media）和帕提亚（Parthia）的国王；孪生妹妹克娄巴特拉·塞勒涅二世获赠昔兰尼加和利比亚；托勒密·费拉德尔福斯成为叙利亚和西里西亚（Cilicia）的统治者。而克娄巴特拉则被封为诸王之女王和埃及女王，她的儿子恺撒里昂，是诸王之王和埃及国王，被宣布为现已去世的尤利乌斯·恺撒之子和继承人。然而，马克·安东尼的对手屋大维不能接受此事，他是恺撒的养子，在

丹德拉（Dendera）的哈托尔神庙后墙上；克娄巴特拉七世和恺撒里昂的浮雕

恺撒的遗嘱中被指定为继承人。安东尼向元老院（Senate）发送了一封宣布"亚历山大港的捐赠"的信，但元老院拒绝确认。他与克娄巴特拉的婚姻，以及他宣称希望葬在亚历山大港而非罗马一事，进一步激怒了元老院。公元前33年，屋大维宣战。公元前31年，在爱奥尼亚海（Ionian Sea）靠近现代希腊西海岸的亚克兴（Actium）岬角，他的军队击败了马克·安东尼的海军。一年后，他前往埃及，在亚历山大港外再次击败了马克·安东尼。马克·安东尼知道自己大限将至，伏剑自刎。这次，克娄巴特拉不会再有新的结盟了，她也自杀了；其方式仍未有定论，但人们普遍认为她死于毒杀，可能是诱使毒蛇咬自己。至少，这就是传说中的情况。

古典资料中的墓葬

有些古典资料，我们可能会作为考古信息使用，尽管有时其内容模糊不清，必须谨慎以待，但是，这些资料能够为我们提供有用的描述，告诉我们可能会发现什么。普鲁塔克，一位古希腊历史学家，同时也是罗马公民，写了一系列传记，名为《希腊罗马名人传》（*Parallel Lives*），在马克·安东尼部分，他详细描述了克娄巴特拉的墓和以墓为舞台的戏剧性事件。[1] 他写到，在克娄巴特拉生命的最后阶段，当时她和马克·安东尼显然无法抵挡屋大维的进攻，"她自己，现在有了一座高大而美丽的陵墓和纪念碑，就建在伊西斯神庙附近，在那里，她收集了最有价值的王室财物，黄金、白银、绿宝石、珍珠、乌木、象牙和肉桂"。马克·安东尼战败后，克娄巴特拉"害怕他（马克·安东尼）的愤怒和疯狂，逃到她的陵墓里避难，并把用螺栓和栅栏加固的墓门放下"[2]。马克·安东尼试图自杀时，显然相信克娄巴特拉已经自杀了。他被抬到了"她陵墓的门前"。然而，克娄巴特拉并没有开门，而是在一扇窗户前露面，从那里放下绳索。安东尼被栓牢在绳子上，她自己把他拉起来，带着他进入了陵墓。[3] 屋大维劝说克娄巴特拉投降，失败后，他派代理人普罗库留斯（Proculeius）去和她谈判。普罗库留斯"驻扎在（陵墓）外的一扇门前，这扇门与地面平齐，用螺栓和栅栏牢牢地固定着，但声音可以穿透"[4]。但克娄巴特拉仍然拒绝离开陵墓，因此普罗库留斯安排屋大维的另一名代理人在门口与克娄巴特拉交谈，而他则趁机"搭上梯子，从女人带安东尼进去的窗户进入了陵墓"[5]。

比普鲁塔克晚一个世纪的卡西乌斯·狄奥也有过类似的描述。他写到，克娄巴特拉"自己突然冲进陵墓……邀请安东尼也进去"[6]，当马克·安东尼试图自杀时，"克娄巴特拉听到了，她从墓顶向外望去。由于某种设计，墓门一旦关闭就无法再打开，但墓顶旁边的上半部分还没有全部完工。此刻，一些人看到她从这个位置探出头来，就大声喊叫，连安东尼都听到了。于是，他得知她还活着，就站了起来，好像还能活下去；但是，由于失血过多，他感受到绝望，恳求旁人把他抬到纪念碑前，用挂在那里的绳索把自己吊上去，绳索本是用来抬石块的"[7]。

233 综上所述，这两段记载清楚地表明，克娄巴特拉为自己和马克·安东尼建造了一座陵墓，规模相当大，有两层，还有一个巨大的门，"在伊西斯神庙附近"。但是这个陵墓真的是用来埋葬安东尼和克娄巴特拉的吗？毕竟，它显然还没有完工，而且无论如何，一旦屋大维在亚历山大港夺取政权，他们也许就不再能完全控制自己的事情了。安东尼和克娄巴特拉悲剧性死亡后的命运，上述两份资料也做了一些说明："至于安东尼，尽管许多将军和国王索要他的遗体，希望能安葬他，但恺撒（屋大维）不会将其从克娄巴特拉手中夺走，她亲手将遗体以王室的奢华方式埋葬，这些东西是按照她的意愿给她的。"[8]普鲁塔克说。此外，克娄巴特拉"自己被抬到墓前，抱着他的骨灰盒，由经常和她在一起的侍女陪伴着，她说：'亲爱的安东尼，我刚刚埋葬了你，但我的双手仍然自由'"[9]。关于她自己的死亡和埋葬，普鲁塔克解释说，屋大维"虽然对这个女人的死亡感到不安，但钦佩她的崇高精神；他下令将她与安东尼葬在一起，以奢华、壮观的方式进行埋葬"[10]。

另一位罗马历史学家苏埃托尼乌斯，在公元121年撰写的记载中对此表示同意，他说屋大维"允许他们体面地安葬地同一座陵墓中"，而且，重要的是，他"下令完成他们已经修建的陵墓"[11]。

同样，根据卡西乌斯·狄奥的说法，克娄巴特拉向屋大维表达了她求死的愿望，并希望与马克·安东尼葬在一起："把我送到安东尼那儿吧；不要认为我不该与他合葬，因为我是因他而死的，这样即便在冥府我也可以和他在一起。"[12]尽管克娄巴特拉做出了最大的努力，也有着优秀的过往记录，但她似乎无法勾引这位年轻的皇帝，而是被迫欺骗他，让他以为她会自愿去罗马当他的战利品，然后，克娄巴特拉抓住机会自杀了。卡西乌斯·狄奥说，起初她留在"建筑"（陵墓）里，有一段时间"忙着给安东尼的遗体做防腐处理"[13]。虽然她后来被带到了皇宫，但狄奥也说，安东尼和克娄巴特拉"被以同样的方式进行了遗体防腐处理，并被葬在了同一座陵墓"[14]。

亚历山大港的一座陵墓

古典资料中描述的宏伟陵墓，完全适用于希腊化世界的王室夫妇。亚历山大大帝和托勒密王室的其他一些成员都葬在亚历山大港市中心的塞玛（见第 230—235 页），克娄巴特拉的妹妹和女儿也葬在类似的纪念碑中，尽管不是在埃及：阿尔西诺伊四世被葬在以弗所（Ephesus）的八角形纪念碑（Octagon）中，而克娄巴特拉·塞勒涅则被葬在阿尔及利亚提帕萨（Tipaza）的陵墓中，该陵墓是为其丈夫努米底亚的朱巴二世（Juba II of Numidia）而修建的。即使没有历史记载，我们也会做出最好的猜测：克娄巴特拉被埋葬在亚历山大港内或附近的这样一座纪念碑中。亚历山大港毕竟是首都，即使在罗马的统治下，地位也会维持，它亦是克娄巴特拉的死亡之地。没有充分的理由认为她会被移到很远的地方，除非屋大维像苏埃托尼乌斯说的那样"急于将克娄巴特拉作为胜利的装饰"[15]，希望在罗马庆祝获胜。然而，古典资料没有记载这种情况的可能性有多大，人们怀疑可能性微乎其微。

考古学家如何会忽略这样一座规模巨大的重要建筑的废墟？也许亚历山大港沿海的位置是个原因。斯特拉博描述了该城市各种水边区域和岛屿的特征：

在"伟大之港"（马格努斯港）的入口处，右边是岛屿和法洛斯灯塔，左边是礁石和洛奇亚斯海角，上面有一座王室宫殿；驶入港口后，左边是内部的王室宫殿，它们与洛奇亚斯的宫殿相连，有树林和许多粉刷成各种颜色的旅馆。下面是人工开凿的港口，比较隐蔽，是国王们的私有财产，还有安提尔霍多斯（Antirhodos），一座位于人工港口之外的岛屿，上面有一座皇宫和一个小港口。他们这样称呼它，是因为它与罗得岛（Rhodes）相对应。人工港口上方是剧院；然后是波塞冬岛（Poseidium）——手肘，名副其实，它就像手肘一样，从埃姆波里翁（Emporium）伸出来，上面有一座波塞冬（Poseidon）神庙。在这个手肘上，安东尼又增加了一个防波堤，进一步延伸到港口的中间，并在防波堤的两端建造了一个王室住所，他称之为提蒙尼姆（Timonium）。这是他的最后一次行动，当他在亚克兴遭遇不幸后，被朋友们抛弃，航向亚历山大港，过着提蒙（Timon）式生活，直到生命的尽头，他远离所有朋友，在孤独中度过。[16]

显然，在洛奇亚斯海角，大致相当于现在的西尔塞尔海角，有一座皇宫，它不同于"内部"的皇宫，但在某种程度上与之相连。安提尔霍多斯岛也是，上面也有一座宫殿，它是东港——伟大之港马格努斯港的一座岛屿，马克·安东尼建造的提蒙尼姆就在附近。这座纪念碑是以希腊雅典的提蒙命名的，提蒙挥霍着自己继承的财富，给想要讨好的朋友们送礼物，结果他的钱用完后，那些朋友就背弃了他。马克·安东尼在亚克兴战败后，也认为自己被亲近的人抛弃了，于是选择在提蒙尼姆独自度过余生。

这座王室住所现在已经消失在沿海水域之下。我们知道，从古代到现在，亚历山大港周围的海平面已经上升了1—1.5米（3—

5 英尺）。然而，更重要的是，陆地下沉了 6—8 米（20—26 英尺）。地中海海底的这一区域也很容易发生地震，因为它位于非洲和安纳托利亚（Anatolian）板块的交界处。公元 365 年 7 月 21 日，一场灾难性的海啸袭击了亚历山大港，这可能是王室建筑群被完全淹没的时刻。[17] 自那时起，海底不断移动，大量的沉积物沉淀在古城的许多地方，进一步掩盖了那里曾经的面貌。

因此，直到近代，关于海港的伟大建筑和纪念碑的考古证据都非常少。1961 年，埃及第一位水下考古学家卡迈勒·阿布－萨达特（Kamel Abul-Saadat）在东部港口发现了一座伊西斯的雕像，以及其他一些法老时期的文物，但在 20 世纪 90 年代前，都没有做进一步调查。1993 年，由于担心海岸侵蚀会破坏奎贝堡（Citadel of Qaitbay）的基础部分，大约有 180 块混凝土块，每块重量在 7—20 吨，被放置在离海岸 30 米（100 英尺）的地方作为屏障，防止潮汐侵蚀。然而，这些混凝土块放的位置在古代遗迹之上，因此，最高文物委员会要求对这一区域进行更彻底的调查。调查团于 1995 年秋季开始工作，最终在 2.5 公顷（6 英亩）的范围内发现了 2500 块古代遗迹的碎片，证明了古代法洛斯岛尽管已经成为废墟，但许多遗迹仍然存在。

两位法国人已经主导了埃及考古学的这一相对较新的篇章：一位是让－伊夫·恩佩雷尔（Jean-Yves Empereur），他是一位学者，拥有巴黎索邦大学（Paris's Sorbonne）古典文学博士学位；另一位是弗兰克·戈迪奥（Franck Goddio），他原本是经济学家，后来才开始接触水下考古学，是牛津大学海洋考古中心（Oxford University's Centre for Maritime Archaeology）的客座高级讲师。

恩佩雷尔于 1990 年成立了亚历山大研究中心（Centre d'Études

Alexandrines），除了在海上工作外，他还在现代亚历山大港内的不同地方工作。他的水下探索主要集中在东港入口附近的区域，也就是奎贝堡尽头的海角及周围。1993 年，埃及当局在这一区域修建堤坝，人们已经认为这是著名的亚历山大灯塔的所在地，是古代世界的七大奇迹之一。1994 年，恩佩雷尔开始工作，赶在现代建筑工程被破坏之前抢救他所能得到的考古材料。在这次著名的发掘过程中，大量彩色雕像和纪念性建筑的碎片从海床上浮现出来。浮出的材料里，有灯塔本身的遗迹，就在一些巨大的托勒密国王和王后雕像的对面。这显然是一个对托勒密王室意义重大的地区。

然而，戈迪奥的发掘具有更深远的意义，揭露了克娄巴特拉七世最后安息之地的一些情况。1992 年，他的欧洲海底考古研究所（Institut Européen d'Archéologie Sous-Marine, IEASM，即欧洲水下考古研究所）获准调查亚历山大港东部港口的海底。该区域太大，无法系统性清除覆盖在古代遗迹上面的沉积物，但通过地球物理技术，我们能够建立起一个更全面的地下特征图。戈迪奥和他的团队已经从古典资料中明确了各种建筑物的外部特征，包括安提尔霍多斯、提蒙尼姆和恺撒神庙（Caesarium）。戈迪奥的团队还确定了现在的西尔塞尔海角，一个从亚历山大图书馆地区延伸到海洋的海角，对应于古代的洛奇亚斯海角。

洛奇亚斯海角：被淹没的王室住所

第三个水下任务也许是我们最感兴趣的。1997 年，雅典的希腊古代和中世纪亚历山大研究所（The Hellenic Institute of Ancient and Mediaeval Alexandrian Studies）获得了埃及最高文物委员会的许可，在紧靠西尔塞尔海角以东的 5 千米（3 英里）海岸线上进行调查，西边的沙特比（Shatby）区和东边的鲁斯迪（Roushdy）区之间，距离海岸 900 米（2950 英尺）。根据项目负责人哈里·扎拉斯（Harry Tzalas）的说法，他的"子遗址查特比（Chatby）I"对应于洛奇亚斯海角，即托勒密时期的王室区，在那里，我们可以找到王宫、伊西斯洛奇亚斯（Isis Lochias）神庙，甚至可能有克娄巴特拉的陵墓[18]：

> 大约有 400 个建筑构件：海底有大型花岗岩和石英岩块或者石板，有些是光秃秃的，有些有铭文的，破碎的柱子、柱头，碎裂的花岗岩座椅、石弩以及一些未知的碎片。最大的是：一个高度超过 2 米（6 英尺）的纪念性花岗岩底座，一个重量超过 7 吨的单体塔门的塔身，以及一个估计重量为 11 吨的纪念碑大门的门槛。考虑到它们的重量，以及离海岸的距离，我们假设这些东西都代表着具体的建筑地点，而不是运过去倒在海里抵挡海浪的材料。这些重物不会因海浪和波涛的作用而移动，所以可以认为它们或多或少处于原地。[19]

239　　扎拉斯认为"塔门的塔身"是由一块红色花岗岩制成的，是伊西斯洛奇亚斯神庙的一部分，如普鲁塔克告诉我们的那样，可能是克娄巴特拉修建的陵墓附近的伊西斯神庙。也许最令人感兴趣的是门槛，它应该位于一扇高约 6 米（20 英尺）的纪念碑大门

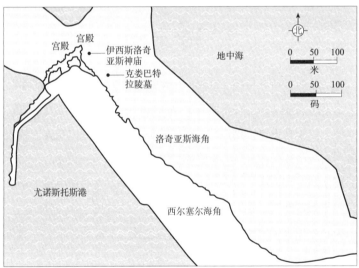

上图：花岗岩塔门石块，据说来自托勒密王朝的王室区。哈里·扎拉斯发现于亚历山大港

下图：哈里·扎拉斯重建的西尔塞尔海角地图。"洛奇亚斯海角"是该海角的古代名称，现在部分被淹没，而"西尔塞尔海角"仅指现代的水上区域

之下。[20] 纪念碑大门的证据，和克娄巴特拉陵墓的描述相吻合，显然位于原址，并且靠近伊西斯洛奇亚斯神庙。

看来，古典资料和考古证据在这里非常一致。前者告诉我们应该期待什么，而它们的可靠性则被后者证实。如果这确实是古典资料中描述的陵墓的证据，那么它一定是被地震、海啸和洪水摧毁。

但仍有一种可能性，即克娄巴特拉没有被埋葬在她的大陵墓中；也许，与书面证据相反，心怀怨恨的屋大维拒绝了"体面"地埋葬她，或者忠于女王的一派人摆脱了他的控制，自己负责安排了葬礼。目前有一支在埃及的探险队，以这种微小的可能性为基础，在亚历山大港西边的一处偏远之地寻找古墓。

塔波西里斯马格纳

塔波西里斯马格纳（Taposiris Magna）在亚历山大港以西45千米（28英里）处。在希腊和罗马时代，它是一个相当大的城市，战略上位于马里奥特湖边，提供了通往尼罗河卡诺皮克支流的通道，也能通过据称由阿契美尼德帝国（Achaemenid Empire）伟大的波斯国王大流士一世修建的运河通往红海。它离地中海沿岸也只有很短的距离，港口规模足以容纳一支军舰舰队，而环境上，则为农业提供了肥沃的土地，并为古埃及人的典型娱乐——捕鱼和打猎提供了丰富的鱼和鸟。

古城的大部分遗迹位于塔尼娅山脊（Taenia Ridge）狭长高地的南部，在山脊顶部可以找到两个最明显的考古特征。第一个是一座高出山脊约127米（417英尺）的纪念碑。这座圆柱形塔的

240

主要部分坐落在一个八角形的台子上：人们认为这座塔可能是一种瞭望塔，用来提醒从地中海驶来的船只注意海岸线，并且成为更著名的亚历山大港灯塔的重建模型。人们注意到，由于它位于内陆，因此位置并不理想[21]，它也可能是某种丧葬纪念碑，兴许是附近的岩窟墓的附属物。第二个，也是该遗址的主要特征，是神庙围墙。

根据普鲁塔克的说法，该遗址的希腊语名称实际上是"奥西里斯的墓"（the tomb of Osiris），其现代名称阿布西尔来自古代的 *bw Wsir* 或 *pr Wsir*，即奥西里斯的"地方"或"房子"，也表明与该神有密切关系。这一名称赋予了该遗址明确的丧葬内涵，而且它似乎也是科亚克（Khoiak）节的一个焦点。[22] 这是围绕着奥西里斯、伊西斯、荷鲁斯和塞特（Seth）之间的神话举办的一年一

塔波西里斯马格纳的神庙和墓园区景观

度的庆典。奥西里斯，众神之王，被想要篡夺王位的兄弟塞特谋杀，后又被他的妹妹兼妻子伊西斯短暂地唤醒，他们孕育了一个儿子荷鲁斯，荷鲁斯长大后，杀死了塞特为父报仇。这个节日的

塔波西里斯马格纳的灯塔遗迹旁边的岩窟墓

起源可以追溯到中世纪，一直延续到基督教时代，"科亚克"是科普特语（Coptic）中淹没季第四个月的名字，在这一时段会举办节日活动。奥西里斯的复活，与尼罗河洪水退却、土地变得肥沃联系在一起，是一种重生。罗马东部帕莱斯特纳（Palestrina）镇的一幅马赛克画上，描绘着塔波西里斯的节日庆典，这是尼罗河沿岸更为丰富的生活场景的一部分。

242

自 2005 年以来，多米尼加共和国（Dominican Republic）的凯瑟琳·马丁内斯（Kathleen Martínez）领导的考古项目一直在该遗址寻找克娄巴特拉的墓。正如我们所看到的，无论是古典资料还是考古证据（尽管并非决定性的），都表明克娄巴特拉的陵墓位于亚历山大港。然而，马丁内斯提出了一个理论，即克娄巴特拉和马克·安东尼被埋葬在塔波西里斯马格纳的伊西斯和奥西里斯神庙内。[23]

从入口处的塔顶可以看到塔波西里斯马格纳的全部神庙区域

塔波西里斯马格纳的克娄巴特拉和伊西斯

马丁内斯提请人们注意克娄巴特拉与伊西斯、马克·安东尼与奥西里斯两两之间的联系，因为塔波西里斯马格纳是这两位埃及神灵的祭祀之地。当然，无论在国内还是国外，克娄巴特拉都试图将自己塑造成伊西斯的化身，这是事实。她被称为"新伊西斯"，在抵达塔尔苏斯（Tarsus）与马克·安东尼会面时，她装扮成女神的样子 [24]，还在亚历山大祝贺安东尼战胜亚美尼亚国王的庆典上，再次装扮成女神 [25]。恺撒大帝曾在罗马的母神维纳斯神庙为她竖立了一座化身为伊西斯的雕像，公元前 32 年夏，克娄巴特拉拜访雅典时，也在雅典卫城树立了一座类似的雕像。[26] 她死后，塔波西里斯还存在一种伊西斯崇拜，在意大利菲耶索莱（Fiesole）发现的公元 2 世纪她的女神雕像证明了这一点，该雕像被命名为"伊西迪·塔波西里"（Isidi Taposiri），即塔波西里斯的伊西斯，她在希腊的提洛（Delos）岛也受到了崇拜。[27] 这并非完全没有先例：托勒密王室的几位王后都试图将自己与伊西斯联系起来，包括在克娄巴特拉（七世）之前的阿尔西诺伊二世、贝勒奈西一世（Berenice I）和克娄巴特拉三世 [28]，之后可能还有她的女儿克娄巴特拉·塞勒涅 [29]。不过可以说，就克娄巴特拉而言，因为马克·安东尼与奥西里斯，以及她儿子恺撒里昂与荷鲁斯的联系，使得她与伊西斯之间的联系进一步扩大。

塔波西里斯马格纳神庙围墙内，有一座长方形建筑，被认定为伊西斯的"圣地"（sanctuary）。从 1998 年到 2004 年，由哲泽·沃勒什（Győző Vörös）博士领导的一个匈牙利团队对这座遗址进行了发掘。该项目披露了他认为的神庙主要圣地的平面图，圣地在神庙围墙的中心呈东西向排列。正是在这里，研究小组发现了他们认为是伊西斯崇拜的雕像头部，头是向右倾斜的。[30] 这座雕像的风格和姿势与菲耶索莱的那座雕像是一样的，两者刻画了伊西斯为她的丈夫——已故的奥西里斯哀悼。虽然这种解释可能有些夸张，但鉴于该遗址与埃及神话中的国王之死有关，因此存在一种潜在的逻辑。

马丁内斯女士的研究使她相信，这座神庙对克娄巴特拉具有特殊的意义，因为它与伊西斯有关，而克娄巴特拉试图将自己与伊西斯联系起来。马丁内斯认为，在托勒密时代末期，塔波西里斯马格纳神庙还为安葬法老准备了一个安全的场所，因为围墙内外有一系列隐蔽隧道。[31]

无论这一理论是否可信，它都切实吸引了媒体和广大公众的注意，使人们认为这一理论和相关工作非常可信。因此，我们需要关注它。

该项目不符合传统的埃及考古探险模式。项目负责人之前没有在这一领域取得成功的记录；马丁内斯女士是一个局外人，因为她最初学习的是法律专业。她不寻常的资历和老派的考古方法——轰轰烈烈地寻找失落的古代名人墓，使她在学术界获得了特立独行的声誉。在发掘过程中，她得到了扎西·哈瓦斯博士的协助，项目刚开始时，哈瓦斯博士是埃及最高文物委员会的负责人，后来成为文物部（Minister of Antiquities）部长。虽然他后来从该部的正式职位上退休了，但作为考古学家、学者、作家和节目主持人，他仍然很活跃，他的参与使该项目的可信度颇高。然而，在超过十年的积极发掘中，很少有考古数据或项目阐释以出

雕像残片，一位男性的脸，有可能是马克·安东尼。发现于塔波西里斯马格纳

版物的形式面世，因此，考古界也很难评估发掘者的主张。这并不意味着该项目或该理论不可行，也不意味着在塔波西里斯马格纳不会发现克娄巴特拉的墓。

然而，我们必须扪心自问，是否有充分的理由认为该墓可能就在该地。由于该项目产生的科学出版物很少，加上主流媒体的描述虽多，但普遍都很模糊，因此很难对该项目及其背后的理由进行仔细研究。2011 年，马丁内斯女士的说法被引用：

> 之所以我得出结论——塔波西里斯马格纳有可能是克娄巴特拉的隐秘陵墓，是因为她的死亡是一种具有深刻宗教意义的仪式，是以一种非常严格的、精神化的仪式进行的……克娄巴特拉与屋大维谈判，要求允许她与马克·安东尼一起埋葬在埃及。她想和他葬在一起，因为她想重演伊西斯和奥西里斯的传说。奥西里斯崇拜的真正意义在于它准予永生。他们死后，众神会允许克娄巴特拉与安东尼以另一种形式存在，因此他们会一起获得不朽的生命。[32]

塔波西里斯的墓葬

如此规模、如此重要的定居地自然会有其墓地，这里的墓地范围在神庙的东部和西部。考察队发现了 27 座墓葬，墓葬的形式通常是在地面向下开凿一段台阶，通往一个或多个简单的墓室，展示出用于容纳死者遗体的棺窟（*loculi*，在墙上凿出的壁龛）。从这些墓葬中，共发现了 10 具木乃伊，其中两具是镀金的。哈瓦斯博士认为，"墓地的发现表明，有一个重要的人，很可能是王室人员，被葬在神庙里。在整个法老时期，埃及的官员和其他地位较高者将自己的墓建在统治者陵墓附近是很常见的"[33]。然而这里的逻辑是有缺陷的。的确，在整个古埃及历史上，地位较低的人希望葬在地位较高的人（包括他们的法老）身边；人们可能会说，一个地方如果有高地位者的墓葬，也会期待在那里找到低地位者的墓葬。但反过来未必成立，塔波西里斯马格纳是一个重要的定居地，其社区必定需要一个地方来埋葬死者。一个专门为普通居民设立的公墓，除了告诉我们有人死亡之外，并不会传递更多信息，也不意味着我们应该期待附近有高地位者的墓葬。

兴许更有趣的是，哈瓦斯博士报告说，"木乃伊被埋葬时，面部朝向神庙，这意味着神庙里很可能葬有一位重要的王室人物，可能是克娄巴特拉七世"[34]。这当然很有意思，可能反映了死者向神庙或神庙的某个部分表达敬意，但这可以有无数种解释，而无须借助神庙内有什么陵墓的说法；最明显的是，表达对奥西里斯和／或伊西斯的敬意，纪念碑是为他们而立的，他们的神话从根本上讲，与丧葬信仰和习俗息息相关。

神秘的井室

更不寻常的是，在神庙的围墙区域发现了一些通向地下隧道网络的井室。马丁内斯和哈瓦斯在神庙的西北角发现了一个井室，里面有两具尸体，其中一具显然是用黄金首饰和蛇形手杖随葬的，而另一具似乎是坠落或被抛下井室的。[35] 在神庙围墙东南角外的另一个井室中，发现了一尊精美的黑色玄武岩雕像的下半部分，雕像中的女人正以大步流星的姿态，一手拿着生命之符（ankh），一手拿着一卷布。在这个井室的底部，即地表下24米（78英尺）的地方，发现了一间墓室，里面有另一尊雕像的雪花石膏头部，是一位男性。

因此，在神庙围墙内有埋葬活动的证据。然而，没有任何证据能说明，这里有王室成员的遗体，甚至不能说明这是按照特定的习俗和惯例进行的埋葬，而不是匆忙的，甚至隐蔽的或二次的埋葬。无论如何，我们知道，神庙围墙在某个时候被改造成了一个坚牢的定居地，就像其他地方一样，例如卢克索和梅迪内特哈布；神庙围墙相当于现成的、易于防御的城墙，处在其中可以抵御敌人的入侵，所以在神庙围墙内发现人类遗骸并不奇怪。重要的是，没有任何迹象表明这里存在特意修建的陵墓，而不是简单地安置死者的遗体。

结　论

关键的问题在于，所有这些内容是否足以使我们相信，亚历山大港的马格努斯港从未有过克娄巴特拉的陵墓，或者有她的陵墓，但她并未被葬在那里（无论是否和马克·安东尼一起）。关于第一种情况，哈里·扎拉斯发现了很可靠的证据，表明马格努斯港有这样一座纪念碑，而且其遗迹正好位于古典资料描述的地方。资料也确切地说，这里就是这对恋人的埋葬之地。虽然我们应该意识到，古典资料不一定可靠，但并不等于它们是错误的。此外，考古证据似乎证实了古典资料的说法；而关于克娄巴特拉和马克·安东尼没有被葬在亚历山大港，而是被秘密葬在其他地

248

方，以防止罗马人亵渎尸体的理论，无论如何都有些可疑，因为罗马人一般都会尊重被埋葬者的意愿。[36]

换句话说，促使凯瑟琳·马丁内斯在塔波西里斯马格纳寻找克娄巴特拉墓的假说，似乎并没有多少合理之处，而且在发掘过程中也没有找到证据来支持这一假说。尽管如此，该说法还是吸引了公众，提高了人们对该遗址重要性的认识，无疑也让人们思考并阅读了克娄巴特拉的故事，这只能是一件好事。而且，该项目尚未结题，目前的科考似乎很有可能继续吸引人们的兴趣。然而，存在一种更大的可能性——这位伟大女王最后安息之地的证据，已经从亚历山大港现在的海岸线外的海面之下浮现出来。

最后的思考

本书是由多年来我经常被问到的一个问题促成的：还有什么能找到的吗？

我总是回答：是的，还有很多东西要找。每年都有几十支考古队在埃及工作，他们一直在不断地发现。埃及考察协会每六个月在其杂志《埃及考古学》（*Egyptian Archaeology*）上发布一次埃及考古项目工作的"发掘日记"，所发现的新材料数量是惊人的。埃及古代的遗迹散布在全国各地，尽管已经进行了两个世纪的考古工作，有些地区仍然从未被彻底调查过，即使是那些以前被很好地研究过的地区，也值得被重新审视，因为技术的进步和新的历史阐释有助于对这些材料的研究。

在过去的几年里，经常有新的、被掩盖的墓葬出现，有些是完整的，其葬具也在原地，与古代留下的一模一样。尤其是当发现一具木乃伊时，周围仍有死者下葬时的葬具，这绝对是了不起的经历。21 世纪初，由马场匡浩（Masahiro Baba）和吉村作治率领的日本考察队在一个叫塔（Ta）的人的陵墓式教堂区域发现了一系列完整的中世纪墓葬，在该处众多的井室中，他们发现了一个叫辛努（Senu）的人的棺椁，此人的木乃伊仍然在棺椁里面，戴着漂亮的木乃伊壳面具和彩绘羽毛头饰。[1]2007 年，由哈尔科·威廉斯（Harco Willems）带领的荷语鲁汶大学（Katholieke Universiteit Leuven）考察队在开罗以南约 245 千米（150 英里）的代尔贝尔萨（Deir el-Bersha）调查一位名叫乌基（Uky）的人的坟墓时，意外地发现了另一个人的墓葬。在清理了显然被掠夺过的乌基墓穴后，他们打开了第二个墓穴，发现它是完整的。在井室底部，一块未被移动的石块之外，考古队发现了属于第一中间期晚期的一个叫赫努（Henu）的人的棺椁。发现时拍摄的照片显示，棺椁放置在墓室中，顶上小心地放着一双凉鞋和两组漂亮的葬礼模型，其中一组模型是三个磨谷物的女人，另一组是四个泥砖匠。死者的木质雕像就在棺椁旁边，站立了近四千年，棺椁里面是他的木乃伊。[2] 这些都是让埃及考古学如获至宝的发现，常

修复后的辛努面具

有宣称发现新木乃伊的头条新闻[3]，其频率之高令人惊讶。由此看来，仍然有很多东西等待被发现。

我们会找到它们吗?

那么，在不久的将来，哪些我们期待的失踪古墓会成为头条新闻？埃默里似乎很有可能在 3508 号马斯塔巴中发现了伊姆霍特普的陵墓，又或者更有可能在 3518 号马斯塔巴中发现，只是在这两个案例中，他都缺乏关键的证据：伊姆霍特普的名字。伊恩·马西森确定的两座巨大的古墓，也疑似伊姆霍特普墓，但是，即使它们都与伊姆霍特普无关，也很难想象发掘它们不会发现前所未知的某种古代材料。尽管埃默里和马西森提出了令人信服的

代尔贝尔萨的赫努墓中未被破坏的墓室，主人的凉鞋、葬礼模型和雕像仍在原处

理由，但在判定这些疑似墓时，必须承认伊姆霍特普墓的大部分证据来自他已经成为传说的时代。几个世纪后，那些来到北萨卡拉向他寻求指导或治疗的朝圣者，在多大程度上真正相信他们是在他的墓前？这一点不得而知。人们不禁要问，来到所谓的耶稣基督出生地或陵墓的游客，在多大程度上相信他们去的地方真的准确？或者只是因可能比通常情况下更接近神灵而感到高兴？

2017 年发现的一座第 13 王朝的金字塔，之前不为人知，可能属于一位公主，这很好地说明了可能仍有相当规模的墓葬有待发现。已知的第 12 和第 13 王朝的王室墓葬分布得十分广泛，从北部的萨卡拉到南部的阿拜多斯，这些地方从未被全面调查过，说明这一时期王室墓葬记录中的一些空白将会得到填补。

阿蒙霍特普一世的陵墓被完整发现的可能性为零，因为国王的木乃伊是在"王室墓园"中发现的：TT320。似乎有可能的是，在三座被认为是国王的陵墓中，其中之一就是他的墓，但是安杰伊·尼温斯基坚信，阿蒙霍特普一世墓仍然有待发现，而且是在代尔巴里，这一点很有意思，他认为他正在调查的崖顶位置与阿博特莎草纸中对其位置的描述最为吻合。

在国王谷真正"枯竭"之前，就像西奥多·戴维斯著名的错误宣称那样，关于可能发现更多完整墓葬的猜测将会继续。我们知道，在第 18 王朝晚期，国王谷的中心区域一直在使用，而且我们也知道该区域曾被山洪淹没，致使人们无法找到 KV62、KV63，可能还有 KV55，这只会火上浇油。毫无疑问，有些人已经厌倦了无休止地围绕着阿玛尔纳王室墓葬的调查，但通过对从 KV55 和 KV62 号墓葬中发现的材料进行不断审查，最近我们对这一时期历史的理解有了一些重大改进，尤其是神秘的法老安克赫普雷尔－爱－尼弗尔赫普鲁尔·奈费尔内费鲁阿顿，她的墓葬物品被重新加工后用于图坦卡蒙的墓葬，使她逐渐成为焦点。国王谷中，发现任何这一时期的进一步材料，都会使专家们回到办公桌前，再次重写历史。

遗憾的是，赫里霍尔墓可能会在西部瓦迪（霍华德·卡特率先认为此地值得关注）被发现，远离底比斯墓园核心部分，这一说法似乎毫无根据，而且也没有证据可以构建另一种假设，尽管尼温斯基教授断言，"他"的墓一旦被发现，就会证明，该墓属于阿蒙霍特普一世，只是被赫里霍尔重新使用。其他方面的线索似乎已经中断了。然而，除了出处不明的金手镯之外，没有任何关于赫里霍尔本人的证据，而他那个时代的许多其他高地位人物都被安全地转移到了墓园，阿蒙霍特普墓的下落仍然令人费解。

尽管由于抢劫的威胁和经济的不稳定，国王谷在这时被王室放弃了，但很明显，在第三中间期，后来的国王们又恢复了埋葬在底比斯的传统。哈尔塞西在梅迪内特哈布建造了自己的陵墓；同时期的法律档案中提到了奥索尔孔三世的陵墓，明确表示他也安息于这个地区，尽管缺乏足够的细节来帮助我们确定它的具体位置。奥索尔孔三世陵墓的证据可能还没有出现，其他上埃及国王的陵墓也是如此，包括奥索尔孔的儿子和继承人塔克罗斯三世，他们的埋葬地点还没有确定。

与我们在此讨论的早期墓葬相比，古典作家提供了更丰富的关于亚历山大和克娄巴特拉墓葬的证据。这些资料，只要我们能相信作家的叙述，就能知道某些关于墓葬性质和位置的线索，但要将他们的描述与地面或海底的考古学对应起来，并不是一件容易的事。

虽然在各种水下任务，特别是由哈里·扎拉斯领导的考察中，发现了一些诱人的线索，可能会是克娄巴特拉陵墓的证据，但证据仍然太少，无法得出关于她最后安息之地的结论。尽管塔波西里斯马格纳的项目主要是基于对古代神话的现代解释，富有想象力且引人入胜，但该项目也尚未发现任何实质性的证据，来证明克娄巴特拉被葬在那里。

当然，很有可能这些墓葬全都没有保存下来，至少不是完整的，从这个意义上说，我们所考虑的潜在惊人发现将永远不会成为现实。但是，关于这些人和他们的墓，如果说没有进一步的发现，似乎也不太可能。当我们知道北萨卡拉高原的大片土地仍未被发掘时，关于伊姆霍特普的墓葬真的就没有什么可发现的吗？或者，当考古项目一季又一季不停地在墓地中发现新材料，即便国王谷本身委实被完全探索过时，关于阿蒙霍特普一世、赫里霍尔、奥索尔孔三世，以及其他几乎可以肯定被葬在底比斯的人的墓就没有什么可发现的吗？当古代亚历山大港的许多地方可能还埋在现代城市之下或海岸线外的波浪之下时，关于亚历山大和克娄巴特拉的墓也没有什么可发现的吗？

筛查资料

"失踪的古墓"这一主题本质上是大众化的，甚至有哗众取宠之嫌，而且绝不是每个埃及学家都喜欢的部分。但这一直是埃及学的核心问题，也是关于那些曾试图寻找失踪古墓（如我们在本书中讨论的那些古墓）的人的故事核心。不可否认，吸引热度的说法在我们的领域有其存在价值，但如果没有可靠的科学研究作为支撑，这些说法就会产生问题。布莱恩·埃默里寻找伊姆霍特普墓的工作做得非常彻底，有据可查，并且已经出版（即使他可能会遭受批评，因为他的发掘量远远超过了在相称的时间范围内可以完全发表的数量，从而导致许多从北萨卡拉发掘出来的材料至今都没有发表）。2015 年，针对 KV62 号墓，尼古拉斯·里夫斯提出的说法引起了轰动，被媒体广泛报道，但他的观点在一开始就进行了全面而科学的阐述，写成了论文，公布在网上供免费阅读。我想不出比这些更好的例子能让公众了解埃及学的学术研究了。可悲的是，还有一些项目提出了吸引热度的说法，却没有充分公布研究结果，专家们无从批评他们的观点，导致公众不知道这些说法可能是未经证实的，甚至是虚假的。

本书涉及一些尚未以科学形式发表的项目和假说。但我还是想把它们写进来，一方面想对它们进行批判性审查，另一方面也因为有些项目可能出于各种原因，永远不会通过学术渠道发表。材料可以很容易地在网上"发表"，而且最近的趋势是，在科学的出版物出版之前先通过媒体宣布发现了新的考古材料，再加上埃及的考古材料如此丰富，对于学者来说，以科学的方式发表一切实在面临着太多挑战，因此，这为我的研究提供了大量只能以非科学形式获得的材料。我选择将本书中提到的各种突破性研究项目和想法的正反两方面论点汇集起来，并加以平衡，而不是因为不符合科学出版的既定规则就忽略它们，希望读者可以批判性地看待它们。我提出了自己的结论，同时试图给读者留下足够的空间来得出自己的结论。如果没有其他问题，我的目的是鼓励读者批判性地对待自己所看到和读到的东西。

像这样一个主题——寻找失踪的古墓——很适合在科学性较

低和科学性较高的发表之间取得一种另类的平衡：寻墓活动引起了公众和媒体的兴趣，这可能与该学科的学术愿望背道而驰，但寻找古墓依然是埃及学的一部分，而且是至关重要的一部分。埃及学之所以能够生存和发展，是因为它对许多人有着特殊的诱惑力，无论是否为学者。本书收集的只是无数故事中的一部分，正是这些故事，让古埃及对许多人而言充满魅力，原因既在于其古老的人物阵容，也在于其向现代世界揭示了非凡的发现。正如我们所看到的，从法老的最初时代到古典时代，从亚历山大港波光粼粼的海浪到国王谷尘土飞扬的瓦迪，一定还有更多隐藏在表面之下的东西，会让我们更接近塑造了这个辉煌的古代文明的人们。一定还有更多的发掘工作要做，还有更多的发现——关于本书所讨论的墓葬的更多证据，毫无疑问，也还有其他迄今为止我们仍然没有发现的古人和遗迹。

国王名单

前王朝时期

"第0王朝" 约公元前3000—前2950年

不确定是否存在

艾拉荷尔 Iryhor（？）/ 口 Ro（？）/ 卡 Ka（？）/ 蝎子 Scorpion（？）

早王朝时期 / 古王国时期

（1个王系，800年以上）

第1王朝 约公元前2950—前2750年

那尔迈 Narmer

阿哈 Aha

哲尔 Djer

杰特 Djet

登 Dan

阿涅德吉布 Anedjib

瑟莫赫特 Semerkhet

卡 Qa'a

第2王朝 约公元前2750—前2650年

霍特普塞海姆威 Hetepsekhemwy

拉内布 Raneb

尼内吉特 Ninetjer

温内格 Weneg（？）

塞涅德 Sened（？）

伯里布森 Peribsen

卡塞凯姆威 Khasekhemwy

（1个王系，500年以上）

第3王朝　约公元前2650—前2550年

内杰里赫特（左塞尔）Netjerikhet（Djoser）

塞汉赫特 Sekhemkhet

卡巴 Khaba

扎纳克特 Zanakht

胡尼 Huni

第4王朝　约公元前2550—前2400年

斯尼夫鲁 Sneferu

胡夫 Khufu

雷吉德夫 Radjedef

卡夫拉 Khafra

孟卡拉 Menkaura

谢普塞斯卡弗 Shepseskaf

第5王朝　约公元前2400—前2300年

乌瑟卡夫 Userkaf

萨胡拉 Sahura

内弗尔卡拉·卡凯 Neferirkara Kakai

谢普塞斯卡拉·伊斯 Shepseskara Izi

兰尼弗雷夫 Raneferef

纽赛拉·伊尼 Nyuserra Ini

门尔霍尔 Menkauhor

杰德卡拉 Izezi

乌纳斯 Unas

第 6 王朝　约公元前 2300—前 2150 年

特提 Teti

乌瑟卡拉 Userkara

佩皮一世 Pepy I

奈姆蒂姆萨夫一世 Nemtyemzaf I

佩皮二世 Pepy II

第一中间期

（最终有 2 个王系，约 150 年）

第 7/8 王朝　约公元前 2150—前 2100 年

奈姆蒂姆萨夫二世 Nemtyemzaf II（？），然后是众多在位时间很短的
国王

第 9/10 王朝　约公元前 2100—前 2000 年

存在若干国王，包括：

凯提（阿浩特）一世至五世 Khety（Akhtoy）I–V

梅利卡拉 Merykara

第 11 王朝（仅底比斯）约公元前 2075—前 2020 年

伊里奥特弗一至三世 Inyotef I–III

伊里奥特弗二世 Inyotef II

伊里奥特弗三世 Inyotef III

中王国时期

（1个王系，约250年）

第11王朝（全埃及）约公元前2020—前1950年

门图霍特普二世 Mentuhotep II 约公元前2020—前1970年

门图霍特普三世 Mentuhotep III 约公元前1970—前1960年

门图霍特普四世 Mentuhotep IV 约公元前1960—前1950年

第12王朝 约公元前1950—前1750年

阿蒙涅姆赫特一世 Amenemhat I 约公元前1950—前1920年

辛努塞尔特一世 Senusret I 约公元前1920—前1875年

阿蒙涅姆赫特二世 Amenemhat II 约公元前1875—前1845年

辛努塞尔特二世 Senusret II 约公元前1845—前1840年

辛努塞尔特三世 Senusret III 约公元前1840—前1850年

阿蒙涅姆赫特三世 Amenemhat III 约公元前1805—前1760年

阿蒙涅姆赫特四世 Amenemhat IV 约公元前1760—前1755年

赛贝克捏弗鲁 Neferusobek 约公元前1755—前1750年

第二中间期

（最终有多个王系，200年以上）

第13王朝 约公元前1750—前1630年

按照传统有六十位国王，包括（顺序不确定）：

索比霍特普一世 Sobekhotep I

阿蒙涅姆赫特五世 Amenemhat V

阿梅尼·克莫 Ameny Qemau

萨霍鲁内德杰里约特夫 Sahorunedjheryotef

索比霍特普二世 Sobekhotep II

霍鲁 Horu

阿蒙涅姆赫特七世 Amenemhat VII

威格夫 Wegaf

汗杰 Khendjer

索比霍特普三世 Sobekhotep III

奈费尔霍特普一世 Neferhotep I

萨哈托尔 Sahathor

索比霍特普四世 Sobekhotep IV

索比霍特普五世 Sobekhotep V

索比霍特普六世 Sobekhotep VI

阿伊 Ay

索比霍特普七世 Sobekhotep VII

奈费尔霍特普二世 Neferhotep II

第 14 王朝

众多在位时间很短的国王，完全与其他王朝同时存在

第 15 王朝（仅阿瓦里斯）约公元前 1630—前 1521 年

六位国王，完全与其他王朝同时存在，包括：

塞克尔（谢希？）Sekerher（Salitis?）

谢希 Sheshi

希安 Khyan

阿波菲斯 Apophis 约公元前 1570—前 1530 年

坎穆迪 Khamudy 约公元前 1530—前 1521 年

第 16 王朝

众多在位时间很短的国王，完全与其他王朝同时存在

第 17 王朝（仅上埃及）约公元前 1630—前 1539 年

众多国王完全与其他王朝同时存在的历史形势可能结束了

英特夫五世 Intef V

英特夫六世 Intef VI

英特夫七世 Intef VII

叟伯克沙夫二世 Sobekemsaf II

塞纳赫特里·阿摩斯 Senakhtenre Ahmose

塞克奈里·陶 Seqenre Taa

卡摩斯 Kamose 约公元前 1541—前 1539 年

新王国时期

（1 个王系，约 450 年）

第 18 王朝 约公元前 1539—前 1292 年

阿摩斯一世 Ahmose I 约公元前 1539—前 1514 年

阿蒙霍特普一世 Amenhotep I 约公元前 1514—前 1493 年

图特摩斯一世 Tuthmosis I 约公元前 1493—前 1481 年

图特摩斯二世 Tuthmosis II 约公元前 1481—前 1479 年

图特摩斯三世 Tuthmosis III 约公元前 1479—前 1425 年

哈特谢普苏特 Hatshepsut 约公元前 1475—前 1458 年（共同执政）

阿蒙霍特普二世 Amenhotep II 约公元前 1426—前 1400 年

图特摩斯四世 Tuthmosis IV 约公元前 1400—前 1390 年

阿蒙霍特普三世 Amenhotep III 约公元前 1390—前 1353 年

阿蒙霍特普四世（阿肯那顿）Amenhotep IV（Akhenaten）约公元前 1353—前 1336 年

斯门卡雷 Smenkhkare 约公元前 1340—前 1337 年

安克赫普雷尔·奈费尔内费鲁阿顿（娜芙蒂蒂）Ankhkheperure

Neferneferuaten（Nefertiti）约公元前 1336—前 1332 年

图坦卡蒙 Tutankhamun 约公元前 1332—前 1323 年

阿伊（二世）Ay（II）约公元前 1323—前 1320 年

霍朗赫布 Horemheb 约公元前 1320—前 1292 年

第 19 王朝　约公元前 1292—前 1190 年

拉美西斯一世 Ramesses I 约公元前 1292—前 1290 年

塞蒂一世 Sety I 约公元前 1290—前 1279 年

拉美西斯二世 Ramesses II 约公元前 1279—前 1213 年

麦伦普塔赫 Merenptah 约公元前 1213—前 1203 年

塞蒂二世 Sety II 约公元前 1203—前 1197 年（争议中，一说阿门梅
　　塞 Amenmesse 约公元前 1203—前 1200 年）

西普塔 Siptah 约公元前 1197—前 1192 年

陶斯雷特 Tausret 约公元前 1192—前 1190 年

第 20 王朝　约公元前 1190—前 1069 年

塞斯纳克特 Sethnakht 约公元前 1190—前 1187 年

拉美西斯三世 Ramesses III 约公元前 1187—前 1156 年

拉美西斯四世 Ramesses IV 约公元前 1156—前 1150 年

拉美西斯五世 Ramesses V 约公元前 1150—前 1145 年

拉美西斯六世 Ramesses VI 约公元前 1145—前 1137 年

拉美西斯七世 Ramesses VII 约公元前 1137—前 1130 年

拉美西斯八世 Ramesses VIII 约公元前 1130—前 1126 年

拉美西斯九世 Ramesses IX 约公元前 1126—前 1108 年

拉美西斯十世 Ramesses X 约公元前 1108—前 1099 年

拉美西斯十一世 Ramesses XI 约公元前 1099—前 1069 年

第三中间期

（一个王系，约 200 年，接着是几个王系，约 200 年）

第 21 王朝　约公元前 1069—前 945 年

斯门德斯 Smendes 约公元前 1069—前 1045 年

阿梅内姆尼苏 Amenemnisu 约公元前 1045—前 1040 年

普苏森内斯一世 Psusennes I 约公元前 1040—前 990 年

阿梅内莫佩特 Amenemopet 约公元前 990—前 980 年

"老" 奥索尔孔 Osorkon 'the Elder' 约公元前 980—前 975 年

西阿蒙 Siamun 约公元前 975—前 955 年

普苏森内斯二世 Psusennes II 约公元前 955—前 945 年

第 22 王朝　约公元前 945—前 715 年

舍顺克一世 Sheshonq I 约公元前 945—前 925 年

奥索尔孔一世 Osorkon I 约公元前 925—前 890 年

赫卡赫佩雷·舍顺克二世 a Hekakheperre Sheshonq IIa 约公元前 890 年（共同执政）

图特克赫佩雷·舍顺克二世 b Tutkheperre Sheshonq IIb 约公元前 890 年（共同执政）

马赫佩雷·舍顺克二世 c Maakheperre Sheshonq IIc 约公元前 890 年（共同执政）

塔克罗斯一世 Takeloth I 约公元前 890—前 875 年

奥索尔孔二世 Osorkon II 约公元前 875—前 835 年

舍顺克三世 Sheshonq III 约公元前 835—前 795 年

舍顺克四世 Sheshonq IV 约公元前 795—前 785 年

帕米 Pami 约公元前 785—前 775 年

舍顺克五世 Sheshonq V 约公元前 775—前 735 年

第 23 王朝　约公元前 735—前 715 年

奥索尔孔四世 Osorkon IV　约公元前 735—前 715 年

上埃及国王　约公元前 840—前 715 年

细节不确定，完全与其他王朝同时存在

哈尔塞西 Harsiesi —公元前 840 年？

塔克罗斯二世 Takeloth II　约公元前 840—前 825 年

佩杜巴斯特一世 Pedubast I　约公元前 820—前 800 年

伊普特一世 Iuput I　约公元前 800 年（共同执政）

舍顺克四世 / 六世 Sheshonq IV/VI　约公元前 800—前 780 年

奥索尔孔三世 Osorkon III　约公元前 780—前 760 年

塔克罗斯三世 Takeloth III　约公元前 760—前 745 年

卢达蒙 Rudamun　约公元前 745—前 725 年

佩夫特焦瓦伊巴斯特 Peftjauawybast　约公元前 725—前 715 年

第 24 王朝（仅塞斯）约公元前 730—前 715 年

细节不确定，完全与其他王朝同时存在

泰夫纳克特 Tefnakht　约公元前 730—前 720 年

博克乔里斯 Bocchoris　约公元前 720—前 715 年

第 25 王朝（库施王国）约公元前 800—前 664 年

阿拉拉 Alara

卡什塔 Kashta

皮耶 Piye　约公元前 747—前 715 年

沙巴卡 Shabaqo　约公元前 715—前 702 年

沙比特库 Shebitku　约公元前 702—前 690 年

塔哈卡 Taharqa　约公元前 690—前 664 年

坦维塔玛尼 Tanwetamani　公元前 664—前 656 年

第 26 王朝（仅塞斯）约公元前 672—前 664 年

尼科一世 Necho I 约公元前 672—前 664 年

末王朝时期

（1 个王系，本土—外国统治，332 年）

第 26 王朝（全埃及）公元前 664—前 525 年

普萨美提克一世 Psamtek I 公元前 664—前 610 年

尼科二世 Necho II 公元前 610—前 595 年

普萨美提克二世 Psamtek II 公元前 595—前 589 年

阿普利斯 Apries 公元前 589—前 570 年

阿玛西斯（阿摩斯三世）Amasis（Ahmose III）公元前 570—前 526 年

普萨美提克三世 Psamtek III 公元前 526—前 525 年

第 27 王朝（波斯第一帝国）公元前 525—前 404 年

坎比塞斯 Cambyses 公元前 525—前 522 年

大流士一世 Darius I 公元前 522—前 486 年

谢斯 Xerxes 公元前 486—前 465 年

阿尔塔薛西斯一世 Artaxerxes I 公元前 465—前 424 年

大流士二世 Darius II 公元前 424—前 404 年

阿尔塔薛西斯二世 Artaxerxes II 公元前 404 年（在埃及）

第 28 王朝　公元前 404—前 399 年

阿米尔泰斯 Amyrtaeus 公元前 404—前 399 年

第 29 王朝　公元前 399—前 380 年

尼腓特一世 Nepherites I 公元前 399—前 393 年

（普撒穆提斯 Psammuthis 公元前 393 年？）

阿科里斯 Achoris 公元前 393—前 380 年

（或普撒穆提斯 Psammuthis 公元前 380 年？）

尼腓特二世 Nepherites II 公元前 380 年

第 30 王朝　公元前 380—前 343 年

内克塔内布一世 Nectanebo I 公元前 380—前 362 年

特欧斯 Teos 公元前 362—前 360 年

内克塔内布一世 Nectanebo II 公元前 360—前 343 年

第 31 王朝（波斯第二帝国）公元前 343—前 332 年

阿尔塔薛西斯三世 Artaxerxes III 公元前 343—前 338 年（在埃及）

阿尔塔薛西斯四世（阿尔塞斯）Artaxerxes IV（Arses）公元前 338—
前 336 年

大流士三世 Darius III 公元前 336—前 332 年

希腊王朝时期

（一个王系，302 年）

马其顿（阿盖德）帝国　公元前 332—前 310 年

亚历山大三世（大帝）Alexander III（the Great）公元前 332—前 323 年

菲利普三世阿里达乌斯 Philip III Arrhidaeus 公元前 323—前 317 年

亚历山大四世 Alexander IV 公元前 317—前 310 年

托勒密王朝　公元前 310—公元 30 年

托勒密一世索特 Ptolemy I Soter 公元前 305 年（作为法老）—前
282/283 年

托勒密二世费拉德尔福斯 Ptolemy II Philadelphus 公元前 282/283—前
246 年

托勒密三世厄尔吉特斯 Ptolemy III Euergetes 公元前 246—前 221 年

托勒密四世费洛帕特尔 Ptolemy IV Philopator 公元前 221—前 204 年

托勒密五世埃皮法尼斯 Ptolemy V Epiphanes 公元前 205—前 180 年

托勒密六世费洛梅托尔 Ptolemy VI Philometor 公元前 180—前 145 年

托勒密七世尼欧斯·费洛帕特尔 Ptolemy VII Neos Philopator 公元前 145 年

托勒密八世厄尔吉特斯与克娄巴特拉二世 Ptolemy VIII Euergetes with Cleopatra II 公元前 145—前 116 年

托勒密九世索特 Ptolemy IX Soter 公元前 116—前 110 年

托勒密十世亚历山大与克娄巴特拉三世 Ptolemy X Alexander with Cleopatra III 公元前 110—前 109 年

托勒密九世（复辟）与克娄巴特拉三世 Cleopatra III 公元前 109—前 107 年

托勒密十世（复辟）公元前 107—前 88 年

托勒密九世（复辟）公元前 88—前 80 年

托勒密十一世亚历山大与贝勒奈西三世 Ptolemy XI Alexander with Berenice III 公元前 80 年

托勒密十二世奥勒忒斯 Ptolemy XII Auletes 公元前 80—前 58 年

贝勒奈西四世（摄政王后）Berenice IV 公元前 58—前 55 年

托勒密十二世（复辟）公元前 55—前 51 年

克娄巴特拉七世（摄政王后）

托勒密十三世西奥斯·费洛帕特尔 Ptolemy XIII Theos Philopator 公元前 51—前 47 年（共同执政）

托勒密十四世 Ptolemy XIV 公元前 47—前 44 年（共同执政）

托勒密十五世恺撒里昂 Ptolemy XV Caesarion 公元前 44—前 30 年（共同执政）

罗马帝国时期

（外国统治者的继承，670 年）

奥古斯都·恺撒 Augustus Caesar 公元前 30—公元 14 年

提贝里乌斯（提贝里乌斯·恺撒·奥古斯都）Tiberius（Tiberius Caesar Augustus）公元 14—37 年

卡利古拉（盖约·恺撒·奥古斯都·日耳曼尼库斯）Caligula（Gaius Caesar Augustus Germanicus）公元 37—41 年

克劳狄乌斯（提贝里乌斯·克劳狄乌斯·恺撒·奥古斯都·日耳曼尼库斯）Claudius（Tiberius Claudius Caesar Augustus Germanicus）公元 41—54 年

尼禄（尼禄·克劳狄乌斯·恺撒·奥古斯都·日耳曼尼库斯）Nero（Nero Claudius Caesar Augustus Germanicus）公元 54—68 年

加尔巴 / 奥托 / 维特里乌斯 Galba/Otho/Vitellius 公元 68—69 年

韦斯巴芗（恺撒·韦斯巴芗·奥古斯都）Vespasian（Caesar Vespasianus Augustus）公元 69—79 年

提图斯（提图斯·韦斯巴芗·奥古斯都）Titus（Titus Caesar Vespasianus ugustus）79—81 年

图密善（恺撒·图密善·奥古斯都）Domitian（Caesar Domitianus ugustus）公元 81—96 年

涅瓦尔（涅瓦尔·奥古斯都）Nerva（Nerva Augustus）公元 96—98 年

图拉真（涅瓦尔·图拉真·奥古斯都）Trajan（Nerva Traianus Augustus）公元 98—117 年

哈德良（图拉真·哈德良·奥古斯都）Hadrian（Traianus Hadrianus Augustus）公元 117—138 年

安敦尼（提图斯·福尔沃斯·埃利乌斯·哈德良努斯·安敦尼·奥古斯都·皮乌斯 Antoninus Pius（Titus Fulvus Aelius Hadrianus Antoninus Augustus Pius）公元 138—161 年

马可·奥勒留（马可·奥勒留·安敦尼·奥古斯都）Marcus Aurelius（Marcus Aurelius Antoninus Augustus）公元 161—180 年

卢修斯·维鲁斯（卢修斯·奥勒留·维鲁斯·奥古斯都）Lucius Verus（Lucius Aurelius Verus Augustus）公元 161—169 年（共同执政）

康茂德（马可·康茂德·奥勒留·安敦尼·奥古斯都）Commodus（Marcus Aurelius Commodus Antoninus Augustus）公元 180—192 年

佩蒂纳克斯 / 迪迪乌斯·朱利安努斯 / 克罗迪乌斯·阿尔比努斯 / 皮斯肯尼乌斯·尼日尔 Pertinax/Didius Julianus/Clodius Albinus/Pescennius Niger 公元 193 年

塞普蒂米乌斯·塞维鲁（卢修斯·塞普蒂米乌斯·塞维鲁·佩蒂纳克斯·奥古斯都）Septimius Severus（Lucius Septimius Severus Pertinax Augustus）公元 193—211 年

卡拉卡拉 Caracalla 公元 198—211 年（共同执政）

卡拉卡拉（马可·奥勒留·安敦尼·奥古斯都）（Marcus Aurelius Antoninus Augustus）公元 198—217 年

格塔（普布利乌斯·塞普提米乌斯·格塔·奥古斯都）Geta（Publius Septimius Geta Augustus）公元 209—211 年（共同执政）

马克里努斯 / 迪亚杜门尼 Macrinus/Diadumenian 公元 217—218 年

埃拉伽巴路斯（马可·奥勒留·安敦尼·奥古斯都）Elagabalus（Marcus Aurelius Antoninus Augustus）公元 218—222 年

塞维鲁·亚历山大（马可·奥勒留·塞维鲁·亚历山大·奥古斯都）Severus Alexander（Marcus Aurelius Severus Alexander Augustus）公元 222—235 年

马克西米努斯二世（盖约·尤利乌斯·维鲁斯·马克西米努斯·奥古斯都）Maximinus II（Gaius Julius Verus Maximinus Augustus）公元 235—238 年

戈尔迪安一世和戈尔迪安二世 / 巴尔比努斯和普比努斯 Gordian I & Gordian II /Balbinus & Pupienus 公元 238 年

戈尔迪安三世（马可·安敦尼·戈尔迪安·奥古斯都）Gordian III
（Marcus Antonius Gordianus Augustus）公元 238—244 年

菲利普（马可·尤利乌斯·腓力普斯·奥古斯都）Philip（Marcus
Julius Philippus Augustus）公元 244—249 年

德西乌斯（盖约·弥赛亚斯·昆图斯·德西乌斯·奥古斯都）Decius
（Gaius Messius Quintus Traianus Decius Augustus）公元 249—
251 年

特雷波尼亚努斯·加卢斯 & 和沃鲁西亚努斯 Trebonianus Gallus &
Volusianus 公元 251—253 年

埃米利安努斯（马可·阿米利乌斯·埃米利安努斯·奥古斯
都）Aemilianus（Marcus Aemilius Aemilianus Augustus）公元 253 年

瓦勒良（普布利乌斯·利西尼乌斯·瓦勒里安努斯·奥古斯都）Valerian
（Publius Licinius Valerianus Augustus）公元 253—260 年

加里恩努斯 Gallienus 公元 253—260 年（共同执政）

加里恩努斯（普布利乌斯·利西尼乌斯·埃格纳提乌斯·加利恩努
斯·奥古斯都）（Publius Licinius Egnatius Gallienus Augustus）公
元 260—268 年

克劳狄乌斯二世·戈提库斯（马可·奥勒留·克劳狄乌斯·奥古斯
都）Claudius II Gothicus（Marcus Aurelius Claudius Augustus）公元
268—270 年

昆提卢斯（马可·奥勒留·克劳狄乌斯·昆提卢斯·奥古斯都）Quintillus
（Marcus Aurelius Claudius Quintillus Augustus）公元 270 年

奥勒良（多米提乌斯·奥勒良乌斯·奥古斯都）Aurelian（Domitius
Aurelianus Augustus）公元 270—275 年

塔西佗 / 弗洛里安努斯（马可·克劳狄乌斯·塔西佗·奥古斯
都）Tacitus / Florianus（Marcus Claudius Tacitus Augustus）公元
275—276 年

普罗布斯（马可·奥勒留·普罗布斯·奥古斯都）Probus（Marcus Aurelius Probus Augustus）公元276—282年

卡鲁斯（马可·奥勒留·卡鲁斯·奥古斯都）Carus（Marcus Aurelius Carus Augustus）公元282—283年

卡里努斯和努梅里安 Carinus & Numerian 公元283—284年

戴克里先（盖约·奥勒留·瓦莱里乌斯·戴克里先·奥古斯都）Diocletian（Gaius Aurelius Valerius Diocletianus Augustus）公元284—305年

马克西米安（马可·奥勒留·瓦莱里乌斯·马克西米安·奥古斯都）Maximian（Marcus Aurelius Valerius Maximianus Augustus）公元286—305年（共同执政）

伽列里乌斯（伽列里乌斯·瓦莱里乌斯·马克西米安·奥古斯都）Galerius（Gaius Galerius Valerius Maximianus Augustus）公元305—311年

君士坦提乌斯一世（弗拉维乌斯·瓦莱里乌斯·君士坦提乌斯·奥古斯都）Constantius I（Flavius Valerius Constantius Augustus）公元305—306年（共同执政）

君士坦提乌斯一世（弗拉维乌斯·瓦莱里乌斯·君士坦提乌斯·奥古斯都）公元306—337年

注 释

导 言

1 TT 279.

2 Emery 1965：8.

第一章

1 Waddell 1940：41–43.

2 JE 49889. 这里的首字母代表
"入藏杂志"（Journal d'Entrée），
是一个法文名称，用于记录所
有进入博物馆的物品；已在博物
馆自己的出版目录中的藏品用
的是第二个编号，以"CG"开
头，表示"开罗博物馆藏埃及文
物总目录"（Catalogue général des
antiquités égyptiennes du Musée du
Caire）；此外，一些文物还有临
时编号，通常有"T/N"或类似的
前缀。当同一文物在文献中以不
同的编号被提及时，就会混淆。

3 Gunn 1926：194.

4 Lauer 1996：496.

5 Gunn 1926：177.

6 Wildung 1977：32–33.

7 Wilkinson 1999：99.

8 Wildung 1977：35–43.

9 Wildung 1977：47 及后页。

10 S3507.

11 被标记为 S2405。

12 3035.

13 在 3111 号墓。

14 Emery 1965：3–4.

15 3510.

16 Emery 1965：6.

17 Emery 1965：6.

18 Emery 1965：8.

19 Emery 1967：145.

20 Emery 1970：6.

21 Emery 1970：7.

22 Emery 1970：11.

23 Emery 1971：3.

24 Emery 1971：4.

25 Smith 1974：48.

26 Smith 1971：201.

27 Kawai 2012：41–43.

28 Myśliwiec 2005：161.

29 Myśliwiec 2005：164.

30 Mathieson 2007a：82.

31 Mathieson 2007b：93.

32 Mathieson 2006：18–21.

第二章

1 Dodson 2003，49，54.

2 Dodson 2003，88–9.

3 Dodson 2003，89–91.

4 Wegner 2014：25.

5 Wegner 2014：22.

6 CT 777–785.

7 Wegner and Cahail 2015：149–62.

8 British Museum EA 10221，1。见数据库记录（含参考文献）：https：//goo.gl/fnpxpC；last accessed 18 May 2018。

9 事实上，共有十个条目，但第六和第七个条目似乎指的是同一个人，"陶"（Taa），我们认为他是第 17 王朝的倒数第二位统治者塞克奈里·陶（Seqenenre Tao）。Dodson 2016：59，n. 19.

10 Polz 1995：14.

11 两位国王的编号分别为英特夫四世和五世，据 Dodson 2016：58–59。

12 Louvre E3019.

13 Louvre E 3020.

14 British Museum EA 6652.

15 Peet 1930：3738.

16 Weigall 1911.

17 Buckley *et al.* 2005：74.

18 Buckley 2005：23.

19 Buckley 2005：22.

20 Buckley 2005：23，25.

21 Polz 1995：11.

22 James 1992：93.

23 Polz *et al.* 2012：115.

24 Willockx 2010.

25 Rummel 2013：14–17.

26 Polz 1995：18.

27 Niwinski 2007：1391，1393.

28 Niwinski 2007：1393，1395.

29 Niwinski 2007：1398.

30 Niwinski 2007：1398–99.

31 Niwinski 2007：1393.

32 尼温斯基没有使用"立即"这个词，他说："他在墓穴关闭后留下了涂画。他的涂画是在封墓工作完成之后留下的，这就把时间限制在了他生前。当时有两位王室成员在那段时间住在底比斯，他们的坟墓至今仍不为我们所知。第一位是赫里霍尔，第二位是他的儿子，普苏森内斯一世的早期共同统治者，尼弗尔赫斯国王……"使用"之后"一词表明坟墓可能在留下涂画之前被关闭的，但尼温斯基随后强调了该时期的两个人，表示时间上是紧挨着的。Niwinski 2007：1395–96.

33　Niwinski 2000：222.

34　Vandersleyen 1967：123–59.

35　Niwinski 2007：1397. http：//www.britishmuseum.org/research/collection_online/collection_object_details.aspx?objectId=111442&partId=1&searchText=amenhotep+sandstone&page=1；last accessed 18 May 2018.

36　http：//www.britishmuseum.org/research/collection_online/collection_object_details.aspx?objectId=121230&partId=1&searchText=690+amenhotep&page=1；last accessed 18 May 2018.

37　Arnold 1994：159；Arnold 1988：140.

38　Niwinski 2007：1397.

39　Niwinski 2007：1397.

40　Niwinski 2007：1398.

41　Niwinski 2007：1391. 在随后的报告中，经过几季的进一步发掘，尼温斯基仍然"比较乐观"，尽管他依旧无法得出确定的结论。Niwinski 2015：383.

第三章

1　一个主要的疑似墓葬是位于国王谷西部分支的 WV25 号墓。Dodson 2016：73.

2　Davies 1908：30.

3　Martin 1974：4.

4　Martin 1974：1.

5　The Amarna Project，'Guide book：Royal Tomb'.

6　Martin 1989：pl. 25，26.

7　Dodson 2009a：24–25.

8　Dodson 2009a：18–26.

9　Martin and el–Khouli.

10　Gabolde and Dunsmore 2004.

11　Martin 1974：36–37.

12　Martin 1974：37，n. 1.

13 Gabolde and Dunsmore 2004：33.

14 Davis 1907：1.

15 Ayrton 1907：7–8.

16 Ayrton 1907：8.

17 Ayrton 1907：9.

18 Davis 1907：2–3.

19 Bell 1990：135–37.

20 Bell 1990：136.

21 Gabolde 2009：111.

22 Gabolde 2009：114.

23 Forbes 2016：18–21.

24 Dodson 2009b：29.

25 Dodson 2009b：29.

26 Allen 1988：117–21.

27 Hornung 2006：206.

28 Van der Perre 2012：195–97.

29 里夫斯认为，现在显得比较凹陷、貌似穿过孔的耳朵，最初是穿过孔的，以便佩戴耳环。他认为，虽然众所周知，从阿肯那顿统治时期开始，法老就经常打耳洞，但耳环却很少得到证实，而且只有在法老的形象被描绘成儿童时，才会看到耳环。虽然死亡面具最初描绘的是图坦卡蒙的儿童形象，然后被重新加工，描绘他的成人形象，但更有可能的是，重新加工的原因在于它最初是为一个女人设计的。Reeves 2015c：517–19.

30 Reeves 2015c：519.

31 Reeves 2015b：77–79.

32 值得指出的是，西墙的所谓储藏室（如果确实是这样解释的话）被隐藏起来似乎很奇怪，当时并没有这样试图隐藏财宝库的尝试。

33 两者之间有一道碎石和石膏组成的假墙，但被霍华德·卡特拆除了，这是必须的，否则就无法将镀金的神龛和其他大型物品完整地从墓室中移出；这也表明，如果有一个较小的门洞，这些大型物品就不可能被放在那里。

34 Reeves 2015a. 参见 https：//www.academia.edu/14406398/The_Burial_of_Nefertiti_2015_Accessed18 May 2018. 当时这篇论文的浏览量超过了 24.6 万次，对于埃及学的学术论文来说，这个数字是惊人的。

35 Reeves and Wilkinson 1996：130–31.

36 Reeves 2015a：10.

37 Reeves 2015a：4, n. 32.

38 Bickerstaffe（undated，no pagination）.

39 Hardwick 2015.

40 在这种情况下，安克赫普雷尔的墓（肯定在底比斯，一个崇拜阿蒙的地方）只能属于她，而且正如艾伦所认为的，根据阿玛尔纳时期前后的新王国模式，这可能是国王谷中带陵墓的纪念庙。Allen 2016：11.

41 Reeves 2015a：5.

42 Dodson 2009b：32.

43 Dodson 2009a：36–38. Allen 2016：11–12.

44 Smith 1912：38.

45 Harris, Wente *et al*. 1978：1149–51.

46 Hawass and Saleem 2016：123.

47 Hawass，Gad *et al*：2010.

48 Hawass and Saleem 2016：123.

49 Hawass and Saleem 2016：123.

50 例如，史密斯，他自己也很谨慎："这具骨架属于一个大约 25 或 26 岁的男人"，Smith 1912：38；及乔伊斯·费勒（Joyce Filer）："从证据上看，这显然是一个年龄在 20 到 25 岁之间的人，而且

偏长"，Filer 2000：13–14。

51 Gabolde 2009：116.

52 Gabolde 2009：111–14.

53 Hawass and Saleem 2016：123.

54 Hawass and Saleem 2016：131–32.

55 参见如 Dodson 2009a：13–17；Gabolde 2002：32–48.

56 如果从 DNA 研究结果是正确的，即"年轻女士"的父母是阿蒙霍特普三世和"老妇人"，那么她不可能是阿肯那顿的任何一个女儿。

57 Hessler 2015.

58 Hessler 2015.

59 Hessler 2016a.

60 Hessler 2016b.

61 Cross 2016：520.

62 Dodson and Cross 2016：4.

63 Cross 2008：303–10.

64 Cross 2016：518.

65 http：//www.thebanmappingproject. com/atlas/index_kv.asp；last accessed 18 May 2018.

66 Cross 2016：520–21.

67 Cross 2016：521.

68 Dodson and Cross 2016：7.

69 Hawass 2016：248.

70 Hawass 2016：249.

第四章

1 Van Dijk 2000：301.

2 Van Dijk 2000：308–9. 这位将军可能是阿蒙霍特普之后阿蒙首席祭司一职的继任者，然而，究竟是帕扬克还是赫里霍尔，还没有普遍的共识。

3 参见如 Kitchen 1986：248。然而，这里没有使用这个术语，因为"文艺复兴"在英语中几乎只指14—16 世纪艺术和文学的复兴。新王国晚期的情况是不同的，"重生"是一个更中性的词，但埃及语的 *wehem mesut* 是首选。

4 Kitchen 1996：250.

5 帕扬克的后裔在阿蒙的首席祭司这一职位上又延续了四代。学者们曾一度得出结论，认为首席祭司赫里霍尔是帕扬克的前任，然后该职位传给了帕扬克，再由帕扬克直接传给他的儿子皮努杰姆一世（Kitchen 1986：252–53）。然而这一点现在受到了质疑（Jansen-Winkeln 1992：22–37, and 2006：225；并被驳斥 Kitchen 2009：192–94，Jansen-Winkeln 2006：225）。尽管与这些人有关的日期文件表明，赫里霍尔是帕扬克的前任，正如此后到第 22 王朝初，每一位阿蒙首席祭司都是帕扬克的后裔一样，但有几个理由可以说明：这两个人的顺序应该颠倒。帕扬克的头衔与他的继任者的头衔不太吻合，而赫里霍尔的头衔却很吻合。帕扬克的头衔更加详细，显示了他在军队中的地位，而且更接近帕尼希的头衔，后者从复兴时期开始，就负责努比亚的事务。帕扬克的头衔与拉美西斯时代的法老相关，赫里霍尔则没有。帕扬克也从未有过任何王室属性，赫里霍尔和他的继任者们则具备。最后，赫里霍尔和皮努杰姆一世都是底比斯的建设者，皮努杰姆直接接替了赫里霍尔，对孔苏神庙进行装饰。Jansen-Winkeln 2006：225.

6 von Beckerath 1999：176–77.

7 von Beckerath 1999：182–83.

8 von Beckerath 1999：176–77, 182–83.

9 Peden 1994b：21.

10 Wente and Van Siclen 1976：261.

11 Bierbrier 1982：41.

12 一份很好的清单发表于 Reeves and Wilkinson 1996：192。

13 Papyrus Salt 124.

14 The 'Turin Strike Papyrus'.

15 Papyrus Mayer B. Reeves 1990：273.

16 Reeves 1990：275.

17 Reeves and Wilkinson 1996：191.

18 1871 年夏天的日期显然是由阿卜杜勒 – 拉苏尔兄弟三人分别给出的，这也是埃及学文献中最常见的日期。然而，各种不同的日期也被提了出来，包括早到 1859 年的日期。Bickerstaffe 2010：32–36.

19 Bickerstaffe 2010：14–15.

20 Bickerstaffe 2010：16–17.

21 Graefe and Belova 2010：plans 02–06.

22 Graefe and Belova 2010：plan 08.

23 Bickerstaffe 2010：21.

24 引自 Bickerstaffe 2010：19。

25 Bickerstaffe 2010：22.

26 可通过互联网档案免费访问：https：//archive.org/details/The_ Night_of_Counting_the_Years；last accessed 18 May 2018。

27 Bickerstaffe 2010：23.

28 完整清单见 Reeves andWilkinson 1996：196。

29 Reeves and Wilkinson 1996：195.

30 Reeves 1990：277.

31 Taylor 2016：location 7856.

32 Reeves 1990：277. Taylor 2016：location 7860.

33 Taylor 2016：location 7881.

34 Taylor 2016：location 7881.

35 Bickerstaffe 2010：21.

36 Taylor 2016：location 7903.

37 Romer 1984：196–97.

38 Carter and Mace 1923：79.

39 Carter and Mace 1923：80.

40 Carter 1917：115.

41 James 1992：187.

42 Carter 1917：107–8.

43 Litherland 2014：21.

44 Carter 1917：108. 1921 年，埃米尔·巴莱泽（Émile Baraize）发表了一份关于在该地区发现另一座悬崖墓的报告（Baraize 1921），该墓现在以他的名字闻名。

45 Carter 1917：109.

46 PM I.2，591–92. 另见 Lilyquist 2004.

47 Romer 1984：197.

48 Carter 1917：110–11.

49 Carter 1917：111.

50 Carter 1917：109–10.

51 Carter 1917：107.

52 Peden 2001：232.

53 Romer 1984：197.

54 Romer 1984：197.

55 Romer 1984：197.

56 Romer 1984：199.

57 Carter 1917：111.

58 Romer 1984：x, 198.

59 Romer 1984：196.

60 Peden 1994a：279.

61 Reeves 1990：130（引自 Peden 1994a：280）.

62 Litherland 2014：56.

63 利瑟兰指出，这些涂画使用的是被解释为"坟墓"标志的形式，但没有给出其他解释。Litherland 2014：24.

64 Litherland 2014：57.

65 Litherland 2014：58.

66 Litherland 2014：59. 他认为在瓦迪"A""C"和"D"可能会发现更多墓葬。

67 Carter 1917：111–12.

68 Litherland 2014：73–80.

69 Reeves 1990：277.

70 Taylor 1992：202–3.

71 Graefe and Belova 2010：46.

72 Graefe and Belova 2010：50–52.

73 Eggebrecht 1993：76.

74 Aston 2014：46.

75 2016 年 10 月，在马德里西班牙国家博物馆（Museo Arqueologico Nacional, Madrid）的讲座中提出。观看地址：https：//youtu.be/i9y1SiRULXY；last accessed 18 May 2018。

76 Niwinski 2007：1396.

77 Niwinski 2007：1396.

第五章

1 他在这两点上都错了（尽管他到死都坚信自己发掘的是皮拉美西斯）：20 世纪 60 年代以来，一个奥地利团队在特尔达巴（Tell el–Daba）遗址进行的发掘工作，证实了那里是阿瓦里斯的所在地，而坎蒂尔现在已被确定为皮拉美西斯遗址。

2　Coutts 1988：19.

3　Reeves 2000：191.

4　Reeves 2000：191.

5　Reeves 2000：190.

6　Holwerda *et al*. 2009：445.

7　Coutts 1988：20–21.

8　Yoyotte 1999：328–30.

9　Yoyotte 1999：325.

10　Kitchen 1996：261.

11　Dodson 2016：111.

12　Dodson 2016：110.

13　Dodson 2016：110.

14　Dodson 2016：110.

15　Dodson 1988：229–33.

16　Bard 1999：947.

17　Sagrillo 2009：349.

18　Lange 2010：20.

19　Sagrillo 2009：357.

20　Sagrillo 2009：357–58.

21　Reeves 2000：194.

22　特别参见 Leahy 1985：51–65.

23　Spencer and Spencer 1986：198–201.

24　Leahy 1990：155–200.

25　Dodson 2012：108.

26　Hölscher 1954：9.

27　Dodson 2012：107.

28　Kitchen 1996：107.

29　Aston 1989：139–53.

30　Caminos 1958：17.

31　E.7858（Necho II）："裴特西（Peteesi）将位于茨特雷斯（Tshetres）的阿蒙领地内的6阿鲁拉（*aruras*，土地面积单位）给了一个女人，这块土地已经给了他的妻子，她的哥哥也和他（裴特西）确认过，土地靠近乌瑟顿（Userton）国王的坟墓。"Turin 231.2（Amasis）："裴特西给了泽恩霍尔（Tsenenhor）一半的空地，他打算在上面建房，土地在底比斯的西部，靠近乌瑟顿国王的坟墓。"E. 7128（Darius I）："你这块土地的价格让我很满意，就是位于底比斯西边的乌瑟顿王墓荒地的那块。"

32　Aston 2014：23–24.

33　Aston 2014：28ff.

34　Aston 2014：38.

35　Dodson 2016：111.

36　Dodson 2016：111.

37　Ritner 2009：496.

38　Kahn 2006.

39　Rawlinson 1909.

40 Dodson 2016：118.

41 Wilson 2016：75.

42 Wilson 2016：88.

43 Wilson 2016：76–77.

44 Wilson 2016：76.

45 Wilson 2016：81.

46 Wilson 2016：81.

47 Wilson 2016：84.

48 Wilson 2016：86.

49 Dodson 2016：118.

50 Wilson 2016：89–90.

51 Wilson 2016：86.

52 Wilson 2016：90.

53 El–Aref 2014.

第六章

1 Brunt 1983：285.

2 Saunders 2006：34.

3 Saunders 2006：35.

4 Saunders 2006：30.

5 Saunders 2006：30.

6 Saunders 2006：37–39.

7 Saunders 2006：40.

8 Saunders 2006：35.

9 Saunders 2006：41–42.

10 Chugg 2004/5：49. 另见 Parian Marble：'Alexander was laid to

rest in Memphis'。

11 Chugg 2004/5：47.

12 Chugg 2004/5：48.

13 Chugg 2004/5：46–47.

14 Saunders 2006：45–46.

15 Jones 1999：714–15.

16 Jones 1999：714. PM III2.2：778.

17 Saunders 2006：160–61.

18 Oldfather 1952：383.

19 它的编号为 EA10，至今仍保留在那里。

20 Wolohojian 1969：24–33.

21 Saunders 2006：47.

22 Chugg 2004/5：182. 也有人指出，石棺可能从未出现在孟菲斯，也同样有可能来自第 30 王朝时期的母城塞本尼托斯（Sebnnytos）。（Saunders 2006：194）

23 Chugg 2004/5：183–85.

24 Saunders 2006：54–55.

25 Strabo，*Geography*，*XVII.8*. Jones 1932：33–37.

26 Saunders 2006：52.

27 Saunders 2006：52.

28 Saunders 2006：56–59.

29 Saunders 2006：61.

30 Strabo，*Geography*，*XVII.8*. Jones

1932：37.

31 Saunders 2006：67

32 Proverbia III.94. 引自 Jones 1932：
35。

33 Fraser 1972：16.

34 Saunders 2006：69.

35 Saunders 2006：x，81. Chugg，
2004/5：105–6.

36 Suetonius，'*The Deified Augustus*'
XVIII. Rolfe 1913：149.

37 Dio，*Roman History VI.LI.* Cary
1917：45–47.

38 Saunders 2006：81.

39 Ptolemy X.

40 Strabo，*Geography*，*XVII.8*. Jones
1932：37.

41 Saunders 2006：82.

42 Saunders 2006：83.

43 Saunders 2006：85.

44 Herodian，*History of the Empire*，
4.8.7–7. 引自 Saunders 2006：88。

45 Saunders 2006：89.

46 Saunders 2006：90–91.

47 Saunders 2006：92.

48 Mirsky 2010.

49 Saunders 2006：121.

50 Saunders 2006：121–22.

51 Saunders 2006：131–22.

52 Saunders 2006：136–37.

53 Saunders 2006：137–40.

54 Saunders 2006：140–41.

55 Saunders 2006：142.

56 Saunders 2006：125.

57 Fraser 1972：16–17.

58 Saunders 2006：148.

59 McKenzie 2007：9–10.

60 McKenzie 2007：12–15.

61 McKenzie 2007：19.

62 Saunders 2006：153.

63 Saunders 2006：153–54.

64 Saunders 2006：163.

65 Saunders 2006：164–65.

66 O'Connor 2009：39

67 O'Connor 2009：42

68 Saunders 2006：179–83.

第七章

1 Plutarch，*Lives*，*Antony LXXIVL
XXXVI*. Perrin 1920：307.

2 Plutarch，*Lives*，*Antony LXXVI*.
Perrin 1920：311.

3 Plutarch，*Lives*，*Antony LXXVII*.
Perrin 1920：313.

4 Plutarch，*Lives*，*Antony LXXVIII*.

Perrin 1920：315.

5　Plutarch, *Lives*, *Antony LXXIX*.
　　Perrin 1920：317.

6　Dio, *Roman History VI.LI.* Cary
　　1917：29.

7　Dio, *Roman History VI.LI.* Cary
　　1917：31.

8　Plutarch, *Lives*, *Antony LXXXII*.
　　Perrin 1920：321.

9　Plutarch, *Lives*, *Antony LXXXIV*.
　　Perrin 1920：325.

10　Plutarch, *Lives*, *Antony LXXVI*.
　　Perrin 1920：331.

11　Suetonius, '*The Deified Augustus*'
　　XVII. Rolfe 1913：147.

12　Dio, *Roman History VI.LI.* Cary
　　1917：37.

13　Dio, *Roman History VI.LI.* Cary
　　1917：33.

14　Dio, *Roman History VI.LI.* Cary
　　1917：43.

15　Graves 1957: locations 1462–63.

16　Strabo, *Geography*, *XVII.9.* Jones
　　1932：37–39.

17　Mirsky 2010.

18　Tzalas 2015：347–49.

19　Tzalas 2015：349.

20　Tzalas 2015：350.

21　Vörös 2001：65.

22　Vörös 2001：88.

23　Hawass 2010：200.

24　Plutarch, *Lives*, *Antony LIV.* Perrin
　　1920：263.

25　Plutarch, *Lives*, *Antony LIV.* Perrin
　　1920：263.

26　Weill Goudchaux 2001：139–40.

27　Vörös 2004：49.

28　Bricault and Versluys 2014：9.

29　Bricault and Versluys 2014：12.

30　Hawass and Martínez 2013：239.
　　Vörös 2001：148ff.

31　Hawass and Martínez 2013：235.

32　https：//www.nationalgeographic.
　　com/magazine/2011/07/Cleopatra/；
　　last accessed 18 May 2018.

33　Archaeology News Network 2011.

34　Archaeology News Network 2011.

35　Hawass and Martínez 2013：240.

36　Meadows 2010.

最后的思考

1　Baba and Yoshimura 2010：9–12.

2　De Meyer 2007：20–24.

3　BBC News 2017.

参考文献

缩写

ASAE   *Annales du Service des Antiquités de l'Egypte*, Cairo

BES   *Bulletin of the Egyptological Seminar*, New York

BSFE   *Bulletin de la Société Française d'Égyptologie*, Paris

CdE   *Chronique d'Égypte*, Brussels

EA   *Egyptian Archaeology. The Bulletin of the Egypt Exploration Society*, London

GM   *Göttinger Miszellen*, Göttingen

JAMA   *Journal of the American Medical Association*, Chicago

JARCE   *Journal of the American Research Center in Egypt*, Cairo

JEA   *Journal of Egyptian Archaeology*, London

KMT   *Kmt Magazine: A Modern Journal of Ancient Egypt*, Sebastopol

MDAIK   *Mitteilungen des Deutschen Archäologischen Instituts*, Cairo

PAM   *Polish Archaeology in the Mediterranean*, *Reports*, Warsaw

PM   *Topographical Bibliography of Ancient Egyptian Hieroglyphic Texts*, *Reliefs and Paintings*, Oxford

SAK   *Studien zur Altägyptischen Kultur*, Hamburg

Allen J. P. 1988. 'Two Altered Inscriptions of the Late Amarna Period' *JARCE* 25: 117–21.

Allen J. P. 2016. 'The Amarna Succession Revised' *GM* 249: 9–13.

Archaeology News Network. 2011. 'Search for the tomb of Antony and

Cleopatra continues'. https://archaeologynews-network.blogspot. co.uk/2011/07/ search-for-tomb-of-antony-and-cleoptra.html; last accessed 18 May 2018.

Arnold D. 1994. *Lexikon der Ägyptischen Baukunst*. Zurich.

Arnold D. 1988. *Die Tempel Ägyptens. Götterwohnungen, Baudenkmäler, Kultstätten*. Zurich.

Aston D. A. 1989. 'Takeloth II: A King of the "Theban Twenty-Third Dynasty"?' *JEA* 75: 139-53.

Aston D. A. 2014. 'Royal Burials at Thebes during the First Millennium BC' in Pischikova E., Budka J. and Griffin K. (eds), *Thebes in the First Millennium BC*. Cambridge. 23-24.

Ayrton E. 1907. 'The Excavation of the Tomb of Queen Tiyi, 1907' in Davis T. M., *The Tomb of Queen Tiyi*. London. 7-10.

Baba M. and Yoshimura S. 2010. 'Dahshur North: Intact Middle and New Kingdom coffins' *EA* 37: 9-12.

Baraize E. 1921. 'Rapport sur la decouverte d'un tombeau de la XVIIIe dynastie à Sikket Taqet Zayed' *ASAE* 21: 183-7.

Bard K. A. 1999. *Encyclopedia of the Archaeology of Ancient Egypt*. Abingdon and New York.

BBC News. 2017. 'New mummies discovered in tomb near Luxor, Egypt'. http:// www.bbc.co.uk/news/world-middle-east-41213024; last accessed 18 May 2018.

Bell M. R. 1990. 'An Armchair Excavation of KV 55' *JARCE* 27: 97-137.

Bernand E. 1998. 'Testimonia selecta de portu magno et palatiis Alexandriae ad aegyptum e scriptoribus antiquis excerpta' in Goddio F. (ed.), *Alexandria. The Submerged Royal Quarters*. London. 59-142.

Bickel S. and Paulin-Grothe E. 2012. 'The Valley of the Kings: two burials in

KV 64’ *EA* 41: 36–40.

Bickerstaffe D. 2010. ‘History of the discovery of the cache’ in Graefe E. and Bellova G. (eds), *The Royal Cache TT 320: a re-examination*. Cairo. 32–36.

Bickerstaffe D. Undated. ‘Did Tutankhamun Conceal Nefertiti? What is the Secret of KV62?’. https:// www.academia.edu/18188424/ Did_ Tutankhamun_Conceal_Nefertiti_in_KV62; last accessed 18 May 2018.

Bierbrier M. L. 1982. *The Tomb Builders of the Pharaohs*. London.

Bricault L. and Versluys M. J. 2014. ‘Isis and Empires’ in *Power, Politics and the Cults of Isis: Proceedings of the Vth International Conference of Isis Studies, Boulogne-sur-Mer, October 13-15, 2011*.

The British Museum Collection Online: http://www.britishmuseum.org/ research/collection_online/search.aspx; last accessed 18 May 2018.

Brunt P. A. (trans.) 1983. *Arrian. Anabasis of Alexander, Volume II: Books 5-7. Indica.* Loeb Classical Library 269. Cambridge, MA.

Buckley I. 2005. ‘Excavations at Theban Tomb KV 39’ in Cooke A. and Simpson F., *Current Research in Egyptology II*. Oxford. 21–28.

Buckley I. M., Buckley P. and Cooke A. 2005. ‘Fieldwork in Theban Tomb KV 39: The 2002 Season’ *JEA* 91: 71–82.

Caminos R. 1958. *The Chronicle of Prince Osorkon*. Rome.

Carter H. 1917. ‘A Tomb Prepared for Queen Hatshepsuit and Other Recent Discoveries in Thebes’ *JEA* 4: 107–18.

Carter H. and Mace A. 1923. *The Tomb of Tut-Ankh-Amen* vol. I. London, New York, Toronto and Melbourne.

Cary E. 1917. *Dio’s Roman History VI, Books LI-LV.* Translated by Earnest Cary. Loeb Classical Library 83. London and Cambridge, Massachusetts.

Chugg A. M. 2004/5. *The Lost Tomb of Alexander the Great.* London.

Coutts H. 1988. *Gold of the Pharaohs*. Edinburgh.

Cross S. W. 2008. 'The Hydrology of the Valley of the Kings' *JEA* 94: 303–12.

Cross S. W. 2016. 'The Search for Other Tombs' in Wilkinson R. and Weeks K. (eds), *The Oxford Handbook of the Valley of the Kings*. New York.

Davies N. de G. 1908. *The Rock Tombs of El Amarna. Part V. —Smaller Tombs and Boundary Stelae*. London.

Davis T. M. 1907. *The Tomb of Queen Tiyi*. London.

De Meyer M. 2007. 'The tomb of Henu at Deir el–Barsha' *EA* 31: 20–24.

Dodson A. 1988. 'Some Notes Concerning the Royal Tombs at Tanis' *CdE* 63: 221–33.

Dodson A. 2003. *The Pyramids of Egypt*. London.

Dodson A. 2009a. *Amarna Sunset. Nefertiti, Tutankhamun, Ay, Horemheb and the Egyptian Counter-Reformation*. Cairo.

Dodson A. 2009b. 'Amarna Sunset: the late–Amarna succession revisited' in Ikram S. and Dodson A. (eds), *Beyond the Horizon: Studies in Egyptian Art, Archaeology and History in Honour of Barry J. Kemp*. Cairo. 29–43.

Dodson A. 2012. *Afterglow of Empire. Egypt from the fall of the New Kingdom to the Saite Renaissance*. Cairo.

Dodson A. 2016. *The Royal Tombs of Ancient Egypt*. Barnsley.

Dodson A. and Cross S. 2016. 'The Valley of the Kings in the reign of Tutankhamun' *EA* 48: 3–8.

Eggebrecht A. 1993. *Roemer- und Pelizaeus Museum*. Hildesheim.

El-Aref N. 2014. 'More ancient discoveries in Egypt's Dakahliya: Gallery'. http://english.ahram.org.eg/ NewsContent/9/40/93814/Heritage/Ancient-Egypt/More–ancient–discoveries–in–Egypts–Dakahliya–Galle. aspx; last accessed 18 May 2018.

El-Khouly A. and Martin G. T. 1987. *Excavations in The Royal Necropolis at El-'Amarna, 1984*. Cairo.

Emery W. B. 1965. 'Preliminary Report on the Excavations at North Saqqâra 1964–5' *JEA* 51: 3–8.

Emery W. B. 1967. 'Preliminary Report on the Excavations at North Saqqâra, 1966–7' *JEA* 53: 141–45.

Emery W. B. 1970. 'Preliminary Report on the Excavations at North Saqqâra, 1968–9' *JEA* 56: 5–11.

Emery W. B. 1971. 'Preliminary Report on the Excavations at North Saqqâra, 1969–70' *JEA* 57: 3–13.

Filer J. 2000. 'The KV 55 body: the facts' *EA* 17: 13–14.

Forbes D. 2016. 'The KV 55 Gold Again' *KMT* 27, 3: 18–21.

Fraser P. M. 1972. *Ptolemaic Alexandria.* Oxford.

Gabolde M. 2002. 'La parenté de Toutânkhamon' *BSFE* 155: 32–48.

Gabolde M. 2009. 'Under a Deep Blue Starry Sky' in Brand P. J. and Cooper L. (eds), *Causing His Name to Live: studies in Egyptian history and epigraphy in memory of William J. Murnane.* Leiden. 109–20.

Gabolde M. and Dunsmore A. 2004. 'The royal necropolis at Tell el–Amarna' *EA* 25: 30–33.

Goddio F. (ed.) 1998. *Alexandria. The Submerged Royal Quarters.* London.

Goddio F. and Fabre D. 2010. 'The Development and Operation of the Portus Magnus in Alexandria – An Overview' in Robinson D. and Wilson A. (eds), *Alexandria and the North-Western Delta. Joint Conference Proceedings of Alexandria: City and Harbour (Oxford 2004) and The Trade and Topography of Egypt's North-West Delta (Berlin 2006).* Oxford. 53–74.

Goudchaux G. W. 2001. 'Cleopatra's Subtle Religious Strategy' in Walker S. and Higgs P. (eds), *Cleopatra of Egypt. From History to Myth.* London. 128–41.

Graefe E. and Belova G. (eds) 2010. *The Royal Cache TT 320: a re-*

examination. Cairo.

Graves R. (trans.) 1957. *Gaius Suetonius Tranquillus THE TWELVE CAESARS.* London.

Griffith F. Ll. 1909. *Catalogue of the Demotic Papyri in the John Rylands Library* vol. III. London.

Grimal N. 1992. *A History of Egypt.* Trans. I. Shaw. Oxford and Cambridge, MA.

Gunn B. 1926. 'Inscriptions from the Step Pyramid Site' *ASAE* 26: 177–96.

Hardwick T. 2015. 'Is Nefertiti still buried in Tutankhamun's tomb? Archaeologists examine a new theory'. http://blog.hmns.org/2015/10/ is-nefertiti-still-buried-in-tutankha-muns-tomb-archaeologists-examine-a-new-theory/; last accessed 18 May 2018.

Harris J. E., Wente E. F. *et al.* 1978. 'Mummy of the "Elder Lady" in the tomb of Amenhotep II: Egyptian museum catalog number 61070.' *Science* Jun 9 1978; 200 (4346): 1149–51.

Hawass Z. 2010. 'The Search for the Tomb of Cleopatra' in Hawass Z. and Goddio F., *Cleopatra. The Search for the Last Queen of Egypt.* Washington. 200–203.

Hawass Z. 2016. 'The Egyptian Expedition to the Valley of the Kings. Excavation Season 2. 2008–2009-Part 2: The Valley of the Monkeys' in van Dijk J. (ed.), *Another Mouthful of Dust. Egyptological Studies in Honour of Geoffrey Thorndike Martin.* Leuven. 233–49.

Hawass Z., Gad Y. *et al.* 2010. 'Ancestry and Pathology in King Tutankhamun's Family' *JAMA* 303 (7): 638–647. http:// jamanetwork.com/journals/jama/fullarticle/185393; last accessed 18 May 2018.

Hawass Z. and Martínez K. 2013. 'Preliminary Report on the Excavations at Taposiris Magna: 2005–2006' in Flossman-Schütze M., Goecke-Bauer M.

et al, *Kleine Götter-Grosse Goötter. Festschrift für Dieter Kessler zum 65. Geburtstag.* Vaterstetten. 235–51.

Hawass Z. and Saleem S. 2016. *Scanning the Pharaohs. CT Imaging of the New Kingdom Royal Mummies.* Cairo and New York.

Hessler P. 2015. 'Radar Scans in King Tut's Tomb Suggest Hidden Chambers'. http://news.nationalgeographic. com/2015/11/151128–tut–tomb–scans–hidden–chambers/；last accessed 18 May 2018.

Hessler P. 2016a. 'Exclusive Pictures From Inside the Scan of King Tut's Tomb'. http://news.nationalgeographic. com/2016/04/160401–king–tut–tomb–radar–scan–nefertiti–archaeology/；last accessed 18 May 2018.

Hessler P. 2016b. 'In Egypt，Debate Rages Over Scans of King Tut's Tomb' http://news.nationalgeographic. com/2016/05/160509–king–tut–tomb–chambers–radar–archaeology/；last accessed 18 May 2018.

Hölscher U. 1954. *The Excavation of Medinet Habu Volume V. Post-Ramessid Remains.* Chicago.

Holwerda E.，van den Hoven C. and Weiss L. 'Summary of the Discussions During the Conference' in Broekman G. P. F.，Demarée R. J. and Kaper O. E.，*The Libyan Period in Egypt：Historical and cultural studies into the 21st-24th Dynasties.* Leiden. 441–45.

Hornung E.，Krauss R. and Warburton D. 2006. *Ancient Egyptian Chronology.* Leiden.

James T. G. H. 1992. *Howard Carter：The Path to Tutankhamun.* London.

Jansen–Winkeln K. 1992. 'Das Ende des Neuen Reiches' *ZÄS* 119：22–37.

Jansen–Winkeln K. 2006. 'The Chronology of the Third Intermediate Period：Dynasty 21' in Hornung E.，Krauss R. and Warburton D. A.（eds），*Ancient Egyptian Chronology.* Handbook of Oriental Studies. Section 1 The Near and Middle East 83，Series Editor–in–Chief W. H. van Soldt，eds G.

Beckman, C. Leitz, B. A. Levine, P. Michalowski, P. Miglus. Leiden. 218–33.

Jones H. L. (trans.) 1932. *The Geography of Strabo* vol. VIII. Loeb Classical Library 267. Cambridge, MA.

Jones M. 1999. 'Saqqara, Serapeum and animal necropolis' in Bard K. A., *Encyclopedia of the Archaeology of Ancient Egypt*. Abingdon and New York. 712–16.

Kahn D. 2006. 'The Assyrian Invasions of Egypt (673–663 B.C.) and the Final Expulsion of the Kushites' *SAK* 34: 251–67.

Kawai N. 2012. 'Waseda University Excavations at Northwest Saqqara' *Friends of Saqqara Foundation Newsletter* 10: 38–46.

Kitchen K. A. 1986. *The Third Intermediate Period in Egypt (1100-650 BC)*, 2nd rev. ed. Warminster.

Kitchen K. A. 1996. *The Third Intermediate Period in Egypt (1100-650 BC)*, 3rd ed. Warminster.

Kitchen K. A. 2009. 'The Third Intermediate Period in Egypt: An Overview of Fact & Fiction' in Broekman G. P. F, Demarée R. J. and Kaper O. E. (eds), *The Libyan Period in Egypt. Historical and Cultural Studies into the 21st-24th Dynasties: Proceedings of a Conference at Leiden University, 25-27 October 2007.* Leiden. 161–202.

Lange E. 2010. 'King Shoshenqs at Bubastis' *EA* 37: 19–20.

Lauer J–P. 1996. 'Remarques concernant l'inscription d'Imhotep grave sur le socle de statue de l'Horus Neteri–khet (roi Djoser)' in Der Manuelian P. (ed.), *Studies in Honour of William Kelly Simpson*. Boston. 493–98.

Leahy A. 1985. 'The Libyan Period in Egypt: An Essay in Interpretation' *Libyan Studies* 16: 51–65.

Leahy A. 1990. 'Abydos in the Libyan Period' in Leahy A. (ed.), *Libya and*

Egypt c. 1300-750 BC. London. 155–200.

Lichtheim M. 1973. *Ancient Egyptian Literature Volume I: The Old and Middle Kingdoms*. Berkeley, LA and London.

Lilyquist C. 2004. *The Tomb of Tuthmosis III's Foreign Wives*. New York.

Litherland P. 2014. *The Western Wadis of the Theban Necropolis*. London.

Malinine M. 1953. *Choix de textes juridiques en hiératique anormal et en démotique(XXVe-XXVIIe dynasties ）*. Paris.

Martin G. T. 1974. *The Royal Tomb at El-Amarna vol. I. The Objects.* London.

Martin G. T. 1989. *The Royal Tomb at El-Amarna vol. II. The Reliefs, Inscriptions and Architecture*. London.

Mathieson I. 2006. 'On the Search for Imhotep' *Sokar* 16: 18–21.

Mathieson I. 2007a. 'Recent Results of a Geophysical Survey' in Schneider T. and Szpakowska K., *Egyptian Stories. A British Egyptological Tribute to Alan B. Lloyd on the occasion of his Retirement*. Münster. 155–67.

Mathieson I. 2007b. 'The Geophysical Survey of North Saqqara, 2001–7' *JEA* 93: 79–93.

McKenzie J. 2007. *The Architecture of Alexandria and Egypt: 300 BC-AD 700*. New Haven and London.

Meadows D. 2010. 'More Cleopatra Tomb Stuff'. https://rogueclassicism. com/2010/05/20/more–cleopatra–tomb–stuff/; last accessed 18 May 2018.

Mirsky S. 2010. 'Cleopatra's Alexandria Treasures' *Scientific American*. http://www.scientificamerican.com/podcast/episode/cleopatras–alexandria–treas-ures–10–01–31/; last accessed 18 May 2018.

Myśliwiec K. 2005. 'Saqqara: Archaeological Activities, 2005' *PAM Reports* XVII: 155–68.

Niwinski A. 2000. 'Deir el–Bahri: Cliff Mission, 2000' *PAM Reports* XII: 221–35.

Niwinski A. 2007. 'Archaeological Secrets of the Cliff Ledge above the Temples at Deir el–Bahari and the Problem of the Tomb of Amenhotep I' in Goyon J–Cl. and Cardin C. (eds), *Proceedings of the Ninth International Congress of Egyptologists – Actes du neuvième congrès international des égyptologues*. Leuven. 1391–99.

Niwinski A. 2015. 'A Mysterious Tomb at Deir el–Bahari. Revelations of the Excavations of the Polish–Egyptian Cliff Mission Above the Temples of Hateshepsut and Thutmosis III' in Kousoulis P. and Lazaridis N. (eds), *Proceedings of the Tenth International Congress of Egyptologists*. Leuven. 377–91.

Niwinski A. 2016. 'Amenhotep I, Herihor and the mysteries of Deir el–Bahari of the 21st Dynasty'. Lecture given at the Museo Arqueológico Nacional de España in Madrid in October 2016 and available via YouTube at https://youtu.be/i9y1SiRULXY; last accessed 18 May 2018.

O'Connor D. and Cline E. 1998. *Amenhotep III: Perspectives on His Reign*. Ann Arbor.

O'Connor L. 2009. 'The Remains of Alexander the Great: The God, The King, The Symbol' *Constructing the Past* vol. 10, iss. 1: 35–46.

Ohshiro M. Forthcoming. 'Searching for the tomb of a Theban King Osorkon III'.

Oldfather C. H. (trans.) 1952. *Diodorus Siculus Library of History*. Book XVI. Loeb Classical Library 340. Harvard.

Peden A. J. 1994a. *Egyptian Historical Inscriptions of the Twentieth Dynasty*. Uppsala.

Peden A. J. 1994b. *The Reign of Ramesses IV*. Warminster.

Peden A. J. 2001. *The Graffiti of Pharaonic Egypt. Scope and Roles of Informal Writings (c. 3100-32 BC)*. Leiden.

Peet T. E. 1930. *The Great Tomb-Robberies of the Twentieth Egyptian Dynasty.* Oxford.

Perrin B. (trans.) 1920. *Plutarch's Lives IX Demetrius and Antony. Pyrrhus and Gaius Marius.* Loeb Classical Library 101. London and Cambridge, MA.

Polz D. 1995. 'The Location of the Tomb of Amenhotep I: A Reconsideration' in Wilkinson R. (ed.), *Valley of the Sun Kings: New Explorations in the Tombs of the Pharaohs.* Tucson. 8–21.

Polz D. *et al.* 2012. 'Topographical Archaeology in Dra' Abu el–Naga. Three Thousand Years of Cultural History' *MDAIK* 68: 115–34.

Porter B. and Moss R. B. 1960–64; 1972; 1974–81; 1934; 1937; 1939; 1952. *Topographical Bibliography of Ancient Egyptian Hieroglyphic Texts, Reliefs and Paintings*, I: *The Theban Necropolis*, 2nd ed. by J. Málek; vol. II: *Theban Temples*, 2nd edition by J. Málek; vol. III: *Memphis*, 2nd ed. by J. Málek; vol. IV: *Lower and Middle Egypt*; vol. V: *Upper Egypt: Sites*; vol. VI: *Upper Egypt: Chief Temples* (*excl. Thebes*); vol. VII: *Nubia, Deserts, and Outside Egypt.* Oxford.

Rawlinson G. (trans.) 1909. *The History of Herodotus.* http://classics.mit.edu/Herodotus/history.mb.txt; last accessed 18 May 2018.

Reeves N. 1990. *Valley of the Kings. Decline of a royal necropolis.* London and New York.

Reeves N. 2000. *Ancient Egypt: The great discoveries.* London.

Reeves N. 2015a. 'The Burial of Nefertiti?' Amarna Royal Tombs, Project Valley of the Kings Occasional Paper No. 1. https://www.academia.edu/14406398/The_Burial_of_Nefertiti_2015_; last accessed 18 May 2018.

Reeves N. 2015b. 'The Gold Mask of Ankhkheperure Neferneferuaten' *Journal of Ancient Egyptian Interconnections* 74: 77–79.

Reeves N. 2015c. 'Tutankhamun's Mask Reconsidered' *BES* 19: 511–26.

Reeves N. and Wilkinson R. H. 1996. *The Complete Valley of the Kings*. London and New York.

Rice M. 1999. *Who's Who in Ancient Egypt*. London.

Ritner R. 2009. *The Libyan Anarchy. Inscriptions from Egypt's Third Intermediate Period*. Atlanta.

Rolfe J. C. (trans.) 1913. *Suetonius I*. Loeb Classical Library 31. London and Cambridge，MA.

Romer J. 1984. *Ancient Lives. The Story of the Pharaohs' Tombmakers*. London.

Rummel U. 2013. 'Ramesside tomb–temples at Dra Abu el–Naga' *EA* 42：14–17.

Sagrillo T. 2009. 'The geographic origins of the "Bubastite" Dynasty and possible locations for the royal residence and burial place of Shoshenq I' in Broekman G. P. F., Demarée R. and Kaper O., *The Libyan period in Egypt：Historical and cultural studies into the 21st-24th Dynasties*. Leiden. 341–59.

Saunders N. J. 2006. *Alexander's Tomb：The Two Thousand Year Obsession to Find the Lost Conqueror*. New York.

Smith G. E. 1912. *The Royal Mummies. Catalogue General Des Antiquites Egyptiennes Du Musee Du Caire，Nos 61051-61100*. Cairo.

Smith H. S. 1971. 'Walter Bryan Emery' *JEA* 57：190–201.

Smith H. S. 1974. *A Visit to Ancient Egypt. Life at Memphis & Saqqara（ c. 500-30 BC ）*. Warminster.

Spencer P. and Spencer A. J. 1986. 'Notes on Late Libyan Egypt' *JEA* 72：198–201.

Taylor J. H. 1992. 'Aspects of the History of the Valley of Kings in the Third Intermediate Period' in Reeves N.（ ed.), *After Tutankhamun. Research and excavation in the Royal Necropolis at Thebes*. London and New York.

Taylor J. H. 2016. 'Intrusive Burials and Caches' in Wilkinson R. and Weeks K. （ eds), *The Oxford Handbook of the Valley of the Kings*. New York.

The Amarna Project, 'Guide book: Royal Tomb'. http://www.amarnaproject. com/downloadable_resources.shtml; last accessed 18 May 2018.

Theban Mapping Project. *Atlas of the Valley of the Kings*. http://www.thebanmap-pingproject.com/atlas/index_kv.asp; last accessed 18 May 2018.

Tzalas H. E. 2015. 'The Underwater Archaeological Survey conducted by the Greek Mission in Alexandria, Egypt (1998-2010)' in Tripati S. (ed.), *Shipwrecks Around the World: Revelations of the Past: Shipwrecks from 15th Century Onwards*. Available at http://honorfrostfoundation.org/wp/ wpcontent/uploads/2014/08/16-Harry-Tzalas.pdf; last accessed 18 May 2018.

Van der Perre A. 2012. 'Nefertiti's last documented reference (for now)' in Seyfried F. (ed.), *In the Light of Amarna. 100 Years of the Nefertiti Discovery*. Petersberg. 195-97.

Van Dijk J. 2000. 'The Amarna Period and the later New Kingdom (*c.* 1352-1069 BC)' in Shaw I. (ed.), *The Oxford History of Ancient Egypt*. Oxford. 265-307.

Vandersleyen C. 1967. 'Une tempête sous le règne d'Amosis' *RdE* 19: 123-59.

von Beckerath J. 1999. *Handbuch der Ägyptischen Königsnamen*. Mainz am Rhein.

Vörös G. 2001. *Taposiris Magna: Port of Osiris*. Budapest.

Vörös G. 2004. *Taposiris Magna 1998-2004*. Budapest.

Waddell W. G. 1940. *Manetho*. Loeb Classical Library. London and Cambridge, MA.

Wegner J. 2014. 'Kings of Abydos. Solving an Ancient Egyptian Mystery' *Current World Archaeology* 64: 20-27.

Wegner J. and Cahail K. 2015. 'Royal Funerary Equipment of a King Sobekhotep at South Abydos: Evidence for the Tombs of Sobekhotep IV and Neferhotep I?' *JARCE* 51: 123–64.

Weigall A. E. P. 1909. *A guide to the antiquities of Upper Egypt from Abydos to the Sudan Frontier*. London.

Weigall A. E. P. 1911. 'Miscellaneous Notes' *ASAE* 11: 170–76.

Wente E. F. and Van Siclen C. C. 1976. 'A Chronology of the New Kingdom' in Johnson J. and Wente E. F. (eds), *Studies in Honor of George R. Hughes*. Chicago. 217–62.

Whittaker C. R. (trans.) 1969. *Herodian. History of the Empire Books 1-4*. London and Cambridge, MA.

Wildung D. 1977. *Egyptian Saints: Deification in Pharaonic Egypt*. New York.

Wilkinson T. A. H. 1999. *Early Dynastic Egypt*. London and New York.

Willockx S. 2010. 'Three Tombs, attributed to Amenhotep I: K93.11, AN B and KV39'. http://www.egyptology.nl/3TA1. pdf; last accessed 18 May 2018.

Wilson P. 2016. 'A Psamtek ushabti and a granite block from Sais (Sa el-Hagar)' in Price C. *et al* (eds), *Mummies, magic and medicine in ancient Egypt. Multidisciplinary essays for Rosalie David*. Manchester. 75–92.

Wuyts A. 2010. 'Ptolemaic Statue and Temple Gate Discovered at Taposiris Magna'. http://www.independent.co.uk/life–style/history/ptolemaic–statue–and–temple–gate–discovered–at–taposiris–magna–5538736. html; last accessed 18 May 2018.

Wolohojian A. M. 1969. *The Romance of Alexander the Great by Pseudo-Callisthenes. Translated from the Armenian version with an introduction by Albert Mugrdich Wolohojian*. New York and London. Available at http://www. attalus.org/armenian/Tales_Alexander_Wolohojian_trans.pdf; last accessed 18 May 2018.

Yoyotte J. 1999. 'The Treasure of Tanis' in Tiradritti F. (ed.), *The Cairo Museum Masterpieces of Egyptian Art*. London. 302–30.

致　谢

如果你正在读这本书，说明我确实完成了写作，并且出版了这本书，而我欠下了很多人情。

泰晤士与哈德逊出版社（Thames & Hudson）的科林·里德勒（Colin Ridler）邀请我写一些关于图坦卡蒙的东西。我说我不想写，但有一些其他的想法，科林给予"失踪的古墓"项目极大的支持和鼓励，如果没有这些最初的谈话，它永远不会成为一本书。在他漫长而杰出的职业生涯结束前的头几个月，他一直是我获取帮助和鼓励的来源。我很感激他，也感谢所有他策划的书籍，在写作时，这些书给予了我灵感和事实材料。科林退休后，出版社的萨拉·弗农－亨特（Sarah Vernon–Hunt）、本·海耶斯（Ben Hayes），特别是詹·摩尔（Jen Moore），一直都给予我支持、帮助、鼓励，尤其在我长久地保持沉默时，他们都很耐心，我非常感谢他们所有人。

我与同事们就书中讨论的各种问题进行了多次交谈。尤其是以下两位，凯瑟琳·马丁内斯和安杰伊·尼温斯基，感谢他们与我讨论他们的想法，并邀请我参观他们的网站，这是一种快乐和巨大的荣幸。在埃默里进行萨卡拉发掘期间，哈里·史密斯教授曾与他共事，并在这位伟大的发掘者去世后，负责出版其成果。当我问及塞拉比尤姆路的哈萨巴拉（Hasaballah）照片时，他非常愿意帮忙，并提供了大量的信息。胡布·普拉格特（Huub

Pragt）分享了一些关于赫里霍尔墓葬的精彩观点；史蒂夫·克罗斯（Steve Cross）和大城道则（Michinori Ohshiro）非常慷慨地提供了他们的文章在出版前的副本。乔恩·弗莱彻（Joann Fletcher）在该书即将付印的一个非常关键的时刻，提供了一些急需的支持和建议。唐纳德·温彻斯特（Donald Winchester）在整个过程中都令人印象深刻。还要特别感谢乔治·哈特（George Hart），当我在截稿期限前匆忙赶稿时，他读了我的草稿，当时本书的大部分内容还处在凌乱和未完成的状态。他从不抱怨，以温和的方式指出我所有低级的错误，并且在阅读过程中，对每个章节都给出一些积极的评价。很少有人能有乔治这样渊博的知识，或者有他向公众传达知识的天赋。这本书在这两方面都很出色。感谢乔治。

在提供藏品方面，两所图书馆的同仁们给予了我不遗余力的帮助，尤其要感谢大英博物馆古埃及和苏丹部的苏珊娜·伍德豪斯（Susanne Woodhouse）和路易斯·埃利斯-巴雷特（Louise Ellis-Barrett），以及埃及考察协会的扬·盖斯布什（Jan Geisbusch）、塞德里克·戈贝尔（Cédric Gobeil），尤其是卡尔·格雷夫（Carl Graves）。

特别要提到的是埃及考察协会开罗办事处的埃萨姆·纳吉（Essam Nagy），他安排并陪同我对本书所讨论的遗址进行了一系列探访，为我进入许多偏僻的地方提供了便利，使我能够了解地形、拍摄照片，并站在可能发现相关墓葬的地方。我怀疑，他和文物部在这些地方的检查人员可能会认为我过于疯狂而不能自制（尤其想到了在北萨卡拉的探访，我站在沙漠中间，那里并没有什么可看的，但我的 GPS 设备告诉我，那里埋藏着一些非常大的马斯塔巴墓。"但这里什么都没有啊，博士……"）但他，还有他们，从来没有抱怨过，没有比这更有帮助的了。Shukran gezeilan ya[1]，埃萨姆。

在过去的几年里，有太多的朋友和亲人不得不忍受我谈论这本书，但他们仍然只说了鼓励的话。我无法一一列举。你们知道自己在其中——谢谢你们。

最后，特别感谢我生命中尤为重要的人：爸爸、瑞秋（Rachel）和苏珊娜（Suzanna）。

克里斯·农顿

2017 年 11 月于伦敦

---

〔1〕阿拉伯语，意为非常感谢。

图片版权

a= 上，b= 下

内文插图

（图片所在页码为原书页码，即本书边码；因中文版式与原版不同，以下斜
　　体页码表示与原书稍有错位）

11 Historica Graphic Collection/Heritage Images/Getty Images

13 Gianni Dagli Orti/REX/ Shutterstock

25 dpa Picture Alliance Archive/Alamy

30 Sandro Vannini

35 from B. Gunn，*Annales du Service des Antiquités de l'Égypte* XXVI，1926
　　（CSA）

37 Robert Burch/ Alamy

39，40，42，*45* CourtesyofThe Egypt Exploration Society

49 Chris Naunton

50 Courtesy of The Egypt Exploration Society

54 Courtesy Saqqara Geophysical Survey Project

61 Gurgen Bakhshetyam/ shutterstock.com

68 Michael Johnson，Oxgarth Design

69，70，71a，71b Chris Naunton

74 The Trustees of the British Museum

77 Image courtesy Richard Sellicks

79 The Metropolitan Museum of Art，New York. The Elisha Whittelsey

Collection, The Elisha Whittelsey Fund, 1973（1973.608.2.3）

82 Deutsches Archäologisches Institut Cairo. Photo Ute Rummel

85 Chris Naunton

89 Michael Johnson, Oxgarth Design

94 Chris Naunton

95 Werner Forman Archive/Diomedia

98 Chris Naunton

99 Michael Johnson, Oxgarth Design

104 Chris Naunton

109 from Theodore M. Davis, *The Tomb of Queen Tiyi*, 1910（London）

111 Chris Naunton

116 © Griffith Institute, University of Oxford（Burton photograph p0167）

117 Chris Naunton

118 Michael Johnson, Oxgarth Design

119, 121 Chris Naunton

125 Theban Mapping Project

126 Shawn Baldwin/Discovery Channel/Getty Images

139, 144, 145 Chris Naunton

153 © Griffith Institute, University of Oxford（Carter MSS i.D.176）

155 Chris Naunton

156 Courtesy New Kingdom Research Foundation

163 Image courtesy Margret Pirzer. Römer–Pelizaeus Museum, Hildesheim

169 Keystone/ Hulton Archive/Getty Images

170 Photo Georges Goyon

171 DeAgostini/Getty Images

173 Keystone–France/Gamma/ Getty Images

174 Michael Johnson, Oxgarth Design

175 Gianni Dagli Orti/REX/Shutterstock

177 Courtesy of the Tell Basta–Project（Dr E. Lange–Athinodorou）

179 Chris Naunton

183 from Uvo Hölscher, *The Excavation of Medinet Habu* Volume Ⅴ, 1954（The University of Chicago Press）

184, 188, 191 Chris Naunton

194, 195 Image courtesy Penelope Wilson, Durham University

207 Rizkallah Naguib Makramallah

208 Chris Naunton

211 Michael Johnson, Oxgarth Design

219 Chronicle/ Alamy

220 Chris Naunton

222 from Mahmoud Bey El–Falaki, *Mémoire sur l'Antique Alexandrie*, 1872（Copenhagen）

223 Chris Naunton

224 Daniel P. Diffendale（CC BY–SA 2.0）

230 Chris Naunton

238a Courtesy Hellenic Institute of Ancient and Mediaeval Alexandrian Studies, Athens

238b Michael Johnson, Oxgarth Design

240, 241, 242 Chris Naunton

244 National Geographic Creative/Alamy

250 Egyptian Museum, Cairo

251 © KU Leuven, Dayr al–Barsha Project. Photo Marleen De Meyer

彩色插图

i Sabena Jane Blackbird/Alamy

iia, iib, iiia Chris Naunton

iiib Khaled Desouki/ AFP/Getty Images

iv Andrea Jemolo/ akg-images

v-xvi Chris Naunton

索 引

以下页码为原书页码，即本书边码。斜体页码表示插图。